实施乡村建设行动的重点领域研究

许才明　许日祥　著

科学出版社

北 京

内 容 简 介

实施乡村建设行动是实现乡村振兴战略的重要举措,也是乡村振兴战略的必然要求和根本任务。根据党和国家关于乡村建设的政策要求与精神指引,本书在系统阐述乡村建设行动四个重要历史发展阶段的基础上选取当前及今后一段时期实施乡村建设行动的"七大"重点领域进行深入研究,分别是乡村人力资源、现代农业、"厕所革命"、传统文化、公共卫生、数字化以及乡镇服务区域中心建设行动。乡村建设行动的七大领域之间在内涵和外延上有着紧密的联系,它们相互制约、相互促进,共同推动乡村建设行动的有序实施,共同推进乡村振兴战略的顺利实现。

本书适合从事乡村治理、"三农"问题等方面的学习和研究者使用,也适合在政府职能部门和其他组织从事与农业农村及农民相关工作的人员阅读参考。

图书在版编目(CIP)数据

实施乡村建设行动的重点领域研究 / 许才明,许日祥著. — 北京:科学出版社,2024.6. -- ISBN 978-7-03-079019-4

Ⅰ. F320.3

中国国家版本馆 CIP 数据核字第 20240U2Z96 号

责任编辑:郝 悦 / 责任校对:贾娜娜
责任印制:张 伟 / 封面设计:有道设计

斜学出版社 出版
北京东黄城根北街 16 号
邮政编码:100717
http://www.sciencep.com
北京盛通数码印刷有限公司印刷
科学出版社发行 各地新华书店经销
*
2024 年 6 月第 一 版 开本:720×1000 1/16
2024 年 6 月第一次印刷 印张:10 3/4
字数:220 000
定价:118.00 元
(如有印装质量问题,我社负责调换)

前　言

　　乡村不仅是与城镇相对应的经济社会发展层次水平在地域上的划分，更是广大农民群众世代栖息与情感的归属地。在漫长的历史长河中，特别是有了城市和工业的出现后，几乎所有的国家和民族都在围绕更好地服务国家工业化、城镇化的发展需要，通过制定系列政策引导甚至干预乡村的各类资源向城镇流动和聚集，从而最终引发了乡村建设的严重滞后，导致了城乡基础设施和公共服务水平的差距不断扩大。新中国成立后，由于国内外严峻的形势，我国也不得不采取以城市化和工业化建设为中心的城乡二元发展战略；其间虽然也采取了社会主义农村改造和新农村建设，但城乡二元结构带来的发展鸿沟出现了越来越大的趋势，从而严重影响了社会的和谐和国家的稳定。进入 21 世纪以后，尤其是党的十八大以来，党和国家高度重视城乡二元结构带来的弊端，着力破除制约乡村建设的藩篱，乡村建设全面提速。党的十九大报告首次提出了"实施乡村振兴战略"，并指出"农业农村农民问题是关系国计民生的根本性问题，必须始终把解决好'三农'问题作为全党工作重中之重"①，随后一系列"中央一号"文件、《乡村振兴战略规划（2018—2022 年）》和《中华人民共和国乡村振兴促进法》等相继出台，对新时代优先发展农业农村、全面推进乡村振兴做出总体部署，为做好当前和今后一个时期"三农"工作指明了方向。

　　经过多年的不懈努力，我国农村生产生活条件得到了明显的改善，城乡建设差距扩大的趋势基本上得到了有效遏制。但总体来看，我国农村基础设施和公共服务能力还不能适应乡村振兴战略以及推进中国式现代化国家建设的需要。党的十九届五中全会通过的《中共中央关于制定国民经济和社会发展第十四个五年规划和二〇三五年远景目标的建议》提出了实施乡村建设行动，把乡村建设摆在社会主义现代化建设的重要位置。党中央提出要实施乡村建设行动，就是要把乡村建设摆在社会主义现代化建设的重要位置，通过开展大规模建设，力争在"十四五"时期使农村基础设施和基本公共服务水平有较大的改善，进一步夯实乡村振

---

　　① 引自 2017 年 10 月 28 日《人民日报》第 1 版的文章：《决胜全面建成小康社会 夺取新时代中国特色社会主义伟大胜利》。

兴的基础。①

　　本书紧扣党的十九届五中全会关于推进"乡村建设行动"以及党的二十大报告提出的要"全面推进乡村振兴。全面建设社会主义现代化国家，最艰巨最繁重的任务仍然在农村。坚持农业农村优先发展，坚持城乡融合发展，畅通城乡要素流动"②的重要精神，站在"乡村振兴战略"视角下对实施乡村建设行动的重点领域进行研究。全书共分为八个章节，除第一章作为"引子"外，其余七章均是乡村建设行动的具体领域。第一章"乡村建设行动的历史源流"，从早期的乡村建设运动阶段、社会主义农村改造与建设阶段、社会主义新农村建设阶段和乡村振兴战略阶段四个重要的发展阶段分析我国提出乡村建设行动的历史背景和现实基础；第二章"乡村人力资源建设行动"，主要论述如何充分发挥农民、新乡贤和返乡创业的农民工及大学生等三类不同群体在乡村建设行动中的地位与作用；第三章"乡村现代农业建设行动"，重点论述如何推进现代农业基础设施建设、高标准农田建设和智慧农业建设；第四章"乡村'厕所革命'建设行动"，在分析乡村"厕所革命"演进历程的基础上，重点探讨"厕所革命"与乡村振兴的内在关联以及建设中面临的困境和解决路径；第五章"乡村传统文化建设行动"，首先分析乡村传统文化的内涵、价值与形成机理，其次对乡村传统文化的缺失表现与成因进行探究，最后提出乡村传统文化守正创新的基本思路；第六章"乡村公共卫生建设行动"，主要从乡村公共卫生应急管理、紧密型县域医疗卫生共同体（以下简称医共体）和基层政府公共卫生治理能力三个方面对乡村公共卫生建设行动进行研究；第七章"乡村数字化建设行动"，在深入阐述乡村数字化内涵与建设重点领域的基础上，分析乡村数字化建设行动面临的挑战及推进路径；第八章"乡镇服务区域中心建设行动"，这是本书的最后一章内容，也是乡村建设行动中相对综合性的一个领域，它一共由四部分内容构成，分别是新中国成立以来乡镇区域服务体系的变迁、乡镇政权服务农民的特点与地位、乡镇服务区域中心的内涵与功能定位、乡镇服务区域中心的建设路径。

　　纵观本书，其呈现出以下几方面的重要特点。一是选题兼具时代性和前瞻性。乡村建设是一个相对"古老"的课题，但本书是以党的十九届五中全会上首次提出的"乡村建设行动"这一最新的观点和论断作为研究主题，该主题将成为当前及今后理论界的研究热点和实践界的工作重点，因此本选题呈现出兼具历史性、现实性及前瞻性的特点。二是具有鲜明的学术观点和思想。结合以往研究成果，

---

　　① 本书编写组. 党的十九届五中全会《建议》学习辅导百问[M]. 北京: 学习出版社，党建读物出版社，2020:
113.

　　② 引自 2022 年 10 月 26 日《人民日报》第 1 版的文章:《高举中国特色社会主义伟大旗帜 为全面建设社会主义现代化国家而团结奋斗》。

本书得出一些重要结论。比如，乡村建设行动既是我国以往乡村建设研究成果和实践成就的传承，更是在实现中华民族伟大复兴的战略全局和世界百年未有之大变局的"两个大局"背景下的理论与实践创新；乡村建设行动要立足农民，做到"三个必须"——在建设力量上必须确立农民的主体地位、在发展思想上必须坚持以农民为中心、在实现目标上必须坚持广大农民对美好生活的向往；乡村建设行动是实现第二个百年奋斗目标、全面建成社会主义现代化强国的必经之路。三是具有鲜明的写作特点。本书在纵向时空安排上采用历史—现实—未来的撰写思路，在横向内容布局上采用由点到面、点面结合的写作方式；在文字表达上也尽量做到通俗易懂，这样会更加适合广大实践部门的工作者，尤其是作为乡村建设行动主体力量的广大农民群众。本书的研究成果也将进一步充实公共管理学、社会学、政治学等主要学科领域的内容、思想和方法。

目　录

第一章　乡村建设行动的历史源流

中国作为一个拥有五千多年文明历史的古国，农耕文化一直是支撑中华民族繁衍兴盛的最为重要的主流文化，"三农"问题也一直是中国历史上应该给予高度重视的问题，只是当时的国家制度、社会环境、自然因素以及统治者的认知等方面的局限性导致了在绝大部分时期，"三农"一直作为一个"非问题"出现在历史的教科书、政府官员的"治国理政"和平民百姓的日常生活之中。从历史的角度来看，乡村社会的稳定有序发展在维护国家统一、促进社会和谐、传承中华文化等方面具有巨大的隐性价值，但是其显性的地位却一直处于被"忽略"的状态。鉴于现代意义上的"乡村建设"出现的时间节点，本章将重点研究 1904 年"翟城实验"以来我国乡村建设的发展变化。

关于我国乡村建设的历史发展脉络，近些年学者进行了较为深入的探讨和研究，他们站在不同的视角对乡村建设的发展历史进行了不同的阶段划分，形成了一些具有代表性的观点。例如，王景新认为，可以将中国共产党百年乡村建设划分为四个历史时期，即新民主主义革命时期（1921—1949 年）、社会主义革命和建设时期（1949—1978 年）、改革开放和社会主义现代化建设新时期（1978—2012 年）及中国特色社会主义新时代（2012 年至今），[①] 这一划分方法主要是参照了百年党史的四个历史发展时期的划分来进行的，从某种意义上来说，党的乡村建设史也是党在乡村中的一部发展史；王伟强和丁国胜认为我国乡村建设的历史包括了帝国时代（1912 年以前）、民国时期（1912—1949 年）、新中国成立以后到改革开放以前（1949—1977 年）、改革开放以来（1978 年至今）等几个主要阶段[②]；潘家恩和温铁军认为它主要经历了"三波发展历程"——第一波滥觞于 1904 年翟城村的地方自治、第二波由全面执政的中国共产党推动、第三波于 2000 年起持续至今[③]；周立认为百年乡村振兴实践主要历经三个发展阶段，分别是 20 世纪初至2004 年的乡村建设阶段、2005 年至 2017 年的新农村建设阶段以及 2018 年至 2050

---

① 王景新. 中国共产党百年乡村建设的历史脉络和阶段特征[J]. 中国经济史研究，2021（4）：13-25.
② 王伟强，丁国胜. 中国乡村建设实验演变及其特征考察[J]. 城市规划学刊，2010（2）：79-85.
③ 潘家恩，温铁军. 三个"百年"：中国乡村建设的脉络与展开[J]. 开放时代，2016（4）：126-145.

年的乡村振兴阶段[①]；萧子扬则把它划分为六个主要阶段：前乡村建设阶段（1912年以前），乡村建设运动阶段（1912—1948 年），社会主义农村改造和建设阶段（1949—1977 年），改革实验、新农村建设和农村社区建设阶段（1978—2011 年），脱贫攻坚阶段（2012—2020 年）以及乡村建设行动阶段（2020 年以后）[②]。因不同的学者以不同的理论视角和历史事件等为依据，从而得出了不一样的划分结论，但这些观点和结论都为我们的研究提供了很好的指导与借鉴价值。结合已有的研究成果，为了更好地研究本议题，我们把我国近现代以来乡村建设划分为以下四个主要阶段：早期的乡村建设运动阶段（1904—1948 年）、社会主义农村改造与建设阶段（1949—2004 年）、社会主义新农村建设阶段（2005—2016 年）和乡村振兴战略阶段（2017—2050 年）。

第一节　早期的乡村建设运动阶段（1904—1948 年）

“乡村建设运动”作为一个中国近现代的历史概念，一个专有名词，关于它的起源，有学者认为它是指在 20 世纪 20 年代到 30 年代发生在中国农村的由知识分子与某些官员和广大村民共同合作、改造农村的一个运动[③]。但学界普遍认为，乡村建设的实践最早可以追溯到 1904 年米春明、米迪刚父子在河北定县（今定州市）的“翟城实验”，这一实验被认为拉开了乡绅探索本地地方自治和乡村自救的序幕。[④]到了 20 世纪二三十年代则出现了较大规模的乡村建设运动，并形成了几大“流派”，这些“流派”无论对当时还是今后我国的乡村建设都有着极其重要的影响。关于“乡村建设”的理论研究最早出现在 1930 年 1 月由卢作孚撰写的《乡村建设》一文，这是卢作孚第一篇关于乡村建设的理论著作，他不仅是“乡村建设”的最早提出者，而且对“乡村建设”的内涵进行了较为系统的阐释。

一、早期乡村建设运动出现的背景

乡村建设运动之所以会出现在 20 世纪初，那是因为当时我国国内和国际多重因素交织在一起，这些因素相互影响共同促使了乡村建设运动的出现。仅从国内来看，归结起来主要有以下几个方面的重要背景。

---

① 周立. 乡村振兴战略与中国的百年乡村振兴实践[J]. 人民论坛·学术前沿, 2018（3）: 6-13.

② 萧子扬. 迈向 2035 的乡村建设行动: 何谓、为何与何为? ——基于百年乡村建设连续统的视角[J]. 农林经济管理学报, 2021, 20（1）: 1-9.

③ 李公明. 激进与改良: 中国近现代乡村建设的历史回顾[J]. 公共艺术, 2018（5）: 12-15.

④ 李晓明. “近现代中国乡村建设思想”研讨会观点综述[J]. 求知, 2012（3）: 39-41.

（一）国内农村社会的深刻变化

"重农抑商"的政策成为维系我国几千年农耕文化的核心要义，但是随着鸦片战争的爆发，"农本"思想逐渐被"重商主义"替代，随后发生的洋务运动、戊戌变法等重大历史变革无不体现出了这一重要发展趋势，并逐渐在全国形成了共识。然而，"农业是立国之本"这一命题是无法动摇的，外国资本主义的入侵给中国带来了"重商"思想的同时，也给一直处于相对保守和稳定的广大中国农村带来了巨大的变化，自给自足的小农经济开始解体，中国农村的经济社会也逐步卷入了资本主义的市场。"对于广大农村而言，这种长期性的混乱加剧了本来就薄弱的农村经济的解体，在缺乏强有力的政治权威控制下，整个农村变得残破不堪。"[①]诚如鲁迅在《故乡》里所描写的："苍黄的天底下，远近横着几个萧索的荒村，没有一些活气。"[②]于是在这种背景下，"重农"思潮又开始复苏，使得"农业立国"还是"工商立国"再次成为社会各界争议的一个焦点，部分有识之士在一些农村地区掀起了一场"农业救国"的运动。

（二）知识分子的积极推动作用

知识分子这一群体历来都是国家建设和社会发展的最重要倡导者甚至是实践者之一。延续 1300 多年的科举制度于 1905 年被废除，从而实现了科举取士与学校教育的彻底分离，也意味着靠读书直接步入仕途的大门被堵死，这一制度的废除无疑给正在谋求通过考试取得官职的知识分子带来了巨大的震动和挑战，迫使他们不得不另谋出路。令人庆幸的是，在这种"十字路口"的知识分子徘徊的时间并不是很久，辛亥革命的胜利、中华民国的成立以及共和制度的建立为他们带来了"自由、民主、共和"等资产阶级的思想，使得他们重新认识到了自身的价值，看到了自己今后人生的努力方向。他们不仅可以相对自由地发表"政见"，而且也有不少渠道让他们积极参与到政治建设实践中，积极投身于地方和乡村的建设中。正如梁漱溟所说："争取个人自由和公民权利的要求使得我必须从地方自治入手，也就是从基层的农村入手，于是我抛弃都市生活，到乡村去。"[③]其实，在那个时代像梁漱溟一样有着同样情怀的知识分子开始在中国的大地上如雨后春笋般涌现，既有国内社会精英和知识青年，也有留学归国人才，他们一起构成了乡村建设运动的主体，成为乡村建设运动中的"拓荒人"和"引领者"。

① 吴星云. 乡村建设思潮与民国社会改造[M]. 天津：南开大学出版社，2013：11-12.

② 鲁迅. 鲁迅文集[M]. 北京：中央编译出版社，2010：36.

③ 梁漱溟. 我生有涯愿无尽：漱溟自述文录[M]. 上海：上海人民出版社，2013：97.

（三）中国共产党人的初心使命

1921 年中国共产党第一次全国代表大会召开,宣告中国共产党成立,并将"承认无产阶级专政,直到阶级斗争结束","消灭资本家私有制"等作为党的纲领,这表明"中国共产党从建党一开始就旗帜鲜明地把社会主义和共产主义规定为自己的奋斗目标"[①],党的二大则提出了"消除内乱,打倒军阀,建设国内和平;推翻国际帝国主义的压迫,达到中华民族完全独立;统一中国为真正的民主共和国"的奋斗目标。此后,中国共产党始终不忘建党初心,团结带领中国人民历经北伐战争、土地革命战争、抗日战争、解放战争,推翻帝国主义、封建主义、官僚资本主义三座大山,经过艰苦卓绝的斗争,彻底结束了旧中国半殖民地半封建社会的历史,彻底结束了旧中国一盘散沙的局面,建立了人民当家作主的中华人民共和国,最终实现了民族独立、人民解放。习近平在庆祝中国共产党成立 100 周年大会上指出,"中国共产党一经诞生,就把为中国人民谋幸福、为中华民族谋复兴确立为自己的初心使命"[②],中国共产党人的初心使命,不仅在革命根据地带领广大农民群众取得了农村建设的伟大成就,而且这种"星星之火"也在中国大地形成了燎原之势,对中国早期乡村建设运动的出现起到了积极的示范作用。

二、主要"流派"的建设思想与述评

从 20 世纪初至新中国成立前,由于长时间一直未能真正形成一个统一集权的中央政府,客观上为乡村建设不同"流派"的形成和发展提供了制度空间与社会支持。本部分主要分析以下三个典型代表"流派"的建设思想:以梁漱溟、晏阳初等为典型代表的乡村建设派、国民党政府推行的农村复兴计划以及中国共产党早期进行的乡村革命运动。

（一）以梁漱溟、晏阳初等为典型代表的乡村建设派

20 世纪二三十年代在中国兴起了一场以乡村教育为起点,以复兴乡村社会为宗旨,由知识精英推进的大规模的乡村建设运动,一直持续了十余年,直到 1937 年 7 月抗日战争全面爆发后,除了晏阳初坚持在四川等地继续推行外,全国的乡村建设运动几乎都被迫中止。据调查,20 世纪 20 年代末 30 年代初全国从事乡村建设工作的团体和机构有 600 多个,先后设立的各种实（试）验区有 1000

---

① 中共中央党史研究室. 中国共产党的九十年:新民主主义革命时期[M]. 北京:中共党史出版社,党建读物出版社,2016:37.

② 习近平:在庆祝中国共产党成立 100 周年大会上的讲话,http://www.gov.cn/xinwen/2021/07/15/content_5625254.htm[2022-02-05].

多处。① 这一时期在一些代表人物的直接领导和推动下，在乡村建设实践中逐渐形成了不同的模式，其中梁漱溟的"邹平模式"、晏阳初的"定县模式"、黄炎培的"徐公桥试验区"、陶行知的"晓庄学校"、梅贻宝的"铭贤学校"等都是典型代表。虽然都是从事乡村建设运动，但是由于代表人物的理念不同，实验区域的自然和社会环境也不尽相同，所以不同的模式在基本做法等方面也是各有侧重的。根据段德罡等的分析，大致可以划分为四种：一是以村民自治为核心的乡村治理模式；二是以经济建设为中心，强调以乡村工业化来实现乡村现代化的模式；三是以政治手段干预的乡村全体系管理模式；四是以现代化乡村教育、文化改良的民族自救和再造模式等。②

在风雨激荡的年代他们能做到"众人皆醉我独醒"，能相对深刻地认识到中国问题的本质，用实际行动去实践并尝试改变，仅从这点来看实属难能可贵，载入史册也是实至名归。从他们的建设理念和建设成效来看，可以看到很多值得我们今天在乡村建设中借鉴和效仿的地方。比如，晏阳初以农村青年为重点和中心，培养新乡民；梁漱溟倡导民族自救、文化复兴，提出从文化建设入手解决中国的乡村问题；陶行知则提出"生活即教育、社会即学校、教学做合一"思想，以培养农夫的身手、科学的头脑和社会改造精神等为主要内容。但是由于深受当时政治、经济、文化和社会等多方面因素的制约，这场轰轰烈烈的运动也仅仅持续十余年之久，最后不得不退出历史的舞台，不过它给中国农村社会发展带来的影响却是深远的。

学界对这场运动的成败得失也进行了深入探讨和分析。绝大多数学者都是采取辩证的观点，他们对乡村建设的态度和结论大致可划分为三类：第一类是"大肯定，小否定"、第二类是"大否定，小肯定"、第三类是"成败不定"③。中国共产党也曾对乡村建设运动表示过部分的肯定。但是这场乡村建设运动带来的历史变迁仍是极为有限的，这种极为有限的变迁主要是由以下两个方面导致的。一方面是客观的社会现实。正如温铁军所言，其实从新文化运动以后，无论是教育救国论、实业救国论还是乡村建设救国论等，这些都是改良主义的，所有的改良主义当中最不被当时的政府接受的是乡村建设运动。另一方面就是代表人物自身认知的非现实性。马东玉对梁漱溟的评价这样写道，"他的思想跨越了时代，但实际上又无法跨越时代，他总要从中国的实际入手去一步一步地做，他在起步行动时没有真实地把握中国的阶级矛盾的现实，毕竟是依靠了中国的现有国家和政府，

---

① 郑大华. 民国乡村建设运动[M]. 北京：社会科学文献出版社，2000：456.
② 段德罡，谢留莎，陈炼. 我国乡村建设的演进与发展[J]. 西部人居环境学刊，2021，36（1）：1-9.
③ 何建华，于建嵘. 近二十年来民国乡村建设运动研究综述[J]. 当代世界社会主义问题，2005（3）：32-39.

从而堕入'文化至上'、'行动改良'的窠臼之中"[①]。这种评价客观地折射出了当时这些代表人物无法分辨清楚"谁是我们的朋友，谁是我们的敌人"这一中国革命的首要问题，以及农民问题这一中国革命的根本问题。无论站在哪个视角进行评价，历史都是无法改变的，乡村建设派的代表人物能在这样的年代抱着"救国救民"的精神，在身体力行的基础上取得不少可贵的经验和成绩，其历史功绩是无法抹杀的；当然，时代的局限性也注定了这一运动无法取得实质性成效的命运，因此我们更需要认真审视历史，总结经验。

（二）国民党政府推行的农村复兴计划

（1）农村复兴计划的主要措施。自 20 世纪初至 20 世纪 40 年代，中国乡村社会呈现出一幅萧条破败的场景，广大农村已经深陷"崩溃与动荡的状态中了"。国民政府为了通过促进乡村的正常发展，从而达到巩固自身政权的目的，借助其"执政"地位，依靠行政力量，采取了一系列措施推行农村复兴计划。这些措施主要包括以下几点。第一是政策的沿袭。为了化解战时的粮食危机，以及摆脱长期战争导致的兵源不足的困境，国民党直到 20 世纪 40 年代初也一直沿用"执政"初期制定的"二五减租"和"扶植自耕农"等政策。第二是新政的颁布。例如，颁行了保甲制度、新县制等系列地方行政制度，有利于加强中央集权，强化对广大乡村地区的控制，更好地从乡村汲取资源。第三是涉农机构的设置。1933年 5 月，国民政府建立隶属于行政院的农村复兴委员会，发动了声势浩大的"农村复兴运动"，在江宁、兰溪、定县、邹平、菏泽等地取得了一定效果。又如，在江西设立农村服务区，并给予经费等支持，实施江西复兴计划。从 1934 年到1935 年不到两年的时间里，先后在临川之章舍、丰城之冈上、永修之淳湖、南昌之青云谱、宁都之石上等 10 个地区设立农村服务区，开展农业教育、农业实验、农业卫生与合作社组织工作。同时，给予了一定的经费支持，如在各服务区成立时全国经济委员会拨款 25 万元，用作各服务区的开办经费和经常性事业费。[②]将涉农机构作为重要平台去推动国民政府的政策和方针的执行，在乡村地区积极开展农村复兴计划。第四是修建了多项大型水利工程。例如，为杜绝武昌、嘉鱼、咸宁、蒲圻等四地的水患，从 20 世纪 30 年代开始修筑金水闸，工程巨大，耗时三年，耗资 90 万美元。水利工程的建设改善了农业生产环境，对于提高农业生产，增加农民收入，促进乡村的复兴有着积极的作用。

（2）农村复兴计划失败的原因。国民党政府推行的农村复兴计划，客观来说

---

① 马东玉. 梁漱溟传[M]. 北京：东方出版社，1993：99.
② 万振凡. 论民国时期"政府主导、服务型"乡村改造模式：以民国江西农村服务为中心[J]. 上海师范大学学报（哲学社会科学版），2005（6）：119-124.

对于农村经济的复苏、农村社会的稳定、农民生活的改善起到了一定的积极推动作用。但是，这场农村复兴计划的推行却又注定无法走远，无法真正实现农村的复兴，除了当时复杂的社会环境外，还有更深层次的因素。第一，利益代表的阶级局限性。"鉴于南京国民政府是一个代表大地主大资产阶级利益的政府，并不能真正代表人民群众的根本利益，其所推行的农村复兴计划注定是一场虚妄。"[①]第二，狭隘的利益观。南京国民政府推行的农村复兴运动是以"通过乡村的复兴来瓦解军阀势力，并阻止共产主义革命在乡村的发展和壮大"[②]为出发点和根本目标。第三，认知的不足。由于国内外形势严峻，特别是国民党自身对中国乡村的本质问题认识不足，农村复兴计划注定无法成为挽救乡村破败之象的有效手段。

（三）中国共产党早期进行的乡村革命运动

在一定意义上我们可以这样认为，一部中国史其实也是一部"农民史"，农民一直都是中国革命和建设无法绕开且必须紧密依靠的一个关键性群体。充分相信农民，依靠农民，把党的工作重心放在农村，走"农民路线"，开展土地革命，建立农村革命根据地，实现"农村包围城市"，很好地体现了中国共产党人的初心使命。20世纪20年代至40年代，中国共产党早期所进行的乡村革命运动，在建设思想、建设内容以及方式方法上主要体现出以下几个方面的特征。

（1）在建设思想上，坚持"没有调查，就没有发言权"，深入乡村一线，大兴调查之风，以求真务实的精神高度重视中国的乡村问题。中国共产党人通过深入农村进行科学的调查研究，得出了中国革命的中心问题是农民问题，而农民问题的核心在于土地问题的重要结论。正如毛泽东同志在《国民革命与农民运动》（1926年9月）一文中指出的那样："农民问题乃国民革命的中心问题，农民不起来参加并拥护国民革命，国民革命不会成功；农民运动不赶速地做起来，农民问题不会解决；农民问题不在现在的革命运动中得到相当的解决，农民不会拥护这个革命。"[③]从共产党成立初期，共产党人的杰出代表就积极深入田间地头，通过实地调研撰写了大量关于"三农"的调查报告和论文。例如，陈独秀的《中国农民问题》（1923年）、邓中夏的《论农民运动》（1923年）和《中国农民状况及我们运动的方针》（1924年）、李大钊的《土地与农民》（1925年）、瞿秋白的《农民政权与土地革命》（1927年）等。特别是被誉为"农村调查第一人"的毛泽东同志，完成了大量的农村调查杰作，早期典型的代表作有《中国社会各阶级的分

---

① 李艳菲，张双双. 百年乡村建设行动：回溯、机理与进路[J]. 中共成都市委党校学报，2021（3）：24-29，72.
② 郭海霞，王景新. 中国乡村建设的百年历程及其历史逻辑：基于国家和社会的关系视角[J]. 湖南农业大学学报（社会科学版），2014，15（2）：74-80.
③ 毛泽东与中国农民问题，http://theory.people.com.cn/n/2013/1225/c40531-23944522.html[2022-09-18]。

析》（1925 年 12 月）、《寻乌调查》（1930 年 5 月）、《兴国调查》（1930 年 10 月）等。在抗日战争和解放战争时期毛泽东同志更是深入乡村调研，形成了包含《长冈乡调查》（1933 年 11 月）、《抗日根据地的政权问题》（1940 年 3 月）、《新民主主义论》（1940 年 1 月）、《组织起来》（1943 年 11 月）、《游击区也能够进行生产》（1945 年 1 月）以及《新解放区农村工作的策略问题》（1948 年 5 月）等优秀作品。

（2）在建设内容上，全面推行以土地改革为核心的乡村革命运动。土地是广大农民的生命线，是他们赖以生存的基本物质保障，是否拥有或分得一定量的土地也是决定他们是否愿意支持共产党革命斗争的重要条件之一。在井冈山进行革命斗争时，中国共产党制定了第一部土地法——《井冈山土地法》，该法规定：“没收一切土地归苏维埃政府所有……分配农民个别耕种。”虽然这部土地法存在一些缺陷，但它改变了几千年来地主剥削农民的封建土地关系，解决了土地的没收与分配，山林的分配和竹木的经销，土地税的征收和使用等问题，农民对土地的合法权益从此有了法律的保障。《井冈山土地法》不仅指导了湘赣边界的土地革命斗争，而且为以后中国共产党领导进行伟大的土地革命斗争提供了宝贵的经验。[①]此后，中国共产党又根据革命斗争和农村发展的实际需要，适时地制定和颁布了关于土地改革的系列政策。例如，中共六大通过的《农民问题决议案》（1928 年）确定了土地革命的基本任务，提出了包括推翻地主资产阶级的政权，解除反革命势力的武装去武装农民，建立农村中农民代表会议（苏维埃）的政权，以及一切森林河道归苏维埃政府经营管理等九条方针[②]；又如《中国土地法大纲》（1947 年9 月）规定：“废除封建性及半封建性剥削的土地制度，实行耕者有其田的土地制度……乡村中一切地主的土地及公地，由乡村农会接收，连同乡村中其他一切土地，按乡村全部人口，不分男女老幼，统一平均分配，在土地数量上抽多补少，质量上抽肥补瘦，使全乡村人民均获得同等的土地，并归各人所有。”[③]

（3）在方式方法上，坚持以土地改革为中心，注重配套措施的协同推进。中国共产党在早期的乡村建设中，在进行土地革命的同时，还注重加强经济、文化、社会、卫生事业的建设。例如，通过发展卫生防疫事业，开展群众性卫生运动，闽浙赣苏区 1932 年与 1931 年相比，疾病减少了百分之九十，到了抗日战争和解放战争时期，各地的红色政权积极开展文化教育和妇女解放运动等配套建设。例如，《中国土地法大纲》“保障农民及其代表有全权得在各种会议上自由批评及弹劾各方各级的一切干部”[④]。

---

① 《井冈山土地法》的颁布，https://www.jian.gov.cn/news-show-11006.html[2023-07-28]。

② 中共六大土地问题决议案，https://www.gov.cn/test/2008-05/29/content_998179_2.htm[2023-10-04]。

③ 中共中央党史研究室. 中国共产党的九十年[M]. 北京：中共党史出版社，党建读物出版社，2016：297-298.

④ 陈翰笙，薛暮桥，冯和法. 解放前的中国农村（第 1 辑）[M]. 北京：中国展望出版社，1985：75-76.

中国共产党作为最先进的阶级代表,对中国的农村问题有着深刻精准的认知,能通过中国农村的现象看到中国革命的本质,从而在建设思想、内容和方法上超越了其他党派、团体和个人。面对艰苦卓绝的战争,中国共产党通过扎实有效地推行乡村革命运动,不仅保障了抗日根据地和解放区军民的基本物质给养,壮大了革命力量,赢得了民心,并最终取得了抗击外来侵略和民族解放战争的伟大胜利,还为新中国农村基本制度的创立、农业农村全面的复兴、农民的发家致富奠定了重要理论基础,提供了宝贵的实践经验。

第二节　社会主义农村改造与建设阶段（1949—2004 年）

从 1949 年新中国成立至 2004 年,中国共产党对全国广大农村地区进行了全面的改造和全方位的建设,为社会主义新农村建设和乡村振兴战略的推进在理论与实践上奠定了扎实的基础。当然,在这五十多年的时间里,无论是农村的改造还是乡村的建设都是在不断的探索中前进的,根据时间进程、工作内容、建设形式和发展特点的不同,可以将其主要分为两个重要阶段。

一、社会主义的乡村改造（1949—1977 年）

中华人民共和国的成立,揭开了中国历史新的篇章,中国共产党踏上了带领人民创造幸福美好生活的新征程。长期的战争导致经济社会发展极其落后,如何提高老百姓生活水平这一民生问题,如何提升城市化与工业化水平等经济和社会问题,如何巩固新生的社会主义国家政权、维护国家统一和领土完整等重大的政治问题,都需要中国共产党做出新的重大战略选择,其中加强乡村建设就是一个亟待解决的重要议题。这一时期的乡村建设也即国家建设,也就是说国家政权建设或制度建设与乡村建设高度一致。乡村社会变迁就是国家政权建设在乡村的展开和深入。[①]

（1）以农村土地改革为重点的乡村改造。新中国成立后,为满足新解放区群众对土地的迫切需求,1950 年 1 月 24 日,中共中央发出《关于在各级人民政府内设土改委员会和组织各级农协直接领导土改运动的指示》,开始在新解放区实行土改运动的准备工作。1950 年 6 月 30 日,中央人民政府正式公布《中华人民共和国土地改革法》。《中华人民共和国土地改革法》提出保存富农经济,不动中农

---

① 王先明. 新中国建设路向选择与城乡重心的转移：试析中共领导层从革命到建设思想的历史转折[J]. 社会科学战线, 2015（4）：81-98.

土地，限制没收地主财产范围等，以保护中农和分化地主阶级，减少土地改革阻力，促进生产的恢复和发展，成为指导新解放区土地改革的基本法律依据①。这次土地改革要求在开展运动之前，县级以上的领导机关要选择少数地区进行典型试验，采取以点带面，点面结合的方式，在总结经验的基础上，分批开展，在土地改革运动中坚持有领导地发动群众的方针，做到领导骨干与广大农民群众相结合。1950 年冬天开始，根据各地区的不同情况，全国分期分批进行了土地改革，没收地主的土地，除了分给地主应得的一份让他们自己耕种外，其余的全部分给无地或少地的农民耕种。经过两年的努力，历经发动群众、划分阶级成分、没收和分配土地、复查总结等阶段，到 1952 年底，除了部分少数民族地区外，全国基本上完成了土地改革。近三亿无地少地的农民，分到了七亿亩（1 亩=666.67 平方米）土地和大量的农具、牲畜及房屋等，还免除了每年向地主缴纳的约 350 亿千克粮食的地租。农民真正获得了解放，农村的生产力、农民的生产积极性得到了极大提高。

（2）以人民公社为核心的乡村改造。土地改革的成功完成，为农村农业的生产进一步发展奠定了坚实的物质基础。但与此同时，国家需要大力推进城市建设、大力发展工业和商业，这也导致农业与工商业发展不相适应的矛盾更加突出。为了更好地克服这一矛盾，进一步提高农业生产力，1953 年中共中央就先后发布了《关于农业生产互助合作的决议》和《关于发展农业生产合作社的决议》，引导农民组织起来，积极参加农业生产合作社，开展农业合作化运动，走社会主义集体化的道路。农业生产合作社的社会主义改造过程分为互助组、初级农业合作社、高级农业合作社三个阶段，最终目的是建立以集体所有制为核心的农业经营模式。到 1956 年年底，我国基本完成了农业社会主义改造，农村生产力得到了解放，这为我国农村发展创造了物质基础与制度保障。

1958 年 8 月 29 日，中共中央出台了《关于在农村建立人民公社问题的决议》，此后在全国范围内开始了轰轰烈烈的人民公社化运动。人民公社是一种政社合一的体制，"人民公社的基本特征是产权上集体所有，生产上统一经营，分配上集体分配，组织上政社合一，并一度实行组织军事化、行动战斗化、生活集体化"②。站在历史的角度来看，人民公社的出现或多或少也是适应了当时的发展形势，成为一种必然选择，也在很大程度上加快了国家从乡村社会整合和汲取资源用于城市及工业化建设的步伐，并在较短的时间内以一种超常规的手段和方式改变了农村的农业生产方式，改善了农民的生活状况。但后期出现的"文化大革命"，不论是给城市还是给乡村都带来了极其严重的破坏，使得乡村经济社会发展水平倒退

---

① 本书编写组. 中国共产党简史[M]. 北京：人民出版社，中共党史出版社，2021：157.

② 项继权. 中国农村建设：百年探索及路径转换[J]. 甘肃行政学院学报，2009（2）：87-94.

了几十年。

二、家庭联产承包责任制、村民自治制度（1978—2004 年）

家庭联产承包责任制改变的是农村的经济结构，而村民自治制度则更多的是从政治和社会层面对乡村秩序进行了重构，正是二者的有机结合，有效地推进了改革开放后农村的发展，也才有了后来的新农村建设和乡村振兴战略。

（一）家庭联产承包责任制

1978 年 11 月安徽省凤阳县小岗村"大包干"做法的成功，拉开了我国以实行家庭联产承包责任制为主要内容的农村改革序幕。党的十一届三中全会后正式确立了中国农村改革是以家庭联产承包责任制为突破口的基本政策，它通过否定人民公社"一大二公""三级所有、队为基础"的旧体制，摒弃了平均主义和"吃大锅饭"的分配办法，破除了农民多年来养成的"等要靠"和"干多干少一个样"的思想桎梏，大大地解放和发展了农村社会的生产力。以"分田到户、包产到户"为核心的家庭联产承包责任制是一次通过改变上层生产关系这一顶层设计，从而促进农村地区生产力发展的重大改革，这也是党和国家充分尊重农村发展实际与农民真实需求，对农村地区进行科学化管理迈出的重要一步，也是最为关键的一步。1978 年，我国粮食总产量 3047.5 亿公斤，1984 年达到了 4073 亿公斤，增长了 33.7%；人均粮食占有量，从 1978 年的 316.6 公斤，增加到了 1984 年的 390.5 公斤，增加了 23.3%。农民人均纯收入从 1978 年的 134 元增长到了 1984 年的 355 元，年均增长 17.63%。1978 年，我国农村贫困人口（年纯收入标准为 100 元／人）为 2.5 亿人，贫困发生率为 30.7%；到 1985 年农村贫困人口（年纯收入标准为 206 元／人）下降为 1.25 亿人，贫困发生率降为 14.8%。[①]

家庭联产承包责任制之所以能在短时间内取得巨大的成功，是由多种因素共同决定的。一是党和国家领导人的高度重视与坚强决心。"包产到户"政策从实施之日起就开始出现争议，持怀疑和反对态度的人认为搞"包产到户"就是分田单干，就是搞资本主义，如果不坚决制止，农村社会主义阵地必将丢失，而且这类人群还不在少数，"辛辛苦苦三十年，一夜回到解放前"成为当时的流行语。但是以邓小平等老一辈为代表的改革者坚持"实践是检验真理的唯一标准"，他们克服重重困难，排除"左"倾思想干扰，经过几年的努力终于平息了这场争论。为这场大争论画上圆满句号的标志性事件就是 1982 年 1 月 1 日，中国共产党历史上第一个关于农村工作的文件——《全国农村工作会议纪要》的发布，该文件明确指

---

① 陈锡文. 从农村改革 40 年看乡村振兴战略的提出[J]. 中国党政干部论坛，2018（4）：12-18.

出："目前实行的各种责任制，包括小段包工定额计酬，专业承包联产计酬，联产到劳，包产到户、到组，包干到户、到组，等等，都是社会主义集体经济的生产责任制。"二是共产党人坚持从实际出发，坚持走群众路线。实事求是的思想路线，是我们党取得胜利的根本保证，是我们党的生命线，坚持一切为了群众，一切依靠群众，从群众中来，到群众中去的群众路线是党走向胜利的重要法宝。家庭联产承包责任制充分体现了中国共产党不唯书，不唯上，只唯实，充分尊重农民群众的首创精神。三是中国共产党充分尊重人性。人性是复杂的，人是自然人和社会人有机组合在一起的"复杂人"，基本物质、安全感与家庭亲情、尊重和自我实现都是人性最基本的追求。家庭联产承包责任制很好地切合了人性需求和特点，体现了"个人追求"与"家庭需要"间的良性互补关系。亲情可以激发成员对家庭的忠诚，使成员愿意放弃部分经济利益而为家庭做贡献，从而降低了家庭内部的交往成本，提高了劳动积极性，继而提高了劳动生产率。① 家庭作为社会组织的最基本细胞，其发展必将促进整个社会和国家的发展。四是政策的强有力支持。1983 年 10 月 12 日，中共中央、国务院发出《关于实行政社分开，建立乡政府的通知》的第一条指出："当前的首要任务是把政社分开，建立乡政府，同时按乡建立乡党委，并根据生产的需要和群众的意愿逐步建立经济组织。要尽快改变党不管党、政不管政和政企不分的状况。政社分开、建立乡政府的工作大体上要在 1984 年底以前完成。"② 在这一指导方针下，到 1985 年春，"全国 5.6 万个人民公社、镇，改建为 9.2 万多个乡（镇）人民政府，同时按照宪法规定，取消了原有生产大队和生产小队，建立了 82 万多个村民委员会"。③

当然，任何一项政策都具有时代的局限性，"统一经营、包干到户"也不例外，因为这种制度也是基于当时的生产力水平和经济发展状况建立的。"家庭联产承包责任制带有明显的传统小农经济与自然经济的痕迹，而这些东西对于一个有过长达两千多年封建社会的中国来说，对于现代农业生产具有根深蒂固的深远影响，已经越来越不能适应现代农业的规模化经营和社会化生产的要求了。"④ 因此，家庭联产承包责任制作为一种新生的制度创新，注定也是需要与时俱进，不断修正和完善的，需要有相应的制度作为支撑和保障，协同推进其健康有序发展。

---

① 邓曦泽. 家庭联产承包责任制成功的原因、普遍机制及其走势：从"唯利是图"到"义利兼顾"[J]. 农业经济问题，2014，35（9）：74-87，111-112.

② 姚锐敏："乡政村治"行政体制的利弊分析与改革出路（2013-01-25），http://rdi.cssn.cn/gzsn/201508/t20150818_2649296.shtml[2022-09-18].

③ 全国农村建乡工作全部完成：乡、镇政府九万二千多个，村民委员会八十二万多个[N]. 人民日报，1985-06-05（1）.

④ 吴江，张艳丽. 家庭联产承包责任制研究 30 年回顾[J]. 经济理论与经济管理，2008（11）：43-47.

（二）村民自治制度

村民自治是改革开放后我国在推进农村建设方面的又一项重要举措，它充分体现了农民群众的首创精神和高度智慧。1980 年 2 月 5 日，广西河池市宜山县（今宜州区）三岔公社合寨大队果作生产队 85 名群众代表围坐在一起，从 6 名生产队代表中差额选出第一个村民委员会的 5 名成员。这件当时村民口中"别让大队知道"的事，被称为"村民自治"，并被写入 1982 年的《中华人民共和国宪法》，成为中国特色基层民主制度最广泛、最具生命力的实践形式之一。1982 年《中华人民共和国宪法》第一百一十一条规定："城市和农村按居民居住地区设立的居民委员会或者村民委员会是基层群众性自治组织。居民委员会、村民委员会的主任、副主任和委员由居民选举。居民委员会、村民委员会同基层政权的相互关系由法律规定。"村民自治制度的发展历程大致经历了三个阶段：一是从 1980 年初村民委员会诞生至 1987 年《中华人民共和国村民委员会组织法（试行）》颁布的"试验探索阶段"，二是从 1988 年《中华人民共和国村民委员会组织法（试行）》正式实施到 1998 年《中华人民共和国村民委员会组织法》颁布的"调整完善阶段"，三是 1998 年至今的"深入推进和创新阶段"。

村民自治制度作为我国农村基层社会的一种极其重要的民主形式，一方面为我国进一步探索适合中国国情的民主政治之路奠定了理论和实践基础，另一方面在促进乡村经济社会发展、维护社会稳定、调动广大农民群众的积极性和创造性等方面取得了实实在在的成果。一是改变了原有的"乡村关系"，实现了"乡政村治"格局的重构。随着中国民主化进程的推进，在 20 世纪 80 年代初"乡村关系"逐渐取代了原先的"村社关系"，即在农村，乡镇人民政府取代了以前的人民公社，村民委员会代替了原来的生产大队，这样在广大的农村地区就形成了我们常说的"乡政村治"的格局，从而在乡级政府与村民委员会之间也就形成了一种全新的关系。在法律层面上，它们之间真正形成了一种在法律面前的平等关系。《中华人民共和国村民委员会组织法》取消了过去乡级政府对村民委员会的上下级的领导关系，使村民委员会这种自治组织从此在法律上具有了与乡级政府协商、沟通的平等地位。在行政权力制约层面上，指导与被指导关系取代了原先的领导与被领导关系。乡级政府与村民委员会的权力关系及法律地位是根据 1982 年修订的《中华人民共和国宪法》及 1987 年通过的《中华人民共和国村民委员会组织法（试行）》确立的。1987 年通过的《中华人民共和国村民委员会组织法（试行）》第三条规定："乡、民族乡、镇的人民政府对村民委员会的工作给予指导、支持和帮助。村民委员会协助乡、民族乡、镇的人民政府开展工作。"二是重新唤起了乡村基层群众的民主政治意识。根据《中华人民共和国村民委员会组织法》的相关条款，村民委员会是实行"三自我"（自我管理、自我教育、自我服务）和"四民主"（民主选举、民主决策、民主管理和民主监督）的基层群众性自治组织，要求它们自主办理本村的公共事务和公益事业，调解内部民间纠纷，协助维护本区域社会治安，向所属人民政府反映村民的意见、要求和提出建议。"村民自治最重要的价值就是在民主的过程中，建立起一系列民主规则和程序，并通过运用民主规则和程序的民主实践形式，训练民众，使得民众得以运用民主方式争取和维护自己的权益，从而不断赋予民主以真实内容。"①

当然，在推进乡村现代治理的进程中，也逐渐暴露出村民自治这一制度的历史局限性，比较突出的有以下三个方面。一是乡级政府功能和权威的弱化。与人民公社制相比，村民自治的推行在一定程度上弱化了乡级政府作为一级完备政府应具备的功能，"改革后设立的乡镇政府却表现出权小、责大、能弱的特点"②，而且还"存在着政治权威在变革中流失"③的可能性，本该属于乡级政府的职能和权威却被下级村组织以"自治"的名义"截留"或"架空"。二是部分地区民主制度建设出现违背初衷的做法。制度的成效最终都需要靠有力的执行来完成，但执行出现偏差已经成为影响制度效果的最重要一环，村民自治制度更是如此，因为越往基层，政策的执行偏差将越大。三是自治功能难以得到有效提升。由于"乡政村治的界限是模糊型的"④，村民自治组织出现弱化或半行政化的趋势，在压力型政府的导向下，村民委员会这一群众自治组织不知不觉地走向行政化或半行政化的治理之路。现行的村治实践在不同程度上出现了与最初的理想渐行渐远的趋势，这值得我们去深思，也促使我们在推进乡村社会治理现代化的进程中，在总结村民自治实践的基础上，不断融入新的元素，寻求新的建设路径。

第三节　社会主义新农村建设阶段（2005—2016 年）

2005 年 10 月，党的十六届五中全会通过的《中共中央关于制定国民经济和社会发展第十一个五年规划的建议》提出"坚持把解决好'三农'问题作为全党工作的重中之重，实行工业反哺农业、城市支持农村，推进社会主义新农村建设，促进城镇化健康发展"，以及"生产发展、生活宽裕、乡风文明、村容整洁、管理民主"的社会主义新农村建设的具体要求。

---

① 徐勇. 中国民主之路：从形式到实体：对村民自治价值的再发掘[J]. 开放时代，2000（11）：57-61.
② 姚锐敏."乡政村治"行政体制的利弊分析与改革出路[J]. 行政论坛，2012，19（5）：9-13.
③ 张军. 关于村民自治的思考[J]. 中国农村观察，2000（1）：64-72，81.
④ 吴越，吴卫生. 从我国乡政村治历史发展看乡村关系的两重性[J]. 政治学研究，1986（2）：43-46.

一、社会主义新农村建设的提出

新农村建设既是一项新任务，又是一个老课题。所谓"老课题"，是指新农村建设并不是新概念，无论是像中国这样的发展中国家，还是一些发达的资本主义国家，在不同的历史时期都曾提出过新农村建设这个概念，并不断地进行实践探索。①社会主义新农村建设的提出科学汲取了我党关于"三农"问题的重要思想，是对我党关于"三农"问题重要论述在实践中的充分展示。

毛泽东同志从年轻时候开始就十分重视农村的发展，早在 1919 年《湘江评论》创刊宣言中便提出了"世界什么问题最大？吃饭问题最大"的观点；1956 年《论十大关系》一文指出："如果没有足够的粮食和其他生活必需品，首先就不能养活工人，还谈什么发展重工业？"②邓小平同志对于中国农村和中国农村人口的重要性有着深刻的认识，他提到，"中国经济能不能发展，首先要看农村能不能发展"③，"如果不解决这百分之八十的人的生活问题，社会就不会是安定的"④。党的第三代领导集体也高度重视"三农"问题，江泽民同志指出："农业上不去，整个国民经济就上不去；农村不安定，整个社会就不会安定；农村经济得不到相应发展，国民生产总值再翻一番、人民生活达到小康水平就不可能实现。"⑤"三农"问题"不但是个重大的经济问题，同时是个重大的政治问题"⑥。因此，社会主义新农村建设是对新时期、新的历史发展阶段"三农"问题认识的又一次升华和飞跃，也是对我党关于社会主义新农村建设相关理论政策的进一步完善和发展。

关于"社会主义新农村建设"这一提法，起初学界也出现了不同的争论，形成了不同的观点，有持怀疑甚至否定态度的，当然，更多的学者还是持肯定态度，"社会主义新农村建设"提法的形成和最终提出实际上表明了中央在解决"三农"问题上已形成了比较完整的思路，较好地体现了"国家整合的重要目标和任务"⑦。党的十八大报告也对新农村建设取得的成就给予了充分的肯定，"农业综合生产能力提高，粮食连年增产。产业结构调整取得新进展，基础设施全面加强。城镇化水平明显提高，城乡区域发展协调性增强"⑧就是对新农村建设取得成就的高度

---

① 钟贤华. 新农村建设的历史经验与当前路径[J]. 东南学术，2007（4）：66-72.

② 毛泽东《论十大关系》，https://fuwu.12371.cn/2013/08/14/ARTI1376449049161135_all.shtml[2023-07-01].

③ 邓小平. 邓小平文选（第三卷）[M]. 北京：人民出版社，1993：65.

④ 邓小平. 邓小平文选（第三卷）[M]. 北京：人民出版社，1993：117.

⑤ 中共中央文献研究室、国务院发展研究中心. 新时期农业和农村工作重要文献选编[M]. 北京：中央文献出版社，1992：788.

⑥ 中共中央文献研究室. 江泽民论有中国特色社会主义[M]. 北京：中央文献出版社，2002：120.

⑦ 徐勇. 国家整合与社会主义新农村建设[J]. 社会主义研究，2006（1）：3-8.

⑧ 引自 2012 年 11 月 18 日《人民日报》第 1 版的文章：《坚定不移沿着中国特色社会主义道路前进　为全面建成小康社会而奋斗》。

认可和肯定。

二、社会主义新农村建设的科学内涵

"生产发展、生活宽裕、乡风文明、村容整洁、管理民主"从五个方面对新农村建设的目标要求进行了高度凝练和概括，进一步体现了新农村建设的丰富内涵，"新农村建设是一个系统工程，既有发展农村经济的内容，又有发展农村社会事业的内容；既有农村综合改革的内容，又有农村精神文明建设的内容"①。"生产发展"，是新农村建设的物质基础，在强调经济增长速度的同时，更加突出经济增长的质量和效益，从而实现经济又好又快的发展目标；"生活宽裕"，是新农村建设的民心基础，也是新农村建设的根本目标，它要求新农村建设成果能真正惠及广大农民群众，从而进一步体现党的群众路线和根本宗旨；"乡风文明"，是新农村建设的人文基础，要求在农村形成健康、文明、积极向上的精神风貌，这充分体现了精神文明的内在价值；"村容整洁"，是新农村建设的环境基础，也是新农村建设最为重要的外在表现形式，它要求科学规划村庄发展，进一步改善和优化农村人居环境；"管理民主"，是新农村建设的制度基础，社会主义新农村的建设是在坚持社会主义民主法治的前提下，采用现代科学管理的理念和手段，从而提高新农村建设成效，促进乡村经济社会和基层民主的进一步发展。以上五个方面相互融通、相辅相成，在内容上呈现并列关系，在形式上又体现一定的递进关系。

社会主义新农村建设既是对原有农村改造运动的一种传承，更是一种创新。学者站在不同的视角对新农村建设的"创新点"进行了剖析，归纳起来，代表性的观点主要有"四新论"和"五新论"。"四新论"观点主要是站在"三农"层面的视角进行分析，"四新"之间更多地呈现出并列的关系。例如，曾玉林认为，新时期我国社会主义新农村建设有"四新"："新农民"，它是社会主义新农村建设的主体，是核心；"新农业"，它是社会主义新农村建设的基础，是中心；"新农村"，它是社会主义新农村建设的实体，也是综合目标所向；"新举措"，它是社会主义新农村建设的根本保障。②"五新论"主要是根据新农村建设的"二十字"方针进行的提炼和总结。例如，马晓河认为，"新"体现在"新农民、新产业、新组织、新设施、新风貌"五个方面③。这五个方面也更多地体现了一种并列的关系，它们之间相互促进和制约，共同推进社会主义新农村的建设。当然，作为一种传承与创新，我们可以从纵向的历史的视角，通过比较发现新农村建设到底"新"在

---

① 邢久强. 充分发挥政府和农民两个积极性：著名学者温铁军谈新农村建设[J]. 前线，2006（1）：37-39.

② 曾玉林. 新时期我国社会主义新农村建设的内涵与目标[J]. 云梦学刊，2008，29（3）：77-80.

③ 马晓河. 建设社会主义新农村需要把握的几个重大问题[J]. 中国农业资源与区划，2006，27（4）：1-5.

哪里。例如，在建设理念上，它更加注重农村社会的统筹协同发展，坚持系统观和整体观；在建设内涵上，更加全面地体现了政治、经济、社会、文化和生态环境的发展格局；在建设手段上，它更加凸显了科学、民主和法治元素的重要性；在建设步骤和时序上，更加遵循农村实际，采取树立典型示范，以点带面，逐步逐层有序推进的方式。

第四节　乡村振兴战略阶段（2017—2050 年）

乡村振兴战略是习近平于 2017 年 10 月 18 日在党的十九大报告中首次提出的。乡村兴则国家兴，乡村衰则国家衰。乡村是具有自然、社会、经济特征的地域综合体，兼具生产、生活、生态、文化等多重功能，与城镇互促互进、共生共存，共同构成人类活动的主要空间。实施乡村振兴战略，是解决新时代我国社会主要矛盾、实现"两个一百年"奋斗目标和中华民族伟大复兴中国梦的必然要求，是建设现代化经济体系的重要基础，是建设美丽中国的关键举措，是传承中华优秀传统文化的有效途径，是健全现代社会治理格局的固本之策，是实现全体人民共同富裕的必然选择。[1]《中共中央 国务院关于实施乡村振兴战略的意见》提出了明确的振兴目标：到 2035 年，乡村振兴取得决定性进展，农业农村现代化基本实现；到 2050 年，乡村全面振兴，农业强、农村美、农民富全面实现。

一、乡村振兴战略的政策演变

从 2017 年开始，乡村振兴战略历经了政策提出、规划和实施三个主要阶段。

（一）乡村振兴战略的政策提出（2017 年）

党的十九大报告提出要"实施乡村振兴战略"，并指出"农业农村农民问题是关系国计民生的根本性问题，必须始终把解决好'三农'问题作为全党工作重中之重。要坚持农业农村优先发展，按照产业兴旺、生态宜居、乡风文明、治理有效、生活富裕的总要求，建立健全城乡融合发展体制机制和政策体系，加快推进农业农村现代化"。[2]"乡村振兴战略"与其他六大战略一道被写入 2017 年 10 月

---

① 中共中央 国务院印发《乡村振兴战略规划（2018—2022 年）》，http://www.moa.gov.cn/ztzl/xczx/xczxzlgh/201811/t20181129_6163953.htm[2023-03-20]。

② 引自 2017 年 10 月 28 日《人民日报》第 1 版的文章：《决胜全面建成小康社会 夺取新时代中国特色社会主义伟大胜利》。

24 日通过的《中国共产党章程（修正案）》，即科教兴国战略、人才强国战略、创新驱动发展战略、乡村振兴战略、区域协调发展战略、可持续发展战略、军民融合发展战略[①]。

（二）乡村振兴战略的规划（2018 年）

2018 年"中央一号"文件《中共中央 国务院关于实施乡村振兴战略的意见》指出："实施乡村振兴战略，是党的十九大作出的重大决策部署，是决胜全面建成小康社会、全面建设社会主义现代化国家的重大历史任务，是新时代'三农'工作的总抓手。"[②]该文件的发布实质就是对全面推进乡村振兴做出的总体部署。2018年 3 月 5 日全国两会期间，李克强总理在政府工作报告中提到，"我们要坚持走中国特色社会主义乡村振兴道路，加快实现农业农村现代化"[③]。2018 年 5 月 31 日，中共中央政治局召开会议，审议《乡村振兴战略规划（2018—2022 年）》。2018年 9 月，国务院印发了《乡村振兴战略规划（2018—2022 年）》，并发出通知要求各地区各部门结合实际认真贯彻落实。历经半年多时间，党和国家从战略层面为乡村振兴战略的全面、深入实施进行了科学的规划和部署，为乡村振兴战略的实施指明了方向。

（三）乡村振兴战略的实施（2019—2050 年）

2019 年 1 月 3 日中央"一号文件"《中共中央 国务院关于坚持农业农村优先发展做好"三农"工作的若干意见》发布，提出了"扎实推进乡村建设，加快补齐农村人居环境和公共服务短板"[④]的任务。2019 年 9 月 1 日，中共中央印发了《中国共产党农村工作条例》，提出党的农村工作必须遵循"坚持走中国特色社会主义乡村振兴道路，推进乡村产业振兴、人才振兴、文化振兴、生态振兴、组织振兴"[⑤]的原则，这是中国共产党历史上首次专门制定关于农村工作的党内法规，它将深入实施乡村振兴战略分解为条例的各个方面。

2020 年中央"一号文件"《中共中央 国务院关于抓好"三农"领域重点工作

---

① 中国共产党章程，https://www.12371.cn/2017/10/28/ARTI1509191507150883.shtml[2022-09-18]。

② 中共中央 国务院关于实施乡村振兴战略的意见，http://www.gov.cn/zhengce/2018-02/04/content_5263807.htm[2018-07-18]。

③ 政府工作报告：2018 年 3 月 5 日在第十三届全国人民代表大会第一次会议上，http://www.gov.cn/zhuanti/2018lh/2018zfgzbg/zfgzbg.htm[2023-03-05]。

④ 中共中央 国务院关于坚持农业农村优先发展做好"三农"工作的若干意见，http://www.gov.cn/zhengce/2019-02/19/content_5366917.htm[2021-10-13]。

⑤ 中共中央印发《中国共产党农村工作条例》，https://www.gov.cn/zhengce/2019-09/01/content_5426319.htm[2021-01-23]。

确保如期实现全面小康的意见》提出要"集中力量完成打赢脱贫攻坚战和补上全面小康'三农'领域突出短板两大重点任务"①。2020年10月29日中国共产党第十九届中央委员会第五次全体会议通过的《中共中央关于制定国民经济和社会发展第十四个五年规划和二〇三五年远景目标的建议》指出要"坚持把解决好'三农'问题作为全党工作重中之重，走中国特色社会主义乡村振兴道路，全面实施乡村振兴战略"，"把乡村建设摆在社会主义现代化建设的重要位置"②。

2021年1月4日，《中共中央 国务院关于全面推进乡村振兴加快农业农村现代化的意见》发布，这是21世纪以来第18个指导"三农"工作的中央"一号文件"。2月25日，"国务院扶贫开发领导小组"的牌子已经永久性摘下，国务院直属机构"国家乡村振兴局"的牌子正式挂上，"机构更迭背后，是我国'三农'工作重心的历史性转移——脱贫攻坚战取得全面胜利后，全面推进乡村振兴"③。2021年4月29日，十三届全国人大常委会第二十八次会议表决通过《中华人民共和国乡村振兴促进法》，该法一共十章七十四条内容，自2021年6月1日起施行。这是我国首部以乡村振兴命名，旨在全面推进乡村振兴战略实施的法律，在我国城乡发展史上具有里程碑意义，从此我国全面推进乡村振兴进入了有法可依的时代。这是为全面推动实施乡村振兴战略而出台的一部基础性、综合性、管长远、固根本的大法。至此，关于全面推进乡村振兴的文件、规划、条例、法律，共同筑起了我国实施乡村振兴战略顶层设计的"四梁八柱"。④

2022年中央"一号文件"《中共中央 国务院关于做好2022年全面推进乡村振兴重点工作的意见》提出，要"从容应对百年变局和世纪疫情，推动经济社会平稳健康发展，必须着眼国家重大战略需要，稳住农业基本盘、做好'三农'工作，接续全面推进乡村振兴，确保农业稳产增产、农民稳步增收、农村稳定安宁"，"扎实有序做好乡村发展、乡村建设、乡村治理重点工作，推动乡村振兴取得新进展、农业农村现代化迈出新步伐"⑤。

2023年中央"一号文件"《中共中央 国务院关于做好2023年全面推进乡村振兴重点工作的意见》通篇都是围绕乡村振兴的重点工作进行布置，特别是在开

---

① 中共中央 国务院关于抓好"三农"领域重点工作确保如期实现全面小康的意见，http://www.gov.cn/zhengce/2020-02/05/content_5474884.htm[2022-01-20]。

② 本书编写组. 党的十九届五中全会《建议》学习辅导百问[M]. 北京：党建读物出版社，学习出版社，2020：28-29.

③ 侯雪静，胡璐. 国家乡村振兴局挂牌亮相，意味着什么？[J]. 党的生活（黑龙江），2021（3）：28-29.

④ 谭智心. 立法为基强化保障全面推进乡村振兴：《中华人民共和国乡村振兴促进法》解读[J]. 农村金融研究，2021（8）：62-67.

⑤ 中共中央 国务院关于做好2022年全面推进乡村振兴重点工作的意见，http://www.gov.cn/zhengce/2022-02/22/content_5675035.htm[2022-11-09]。

篇之处便强调"党中央认为，必须坚持不懈把解决好'三农'问题作为全党工作重中之重，举全党全社会之力全面推进乡村振兴，加快农业农村现代化。强国必先强农，农强方能国强"。①

在未来近三十年的时间里，各级党委和政府将紧紧围绕《中共中央 国务院关于实施乡村振兴战略的意见》提出的 2035 年和 2050 年乡村振兴的建设目标，采取更加灵活、有效的措施推进乡村振兴战略的实现。

二、乡村振兴战略"二十字"的内涵阐释

乡村振兴战略是社会主义新农村建设的升级版，是社会主义新农村建设在内涵和外延上的升华。无论是乡村振兴战略还是社会主义新农村建设都提出了"二十字"的建设要求和发展目标，通过对二者比较发现，除了"乡风文明"一词没有变化外，其他几个均做了一定的调整，有的仅仅是"一字之差"，如把"生活宽裕"改为了"生活富裕"；而有的则出现了比较大的变化，如把"村容整洁"换成了"生态宜居"。无论是"一字之改"还是"四字全换"，都充分体现了乡村振兴战略在基本内涵、目标和建设形式上有着更高的要求、更深层次的追求。

（一）产业兴旺

社会主义新农村建设中的"生产发展"更多的是指通过进一步发展乡村传统的第一产业或现有产业，从而促进乡村经济的繁荣，让农民群众的"钱袋子"鼓起来。"产业兴旺"则更加强调在现有产业发展的基础上需要培育新产业、新业态，进一步完善产业体系结构，扩大农民就业领域，提高乡村经济的"抗压力"，促进乡村经济更加持久繁荣。改革开放四十多年来，国家为了解决近十亿农民的就业问题，采取了诸多的有效措施，如发展乡镇企业，农民进城务工等。但是在新时代的背景下，要改变原有的吸纳农民就业的方式，要为农民开辟"第三就业空间"，也即通过产业融合和发展新产业、新业态为农民在乡村提供不依赖于单纯农业的就业岗位。②

（二）生态宜居

社会主义新农村建设中的"村容整洁"主要体现的是村庄规划布局整齐、美观，村庄自然环境清洁、干净，更多的是体现一种通过眼睛能直接看到的"外在美"。"生态宜居"是在"外在美"基础上的一种可以通过心灵去感受的"内在美"，

---

① 中共中央 国务院关于做好 2023 年全面推进乡村振兴重点工作的意见，https://www.gov.cn/zhengce/2023-02/13/content_5741370.htm?dzb=true[2023-06-21]。

② 陈锡文. 从农村改革 40 年看乡村振兴战略的提出[J]. 中国党政干部论坛，2018（4）：12-18.

是内外兼修的综合美，这种美充分体现了绿色发展理念在乡村的践行，是人与自然、自然与自然、人与人之间的和谐美。总的来说，乡村振兴战略的实施必然会为中国乡村居民打造一个集传统与现代、科技与文化、理想与现实、山水与人文于一体的"诗意栖居"之地。①

（三）乡风文明

乡风文明是乡村振兴的灵魂，"乡风文明"是乡村社会文明进步的最深层次的体现，它为乡村振兴战略的推进和实现奠定了深厚的"软实力"基础，为乡村振兴注入了润滑剂。乡风文明至少应该包括以下四个方面的内容：健康文明的生活方式、积极向善的家风家训、诚信和谐的人际关系以及安定有序的社会秩序。加强"乡风文明"建设就是要进一步加强新时代乡村优秀文化的涵养和培育，弘扬中华传统文化的精华，消除历史遗留下来的陈规陋习，加强对乡村物质和非物质文化的保护。

（四）治理有效

社会主义新农村建设中的"管理民主"也即使用民主的手段加强对乡村的管理，让更多的群众能有更大的意愿和更多的渠道参与到乡村的管理之中，强调的是管理的手段和过程，对于管理的最终结果以及对结果的运用并没有给予太多的关注。"治理有效"则强调了在民主管理手段上需要达成的一种结果，这种结果是"有效"的，即不仅有更多治理主体的积极参与和丰富的治理内容，而且通过现代治理手段和方式能为村民及时提供更多更优的公共产品与公共服务，同时也可以满足越来越多群众的个性化需求，从而实现治理效能的最大化、治理结果的最优化。

（五）生活富裕

社会主义新农村建设中的"生活宽裕"更多地可以理解为物质财富的富足，强调农民群众在完全摆脱贫困的基础上实现小康水平，让农民群众不再过手头紧的日子。"生活富裕"不仅包含了物质财富，更多地还体现了精神生活层面的富足，它综合了物质需求和精神追求两个层面，也更好地体现了"以人民为中心的发展思想"。实施乡村振兴战略，一方面当然要让所有农民实现物质生活的富裕，另一方面也要让所有农民实现精神、心理及文化等多层次上的富足。

在理解乡村振兴战略"二十字"的深刻内涵时，我们不能把这五个方面割裂

---

① 刘沛林. 诗意栖居：中国传统人居思想及其现代启示[J]. 社会科学战线，2016（10）：25-33.

开来进行分析，而是要把它们看成一个有机的整体，它们之间既存在相互并列又存在相互递进，既存在相互制约又存在相互促进的逻辑关系。乡村振兴战略以产业兴旺为根本、以生态宜居为基础、以乡风文明为关键、以治理有效为保障、以生活富裕为目标。[①]"根本、基础、关键、保障、目标"这五个关键词本身就构成了一幅完整而美丽的画卷，成为有效推进乡村振兴战略的五个基本动力与支撑。

---

① 雷若欣. 乡村振兴战略的"五大要求"与实施路径[J]. 学术前沿，2018（5）：67-71.

第二章　乡村人力资源建设行动

　　《中共中央　国务院关于做好 2023 年全面推进乡村振兴重点工作的意见》提出，要"加强乡村人才队伍建设。实施乡村振兴人才支持计划，组织引导教育、卫生、科技、文化、社会工作、精神文明建设等领域人才到基层一线服务，支持培养本土急需紧缺人才。实施高素质农民培育计划，开展农村创业带头人培育行动，提高培训实效。……允许符合一定条件的返乡回乡下乡就业创业人员在原籍地或就业创业地落户。……实施乡村振兴巾帼行动、青年人才开发行动"①。乡村建设行动的具体实施需要依靠人，乡村建设行动的成果享受也最终需要落实到人。在乡村建设行动中，从人力资源的角度来看，它涉及诸多的建设主体，鉴于当前及今后一段时期乡村建设行动的实际需要，本章主要选取了农民、新乡贤和返乡创业群体作为研究对象，深入研究如何发挥这些群体在推进乡村建设行动中的作用和价值的相关问题。

第一节　农民在乡村建设行动中的主体地位

　　《中共中央　国务院关于做好 2022 年全面推进乡村振兴重点工作的意见》提出"乡村振兴为农民而兴、乡村建设为农民而建"②的重要论断，《中华人民共和国乡村振兴促进法》也强调要"坚持农民主体地位，充分尊重农民意愿，保障农民民主权利和其他合法权益，调动农民的积极性、主动性、创造性，维护农民根本利益"③。乡村建设行动作为促进乡村振兴的综合性工程，应该始终保持农民的主体地位在建设行动中不动摇，要把坚持好、发展好农民的主体地位作为推进乡村建设行动的最核心的任务和最关键的一环。

---

① 中共中央　国务院关于做好 2023 年全面推进乡村振兴重点工作的意见，https://www.gov.cn/zhengce/2023-02/13/content_5741370.htm?dzb=true[2023-03-11]。

② 中共中央　国务院关于做好 2022 年全面推进乡村振兴重点工作的意见，http://www.moa.gov.cn/ztzl/jj2022zyyhwj/2022nzyyhwj/202202/t20220222_6389276.htm[2023-01-19]。

③ 中华人民共和国乡村振兴促进法，http://www.fgs.moa.gov.cn/flfg/202105/t20210507_6367254.htm [2022-09-18]。

一、农民在乡村建设行动中主体地位的内涵与要求

（一）基本内涵

"主体"不同于"主导"，主导是指在乡村建设行动中能引导各类建设主体、聚集各类资源、优化内外环境共同推进乡村建设取得成效的行动集合体，它是一个过程也是一项行动；"主体"我们可以理解为国家推动的乡村建设行动主要是为了谁、依靠谁、谁又是此项行动的最多且最终的受益者。关于农民在乡村振兴和乡村建设行动中主体地位的理解，主要出现了两种比较有代表性的观点。一种观点是"亿万农民就是主体"，也即"实施乡村振兴战略的主体是生活在乡村这片土地上的亿万村民"[①]。农民是乡村振兴的最大承载者、实施者和受益者，同时，他们也是乡村振兴实施效果的衡量和评价的主体。在"三农"问题中，农民是唯一具有主观性和能动性的资源，农业、农村资源的开发利用必须建立在农民主观性和能动性充分发挥的基础之上，唯有如此，才能实现对农业农村的建设开发，才能实现乡村振兴。[②]另一种观点是乡村建设行动中"主体是多元的，农民是其中的一个重要组成部分"，也即实施乡村振兴战略的主体是以生活在乡村这片土地上的亿万农民为核心，同时还包括参与乡村振兴的其他群体和组织。当然，这一观点也从侧面说明农民是乡村建设行动的主体之一，但乡村建设还需要更多的不同群体参与其中，正如刘合光所言，"参与乡村建设的主体众多，包括乡村振兴总设计师、推进乡村振兴事业的人民公仆、掌控和推进具体乡村振兴事务的村干部、振兴家乡的村民、助力乡村振兴的各类智囊，以及其他参与者"[③]。当然，从数量上来说，农民肯定是占据绝对的优势。

无论哪种观点，它们在表达上还是有交集的，因为它们认可在乡村建设行动中农民的主体地位，只是"唯一"还是"多元"的不同而已。所以，我们说农民是乡村建设行动中的主体，并不排斥其他群体作为建设的主体单位，但是从数量上来看，农民不仅要成为乡村建设行动的主力军，更要成为最大的受惠群体，因为乡村是广大农民群众的繁衍生息之地。

（二）基本要求

农民在乡村建设行动中主体地位的基本要求主要体现为"四个坚持"。一是坚持农民成为乡村建设的重要决策者。积极创造条件，拓宽农民群众建言献策、参政议政的有效渠道，使得乡村建设的每一项重要行动都能充分体现农民群众的意

① 杜俞瑾. 论村民心理重构与乡村振兴战略的实施[J]. 社科纵横, 2018, 33（12）: 28-32.
② 岳秀红. 乡村振兴战略背景下农民主体地位的有效实现途径研究[J]. 农业经济, 2021（8）: 74-76.
③ 刘合光. 激活参与主体积极性，大力实施乡村振兴战略[J]. 农业经济问题, 2018（1）: 14-20.

志和意愿。二是坚持农民成为乡村建设的重要实践者。乡村建设的成效要靠一次次具体的实际行动来完成，要靠建设者的一份份辛勤付出来实现。作为一项长期而艰巨的系统性工程，唯有让广大农民群众积极参与其中，充分体现他们的主人翁地位，才能更好地实现一张蓝图绘到底。三是坚持农民成为乡村建设成果的主要惠及者。乡村振兴的目的之一就是通过乡村的进一步发展，解决好长期制约我们国家发展的城乡二元结构的困境，破解区域和人群间发展不充分不平衡的难题。农民作为乡村的天然主人，只有从乡村建设中得到最大实惠，才能激发出他们更大的积极性和创造性，才能让他们从内心深处接受并支持乡村建设行动。四是坚持农民成为乡村建设行动成效的评价主体。乡村建设行动不能成为政府主导的"一厢情愿"的行为，不是过去那种乡村无条件支持城市、农业单向支持工商业发展的传统模式，而是乡村与城镇良性互动、工商业与农业互哺、基层政府与农民群众同心同向的战略选择。对于乡村建设行动的成效评价，一定要把农民群众作为第一评价主体，要把农民群众满意不满意、高兴不高兴、答应不答应作为衡量乡村建设好坏的最重要标准。正如2021年中央"一号文件"明确提到的那样，"乡村建设是为农民而建，要因地制宜、稳扎稳打，不刮风搞运动""不得违背农民意愿、强迫农民上楼，把好事办好、把实事办实"①。

二、农民主体地位的理论基础与现实依据

为什么在推进乡村建设行动中需要尊重并体现农民的主体地位，为什么农民能在乡村建设行动中凸显自身的主体地位，我们可以从经典理论和现实需求中寻找到答案。

（一）理论基础：共产党人关于农民主体地位的重要思想

人民群众是历史的创造者，他们推动着整个社会向前发展，起着重要的主体作用。自中国共产党成立以来，共产党人一直都高度重视农村建设、高度重视工农联盟的作用。1925年1月11日至22日，中国共产党在上海举行第四次全国代表大会，在党的历史上第一次明确提出无产阶级在民主革命中的领导权和工农联盟问题。1945年毛泽东在延安中共七大上所做的政治报告《论联合政府》②一文中提出："人民，只有人民，才是创造世界历史的动力。"毛泽东同志所说的"人民"包含了广大农民群众。新中国成立以后，毛泽东也一直强调农民这个群体的重要性，他曾提到"一条是社会主义道路：让农民在工人阶级的领导下掌握自

① 新华社. 中共中央　国务院关于全面推进乡村振兴加快农业农村现代化的意见[N]. 人民日报, 2021-02-22 (1).
② 毛泽东作七大政治报告：《论联合政府》, https://www.gov.cn/test/2008-06/03/content_1003570.htm[2022-09-18]。

己的命运，共同富裕和共同繁荣"①。无论是在新民主主义革命还是社会主义建设时期，农民的作用和主体地位都得到了充分的尊重与体现。

改革开放以来的四十多年时间里，党和国家的历代领导人一直高度重视农民问题，甚至把农民的主体地位放在更加突出的位置。邓小平指出："中国有百分之八十的人口在农村。……中国社会是不是安定，中国经济能不能发展，首先要看农村能不能发展，农民生活是不是好起来。……翻两番，很重要的是这百分之八十的人口能不能达到。"②"三个代表"重要思想和科学发展观也从多个角度体现了农民主体地位的思想。进入中国特色社会主义新时代，习近平更是提出了必须尊重农民主体地位的重要思想，"要发挥亿万农民的主体作用和首创精神，调动他们的积极性、主动性、创造性，并善于总结基层的实践创造、不断完善顶层设计"③。他还在多个场合强调"必须贯彻以人民为中心的发展思想，突出农民主体地位，把保障农民利益放在第一位"④。

（二）现实依据：中国的基本国情决定了农民的主体地位

在乡村建设中农民之所以能成为主体，这是由中国的具体国情决定的，无论是过去的历史贡献，还是当下甚至未来很长一段时期的发展需要都决定了广大农民群众的主体地位。

（1）农民群众的历史贡献决定了他们的主体地位。从历史的视角来看，农民群众不仅为中国革命的胜利，更为社会主义现代化建设做出了不可磨灭的贡献。"以农村包围城市"的革命斗争路线成为中国共产党夺取全国政权的最重要因素之一；新中国成立之初的土地改革、"以农业支持工业"和"以农村支持城市"的方针成为新中国从站起来向富起来转变的重要支撑；家庭联产承包责任制、村民自治制度、乡镇企业等农民群众的伟大创造又为中国实现由富起来向强起来的转变奠定了坚实的物质和制度基础。从某种意义上来说，中国共产党的百年史，也是一部农民主体地位的发展史。新中国取得的伟大成就，也是在尊重并发挥农民主体地位的基础上取得的。

（2）当下和未来的农村实际决定了农民的主体地位。随着我国城镇化步伐的加快，农村人数逐年下降是必然趋势。2021 年 5 月 11 日发布的第七次全国人口普查结果显示，全国人口共 1 411 778 724 人，其中居住在乡村的人口为

---

① 中共中央文献研究室. 建国以来重要文献选编（第十册）[M]. 北京：中央文献出版社，1994：560.

② 邓小平. 邓小平文选（第三卷）[M]. 北京：人民出版社，1993：77-78.

③ 习近平. 习近平谈治国理政（第三卷）[M]. 北京：外文出版社，2020：261-262.

④ 新华社. 习近平在宁夏考察时强调 决胜全面建成小康社会决战脱贫攻坚 继续建设经济繁荣民族团结环境优美人民富裕的美丽新宁夏[J]. 思想政治工作研究，2020（7）：14-16.

509 787 562 人，占 36.11%，与 2010 年第六次全国人口普查相比，乡村人口减少164 361 984 人。[①]但是由于我国人口基数大，特别是农村人口众多，农村人口仍然是一个庞大的群体。据测算，到 2030 年仍有大约 4 亿人生活在农村[②]，而且随着乡村振兴战略的深入推进，城镇向乡村人口"倒流"的趋势也会逐渐加强，可以肯定在未来较长的一段时间内，农民是乡村居民主体的事实不会改变。他们不仅熟悉农业生产的自然规律，还有大量的经验积累；他们熟悉也珍惜自己的土地，对土地有着深厚的感情。乡村振兴，关键靠人，靠这些生于农村、长于农村、世世代代耕作于农村、热爱农村的千千万万的农民，他们才是推进乡村建设行动、实现乡村振兴的真正主力军和持久的内生性动力。

三、农民主体地位缺失的缘由

纵观我国的发展历史，很多时候农民群众在乡村建设中的主体地位并没有得到很好的体现，要么其主体权益没有得到很好的维护（比如，在教育发展、卫生健康、住房就业、政治参与、公共决策等方面都存在明显的缺失），要么就是自身并没有真正成为乡村建设的主人，"农民主体性从酝酿、萌芽、发生一直发展到今天，经历了一个很长的时期。由于种种原因，现在并未完全确立，将继续经历一个漫长的过程"[③]。导致农民主体地位缺失的原因是多方面的，但归纳起来主要有以下几个方面。

（一）城乡二元结构的政策制度

新中国成立之初，由于内外交困，党和政府不得不采取系列措施，从农村汲取更多资源来支持城市建设，利用成本较低的农村资源来支持工业建设，并采取严格的户籍制度把农民稳定在乡村的土地上。可以说这种发展思路是在一定程度上牺牲了农民的部分利益来成就城市的建设和国家的发展，这些都是当时迫不得已的选择。但长期以来因城乡二元结构对立而形成的制度性壁垒，直接造成了城乡公共资源分配不公平与资源流动不均衡，进而影响乡村建设行动中农民的主体性功能的发挥。在非均衡的城乡二元结构下，农村更多是城市的"附庸"，城乡有别的公共产品供给体制依然存在，医疗、教育、就业与养老等公共服务资源严重倾向于城市。[④]农民所能获得的发展机会和选择空间也尤为稀缺，直到今天，这

---

① 第七次全国人口普查公报（第七号），https://www.gov.cn/xinwen/2021-05/11/content_5605791.htm[2023-01-26]。

② 观察｜最新分析预测：2030 年我国农村剩余人口约 4 亿人，https://baijiahao.baidu.com/s?id=1628934333009208219[2022-12-09]。

③ 黄琳. 现代性视阈中的农民主体性[M]. 昆明：云南大学出版社，2010：34.

④ 吴春宝. 新时代乡村建设行动中的农民主体性功能及其实现[J]. 长白学刊，2022（1）：124-131.

种差距也是比较明显而且是全方位的。比如，2021 年全国居民的人均可支配收入为 35 128 元，城镇居民人均可支配收入为 47 412 元，而农村居民的人均可支配收入仅有 18 931 元，虽然二者的差距逐年在缩小，但城乡居民人均可支配收入比高达 2.5∶1。①这是我国长期实施城乡二元体制背景下，城市化和工业化不断壮大而农业发展缓慢甚至相对萎缩的必然结果。

（二）城镇化之路吸走了大批农村建设的主力军

因城乡户籍制度、就业机会、保障机制等原因，新中国成立后的很长一段时期内城乡之间的人口流动极为缓慢。党的十一届三中全会后实行的改革开放政策带来的不仅是思想观念的转变、经济的腾飞，还有乡村人口向城市的涌入，"农民工"成为一道亮丽的风景。改革开放以来我国的城镇化之路至少历经了以下三个主要发展阶段：以建设（特）大城市为主、以建设中小城市为主和以城镇化建设为主。每个发展阶段都大大提升了我国人口的城市化率，2022 年末全国的常住人口城镇化率为 65.22%②。城镇有着比农村更多的就业机会、教育机会，更健全的医疗社会保障制度以及更加完善的文化娱乐健身等基础设施，这导致大批原本生活在农村且应该成为主力军的青壮年农民"背井离乡"，加入了城镇建设的大军中。数据显示，2022 年全国农民工总量 29 562 万人，比上年增加 311 万人，增长 1.1%。从年龄结构上看，40 岁及以下农民工所占比重为 47.0%，41—50 岁农民工所占比重为 23.8%。③这一数据在一定意义上可以说明，占农村大多数的中青年劳动力的单向流动致使乡村建设主体处于吃紧的状态，新时代乡村建设行动很有可能会陷入主体缺场的危险困境。城市凭借其地位优势总在不断从乡村汲取资源，并得到进一步发展，而乡村却因资源的流失和支持不足引发贫困化、污损化、空心化等"乡村病"问题。作为乡村主力的年轻人已对乡村文明逐渐淡漠，即使青壮年劳动力返乡创业，也会出现一些新的问题。比如，"城归"是把村庄当作自己的村庄，还是当作"逗留"的暂时属地？是把自己当作村庄的主体，还是把自己看成乡村的"过客"？是留住自己的下一代继续为乡村建设做出贡献，还是迫切希望下一代尽早"跳出农门"？这种乡村情结的丧失将直接导致乡村振兴失去传统文化的"魂"。④

① 中华人民共和国 2021 年国民经济和社会发展统计公报，https://www.gov.cn/xinwen/2022-02/28/content_5676015.htm[2022-03-21]。

② 中华人民共和国 2022 年国民经济和社会发展统计公报，http://www.stats.gov.cn/sj/zxfb/202302/t20230228_1919011.html[2023-07-16]。

③ 2022 年农民工监测调查报告，https://www.gov.cn/lianbo/2023-04/28/content_5753682.htm?eqid=a6fc01620002288830000000664799f91[2023-06-27]。

④ 赵信如，巩前文. 乡村振兴中农民主体地位的实现路径[J]. 农村经营管理，2020（5）：47-48.

（三）农民组织化程度偏低

著名学者秦晖对中国传统乡村的认识范式进行了完整的概括，"国权不下县，县下惟宗族，宗族皆自治，自治靠伦理，伦理靠乡绅"①，这种总结其实反映了中央政权在乡村社会的缺失或者说是对乡村社会的一种"弱介入"，中国传统乡村主要靠宗族势力来维系皇权的权威、地方的稳定和经济社会的发展，正如《家庭》一书中所提到的："在帝国统治下，行政机构的管理还没有渗透到乡村一级，而宗族特有的势力却维护着乡村的安定和秩序。"②因此，我们说传统的乡村社会是缺乏外部权力干预的，主要依赖于众人对乡土文化的认同和遵守，它也是一个相对和谐的自然社会。正如费孝通指出的那样，"在这里我们可以看到的是乡土社会里的权力结构，虽则名义上可以说是'专制''独裁'，但是除了自己不想持续的末代皇帝之外，在人民实际生活上看，是松弛和微弱的，是挂名的，是无为的"③。新中国成立以后，行政组织尤其是人民公社的建立，在很大程度上进一步加强了乡村社会与中央政权、农民个体与政府组织间的关系，但在很长时间里我国一直没有建立属于农民自己的类似于农民协会的组织，这就容易导致纵向上农民与政府组织间关系强化的同时，农民之间的横向、内部间的联系却弱化了，农民的组织化意识和程度也弱化了，从而导致乡村社会逐渐失去凝聚力。即便是后来建立的有关农民的专业化合作组织其实也面临着制度不规范、运行不规则、话语权缺乏等困境，从而难以明显提升农民的组织化程度。

（四）农民自身能力还有很大的提升空间

恰如亚里士多德剖析的人们对于公共事务的"事不关己、高高挂起"的态度一样，"关怀着自己的所有，而忽视公共的事务；对于公共的一切，他至多只留心到其中对他个人多少有些相关的事物"④的现象在普通村民中也普遍存在。虽然文化教育层次不足以直接证明一个人或一个群体能力的大小，但毫无疑问文化层次和教育水平不高将直接引致农民的理解能力、反思能力、认知能力、感悟能力和行动能力方面的不足，从而影响农民在乡村建设行动中的参与动能，使其无法巩固自身的主体性地位。据第七次全国人口普查数据，全国人口中，文盲人口（15岁及以上不识字的人）为 37 750 200 人，与 2010 年第六次全国人口普查相比，文盲率由 4.08% 下降为 2.67%，下降 1.41 个百分点。⑤虽然没有公布城乡人口的文盲

① 秦晖. 传统十论：本土社会的制度、文化及其变革[M]. 上海：复旦大学出版社，2003：3.
② 威廉 J G. 家庭[M]. 魏章玲，译. 北京：社会科学文献出版社，1986：166.
③ 费孝通. 乡土中国 生育制度[M]. 北京：北京大学出版社，1998：63.
④ 亚里士多德. 政治学[M]. 吴寿彭，译. 北京：商务印书馆，1983：48.
⑤ 第七次全国人口普查公报，https://www.gov.cn/guoqing/2021-05/13/content_5606149.htm[2022-09-18]。

率和具体人数，但农村的数据一定会远远高于城镇，这也是一个不争的事实。

四、农民主体地位确立的路径选择

农民是农村的主人，也是农业的主人，更是推动乡村振兴的主体。如何在乡村建设行动中全面落实农民主体地位、充分发挥农民主体作用，依靠农民这个主体推动乡村建设，实现乡村振兴战略是各级党委、政府面临的一个重要的课题，也是学界需要持续深入研究的一个热点话题。

（一）提高农民素养，培养新型职业农民

改革开放以来，农民在推动农村和农业现代化进程中发挥了极其重要的作用，"然而农民的主体性、能动性却是乡村振兴和乡村建设较为薄弱的内容"[①]。农民参与乡村建设的主动性、积极性和创造性的培养与提升，是需要从制度到物质，从学习到实践才能实现的。习近平在 2017 年 3 月参加十二届全国人大五次会议四川代表团审议时提出了"就地培养更多爱农业、懂技术、善经营的新型职业农民"[②]的要求。乡村建设行动和乡村振兴需要培养大批新型职业农民，何谓新型职业农民？首先，农民必须热爱农业。兴趣是最好的老师，不仅要把农业看成自己的一份职业，更要把它当作自己的终身事业来看待，精耕细作，通过辛勤劳动走上致富的幸福之路。其次，农民必须真懂农业。需要掌握现代农业技术，需要传承传统的农业经验，需要懂得农事发展规律。再次，农民必须善于经营。要具备一定的企业家精神与管理者的技能来发展好农业、建设好农村，培育与农业有关的新兴产业。最后，要培养新型职业农民，除了农民自身要加强学习之外，作为政府组织和第三部门则需要有计划，定期和不定期组织农民进行系统性学习，开展有针对性的培训，培训内容包括理论和实践，培训方式除了在高校等机构的集中学习，更多的是要下派技术员到田间地头"手把手"指导农民的成长。

（二）科学设计制度，让农民成为令人羡慕的职业

在城市化和现代化的进程中，乡村衰退是一个世界性的现象和亟待解决的难题，中国也不例外。中国的现代化在一定程度上是以牺牲农民利益为代价而起步的，农民是现代化建设的直接推动者和奉献者，但他们并没有成为现代化红利的直接的受益者和享有者，他们本身的生活水平并没有因现代化带来的红利发生太

---

① 萧子扬. 迈向 2035 的乡村建设行动：何谓、为何与何为？——基于百年乡村建设连续统的视角[J]. 农林经济管理学报，2021，20（1）：1-9.

② 本报评论员. 就地培养更多新型职业农民：四论学习贯彻习近平总书记在四川代表团重要讲话精神[N]. 农民日报，2017-03-14（1）.

大的改善，而且新中国成立初期确立的农民主体地位随着现代化的进程受到了动摇和限制。如何实现"'农民'将成为令人羡慕的职业"①的理想目标，在制度设计上至少得考虑两方面的重要因素。一方面是"农民"应该成为相当一部分人择业的"首选"。比如，在每年的大学毕业生中，有一定数量的尤其是从农村出来的孩子愿意把"回乡创业"作为自己的一个重要择业方向，这就要出台比城市更加优惠的人才政策，甚至还可以给出"优先回城择业"的超鼓励政策。另一方面是真正制定并落实好待遇。正如马克思所言，"人们为之奋斗的一切，都同他们的利益有关"②，城乡间资源分配不平衡导致了农村人口与城镇居民在经济收入、医疗保险、社会保障、义务教育等方面存在实际上的不平等。新鲜的空气、干净的水，也许是乡村的优势，但人的需要和发展具有多样性、复杂性和变化性等特征，这就要求在制度设计和执行上需要充分考虑农民与农村的具体需求。

（三）多管齐下，让农民成为乡村"政治能人"

乡村振兴不仅是一项让农民发家致富的经济运动，也是一项乡村改造的社会运动，更是一项改变我国城乡格局、重塑城乡二元结构的政治运动。几千年形成的"肉食者谋之，又何间焉"的政治冷漠充分体现在普通劳动群众身上，"多一事不如少一事"的心态严重影响了农民群众对基层政治的热情和参与度，这从当下村民委员会换届时村民参与的人数和热情逐年下降便可窥见一斑。要让农民成为乡村的"政治能人"，需要多管齐下，采取有效的"组合拳"。一是要淡化传统"农民"身份的标签。要彻底改变过去很长一段时间在不少人眼中把"农民"视同为"土气、封建、落后"代名词的现象。通过重塑新时代农民的新形象，提高他们的自信心和自尊心，从而进一步增强农民的政治参与度、政治责任感和政治大局意识。二是要拓展政治参与和监督渠道。特别是在村民委员会的民主选举和事关村民切身利益的重大决策，如修路、架桥、大规模养殖、义捐活动中，我们应该充分相信农民，积极支持农民参与和监督，在具体方式上可以采取适合于不同年龄农民群众的传统或现代技术手段。三是要让农民群众得到相应的政治实惠。任何一种行为的背后往往都是有一定的利益驱使，或名誉，或权力，或实物，无论是个人还是所在的团体利益，只要是合法合理的都需要得到承认、满足和保护。尊重利益驱动行为的逻辑关系，让他们从中得到实惠，才有可能激发他们的政治意识，提升他们的政治行动，让他们内在于心、外在于行地成为乡村建设的"政治能人"。

---

① 农业部部长韩长赋："农民"将成为令人羡慕的职业，http://www.moa.gov.cn/ztzl/scw/tpxwnc/201703/t20170309_5513667.htm[2020-05-27]。

② 马克思，恩格斯. 马克思恩格斯全集（第1卷）[M]. 2版. 北京：人民出版社，2002：187.

第二节　新乡贤与乡村建设

　　伴随新农村建设的深入推进，特别是乡村中小学校舍软硬件更新、道路扩建或硬化、宗祠修缮或重建等一系列需要乡村外资金、技术或智力支持的民生工程的兴起，"新乡贤"作为一个新群体在政策制定和理论研究领域日益受到重视。2015年中央"一号文件"明确提出要"创新乡贤文化，弘扬善行义举，以乡情乡愁为纽带吸引和凝聚各方人士支持家乡建设，传承乡村文明"[①]；2016年中央"一号文件"突出深化农村精神文明建设，培育新乡贤文化；2017年中央"一号文件"也明确指出，要"培育与社会主义核心价值观相契合、与社会主义新农村建设相适应的优良家风、文明乡风和新乡贤文化"[②]；2018年中央"一号文件"提出要"积极发挥新乡贤作用"[③]。由此可见，"新乡贤"这一群体已经得到了党和国家的高度认可和重视，他们将在乡村振兴中发挥越来越大的作用，成为乡村建设中一股不可取代的新兴力量。

一、何谓"新乡贤"

　　"乡贤"，在《汉语大词典》中被解释为"乡里中德行高尚的人"。纵观历史，无论是古代的"乡贤"还是当代的"新乡贤"，虽然在内容和形式上都发生了变化，但是其核心要义和本质要求并没有发生根本性的改变。

（一）历史上的"乡贤"

　　中华文化上下五千年，乡贤成为这种文化的基本载体。"乡贤及其文化就是扎根于中国传统乡村而孕育发展的，它代表了中国人一种基本诉求，一种道德理想主义的历史实践，即寄寓贯彻了中国自殷周鼎革以来的德治民本主义的人文理想，在历史上主要表现为儒家价值观念的实践。"[④]经学者考证，"乡贤"一词最早出现于东汉末年，为汉献帝时孔融所创，只是当时更多的是后人表达对前人的敬仰与怀念，具有特定的历史含义，是"出生于某地而德业、学行可以为乡人楷模者，

　　① 中共中央国务院关于加大改革创新力度加快农业现代化建设的若干意见（全文），http://www.moa.gov.cn/ztzl/yhwj2015/zywj/201502/t20150202_4378754.htm[2023-09-27]。

　　② 中共中央 国务院关于深入推进农业供给侧结构性改革 加快培育农业农村发展新动能的若干意见，http://www.moa.gov.cn/ztzl/yhwj2017/zywj/201702/t20170206_5468567.htm[2019-10-12]。

　　③ 中共中央 国务院关于实施乡村振兴战略的意见，https://www.gov.cn/zhengce/2018-02/04/content_5263807.htm?isappinstalled=0[2021-11-23]。

　　④ 邓辉. 乡贤文化的前世今生[M]. 湘潭：湘潭大学出版社，2016：10.

死后可能被乡人尊奉为乡贤"①。由此我们可以看出，早期的"乡贤"是一种荣誉，是后人对前人的肯定。

当然，随着时代的发展，"乡贤"也出现了不同的表述，不同称呼其含义也有所不同，如父老、乡老、乡先生、乡绅等。早在《周礼》中就已经开始要求司法审判需要询问乡老，乡老一般由地方名宿、族内长者和地方"土豪"构成。地方名宿和"土豪"分别具有德高望重和钱广人多的特征，能够相互制衡，发挥作用，在很大程度上也成为维系地方社会秩序运行的两股重要力量。到了明清时期，乡绅一词开始逐渐被使用，但在明代文献中出现的同类用语中，绝大多数场合用的是"缙绅"，它一般用来"通称乡宦之家居者"。在清代，对乡绅概念的地域性范围有了扩大，将非在乡的贤德人士囊括在内，为今天我们理解乡贤的分类奠定了基础。顾名思义，"贤"为能者更为良者，乡贤就是乡绅中的良绅，是根植、立足于乡土社会，以其士大夫的文化精神来影响乡土社会，上利国家，下益乡民的"贤者"。新中国成立后，乡贤的内涵发生了变化，主要是指那些出生于农村，成功于都市，因其品德、才学、成就以及对乡村的贡献为乡人推崇敬重的人。无论哪种称呼，虽然具体所指会有所不同，但这些乡贤的共同点在于：在世时能以自身的资源和优势致力于乡村的发展、民生的改善，直接或间接性地积极参与乡村的公共事务，对于促进乡村社会发展、维护乡村社会稳定、传承乡村优秀文明起到了重要作用。

（二）"新乡贤"的内涵

"新乡贤"是与传统意义上的"乡贤"相比较而言的，是对在新时代背景意义下乡贤的简称，由于时代背景的不同，他们肩负的历史使命甚至对乡贤本身的素质要求也有所不同。朱侃等认为，"新乡贤是在乡村政治、经济、文化和社会等方面居于优势地位，有能力、有意愿且身体力行地投身乡村建设并被村民敬重的农村精英"②。胡鹏辉和高继波则把新乡贤界定为"在新的时代背景下，有资财、有知识、有道德、有情怀，能影响农村政治经济社会生态并愿意为之做出贡献的贤能人士"③。刘昂指出，新乡贤是以一定的道德修养为基础，拥有不同于普通村民的知识谱系、人脉关系、经济实力，具有丰富的"资源"和开阔的"视野"，具有良好的道德感召力的人士。④从以上学者给出的定义我们可以看出，他们所

① 赵克生. 明清乡贤考据述论[J]. 古代文明，2019，13（3）：107-113，128.

② 朱侃，郭小聪，宁超. 新乡贤公共服务供给行为的触发机制：基于湖南省石羊塘镇的扎根理论研究 [J]. 公共管理学报，2020，17（1）：70-83.

③ 胡鹏辉，高继波. 新乡贤：内涵、作用与偏误规避[J]. 南京农业大学学报（社会科学版），2017，17（1）：20-29，144-145.

④ 刘昂. 新乡贤在乡村治理中的伦理价值及其实现路径[J]. 兰州学刊，2019（4）：167-172.

提出的观点的共同之处在于：充分体现了新乡贤的素质要素和责任使命，但并没有指出新乡贤与传统乡贤的本质性区别。为了进一步理解新乡贤的本质内涵，综合学者关于新乡贤的观点，我们从以下三个方面进行解读。

（1）从人群构成来看，新乡贤涵盖了"党政军民学"界的精英。传统的乡贤更多的是指那些"告老还乡"的政府官员或部分未能离开家乡的"知识分子"，他们凭借自身德高望重、富有才学、人脉资源广厚等优势，直接或间接地承担起管理家乡的基本职能。进入新时代，乡贤的人群构成得到了最大程度的扩展，如有威望的退休或在职的公职人员、成功的经商人士、学有所成的专家学者以及具备一技之长或者资金积累较多的在城市或返乡人员等。新乡贤也不再局限于体制内人士，各行各业的成功人士和名流都可以成为新乡贤，普通群众也可以凭借自身的能力发展为新乡贤。

（2）从地域分布来看，新乡贤已经突破了传统的囿于本乡本土的人群限制。新乡贤不再局限于从村庄走出去的人，即便没有地缘上的关系，但是只要为乡村做出了贡献，也同样可能被纳入新乡贤的范畴。从地域来源来看，当前乡贤可以分为四种基本类型。一是"在土"的乡贤，即一直生活并劳作于本土，把本土的优秀传统文化和外来的现代知识传递给村民，并在管理、技术甚至财富方面影响着乡村的发展。二是"离土不离乡"的乡贤，即常年在外打拼，有成就后荣归故里或回馈乡里，这类乡贤可能时常不在当地生活或工作，但他们可以通过各种方式不时支持家乡的发展。三是"离土又离乡"的乡贤，即小时候在乡村长大，后因就学、工作等原因离开了故土长期定居在外地，但他们出于对故土的热爱，也往往以智力、财物等方式关心家乡的建设。四是"舶来"乡贤，即原本不是本地人，多数是早年到某地创业或就业，逐渐成长为当地致富的带头人或在某个领域的引领者，他们不仅直接惠泽于当地的百姓，而且还潜移默化地影响到周边的乡邻。

（3）从基本特征来看，主要有以下几点。一是新乡贤趋向于城镇化，即大多数新乡贤是"离土又离乡"，或者"离土不离乡"但却带着浓厚的城市化气息或色彩。这或许是城镇化造就的结果，因为是城市让他们获得了更多的发展机会，使他们有机会成长为某一方面的能人。二是在思想观念上，受多元文化和思想交织的影响，新乡贤虽然保持一定的乡情、宗族与姓氏观念甚至是叶落归根的思想，但这些在大多新乡贤脑海中已淡化了很多，尤其是当他们的双亲离世后，或者是在家乡未能留下土地房屋等有形资产的情形下更是如此。三是治理理念上，协商民主多元治理的理念已深入人心，传统的专制或管制手段逐渐在他们身上消失。他们一般不直接参与村级公共事务的治理，更不会在村级组织中担任"实职"，而且习惯性采取一种民主的、间接性的参与式治理，如"顾问"或"智囊"等形式，

"新乡贤不同于传统社会中维系乡村社会秩序的'大家长'，新乡贤通过基层民主协商，对村两委发挥着有益补充的作用"①。

根据以上分析，我们认为，"新乡贤"就是指在新时代背景下，在知识、技术、资源、声望等方面拥有较大优势，且乐于投身于现代乡村治理，被当地村民尊为社会精英的群体，这类人群可以来自不同行业和职业，也不受出生地和工作地的限制。

二、新乡贤在乡村建设行动中的角色定位

乡村振兴是一项系统工程，乡村建设也是系列行动。党的十八大报告提出要"全面落实经济建设、政治建设、文化建设、社会建设、生态文明建设五位一体总体布局"②。乡村振兴是乡村治理的重要内容，乡村治理是国家治理的不可或缺的重要组成部分，在推进乡村建设行动中也涵盖了乡村社会的"五位一体"建设内容，也就意味着新乡贤在乡村建设行动中至少能够担当以下四个方面的角色。

（一）乡村经济发展的引领者

党的十八大报告把经济建设放在"五位一体"总体布局的首位，说明经济建设是党和国家工作的头等大事，也关系着老百姓的切身利益。改革开放以来，我国农村经济与城市经济一样发生了翻天覆地的变化，老百姓的生活水平总体已步入全面小康。特别是 2020 年 11 月 23 日，贵州宣布最后 9 个深度贫困县退出贫困县序列，这不仅标志着贵州省 66 个贫困县实现整体脱贫，也标志着全国 832 个贫困县全部脱贫摘帽，全国脱贫攻坚目标任务已经完成。但在"脱贫摘帽"之余，我们又不得不清醒地认识到，区域之间、城乡之间、群体之间的发展不平衡一直是我国经济社会发展的一个"痛点"和"难点"。2020 年 5 月 28 日，在十三届全国人大三次会议闭幕会后的记者会上李克强总理披露，"我们人均年收入是 3 万元人民币，但是有 6 亿人每个月的收入也就 1000 元"③。新乡贤，作为有知识、懂技能、掌握一定社会资源甚至经济实体的群体，理应充分发挥"带头致富"的引领作用。比如，通过投资兴业发展本地经济，解决更多就业问题；通过对市场信息的掌握，扩大本地资源的销售渠道，提升产品的附加值，增加当地群众的收入；通过自身掌握的知识技能，为培育现代农民提供技术帮助。

---

① 新乡贤：价值、祛弊与发展路径，http://www.rmlt.com.cn/2018/0126/509913.shtml?appinstall=0[2020-08-28]。
② 引自 2012 年 11 月 18 日《人民日报》第 1 版的文章：《坚定不移沿着中国特色社会主义道路前进　为全面建成小康社会而奋斗》。
③ "6 亿人月入千元"，保民生任重道远，https://m.gmw.cn/baijia/2020-05/29/33872530.html[2022-05-18]。

（二）现代乡村治理的指导者

乡村振兴的一个重要任务就是要推进现代乡村治理，要构建德治、自治和法治"三治结合"的新型乡村治理体系。现代乡村治理就是要求改变以往传统的以行政命令为主要方式的垂直性管理体制，实现治理主体多元化、治理手段多样化的以横向管理模式为主的治理体系。关于新乡贤如何介入乡村治理，学界也有不同观点，归纳起来主要有两种："一种是"辅助论"，另一种是"核心论"。持"辅助论"观点的人认为，新乡贤应该作为"智囊"积极参与协助乡村治理，但是不宜干预乡村的重大决策权，"在乡村治理现代化的语境下，我们推动乡贤治村，不是也不能寄希望于把乡贤打造成为乡村治理唯一的、决定性的因素，而是要按照治理现代化的要求，构建一个由多元主体共同参与的治理体系"①。持"核心论"观点的人认为，新乡贤本身就是村民中的一个群体，理应通过合法的方式进入乡村治理的核心主体。比如，合法的民主选举，让优秀的乡贤通过村两委竞选成为乡村治理的领头人，进一步发挥他们的核心主体作用。在治理主体日益多元化的今天，在多种治理方式日益交叠的时代，乡村治理的多元格局应当由乡镇基层政府、村委会、乡村精英、村民、社会组织甚至企业等市场主体共同形成，各尽其责，塑造共治的平衡机制。因此，关于新乡贤在乡村治理中的角色定位，他们在乡村治理中可以不同的身份或不同的方式作为治理主体或客体去领导或协助，但无论哪种方式或身份，新乡贤由于自身的优势，更多时候还应成为指导者的角色，指导好乡村现代治理体系的构建，提升乡村现代治理能力。

（三）乡村优秀文化的传承者

新乡贤为何能成为乡村优秀传统文化的传承者，除了乡村文化自身存在丰厚的历史底蕴之外，更重要的是由新乡贤自身的素质决定的，他们是有善举、有道德，愿奉献、具有乡村情怀，有责任、愿担当的人群。"新乡贤是农民身边的榜样和模范，深得农民的认可，对农民有难以替代的影响力、号召力和感召力，无疑是当代乡村社会传播和培育社会主义核心价值观的理想人选。"②要让新乡贤有效传承乡村文化，就要充分发挥他们在文化的挖掘、整理、培育、传播、示范和教化等环节的作用，如在乡村优秀文化的示范作用方面，新乡贤除了要在日常生活中做到"慎言慎行"之外，更需要通过实际行动把优秀文化展示出来。

---

① 李建兴. 乡村变革与乡贤治理的回归[J]. 浙江社会科学, 2015（7）: 82-87, 158.
② 林志友, 胡爽. 改革开放以来中国农民代际价值观差异及其引领[J]. 社会科学战线, 2020（6）: 246-251.

（四）城乡一体化建设的助推者

多年的城乡二元结构导致了乡村发展诸多问题的出现，而乡村振兴正是破解城乡二元结构的一个重要战略选择。从新乡贤的构成和特点来看，"城市情结"已成为大多数新乡贤不可或缺的重要因素，他们生活于并熟悉城市，他们的很多资源也在城市，但是他们却仍旧怀有"故乡情结"，愿意把城市中的收获反哺到"生我的第一故乡"或者"养我的第二故乡"之中。无论是"经济型乡贤、政治型乡贤、'乡土法杰'型乡贤、文化型乡贤、公益型乡贤、宗族型乡贤、任务型乡贤、治村型乡贤"①中的任何一种乡贤，他们在很大意义上都起着城乡多种元素互动的纽带和桥梁作用，应当从城市中获取更多的资源用于乡村经济社会的发展，推进乡村振兴战略的实现。

三、发挥新乡贤在乡村建设行动中的作用

"有乡贤的乡村才是和美的，有乡贤的乡村才是宜居的，有乡贤的乡村才有明天。"②乡村建设行动是在新的历史时期，为更好地实现乡村振兴战略而提出的重要任务。在乡村建设行动中，需要进一步发挥新乡贤的作用。

（一）营造积极的新乡贤文化，培育良好的发展环境

文化建设是一项持久的工程，甚至需要几代人的接续努力，但是文化一旦养成，其稳定性和影响力也是持久的，靠一般社会发展事件是难以改变的。新乡贤作为一个群体，无论是在形成还是发展进程中，都需要依托一定的文化土壤。新乡贤文化至少包含以下几个方面的内容。一是对新乡贤群体身份的认同。新乡贤作为一个传承了古代乡贤优秀元素又兼具了现代特质的新兴群体，本身是不需要通过政府职能部门以文件或证件的形式来给予身份认证的，但是却需要得到政策和社会层面的认可，即当地政府、群团组织、市场和村民要在观念上接受，要在意识上认同新乡贤的群体身份。二是要在行动上支持新乡贤作用的发挥。新乡贤作为流动的人力资源，大多都是出生于农村，成功于都市，要想吸引他们回归故土，必须要有行之有效的吸纳措施。要让他们积极有效地投身于乡村建设实践中，除了捐钱、捐物之外，更重要的是要"捐智"，要为乡村建设提供智力支持。比如，参与乡村的重要议事决策、传授知识技能、提供市场信息等。三是要有容许新乡贤"试错"的胸怀和格局。由于新乡贤大多远离故乡的时间比较长，对乡村的变化和实际需求也不一定特别清楚，特别是信息时代下的乡村变化有时也是"一日

---

① 陈寒非，高其才. 新乡贤参与乡村治理的作用分析与规制引导[J]. 清华法学，2020，14（4）：5-17.
② 赵法生. 再造乡贤群体　重建乡土文明[N]. 光明日报，2014-08-11（2）.

千里"，导致他们在参与乡村建设时也难免会有"水土不服"的现象。对于他们一时难以把知识、技能等转化为当地发展实际需要的情况，甚至在某一阶段或某些事物方面，可能会出现"背道而驰"的结局的情况，我们需要给新乡贤以足够的耐心、包容和帮助，让他们尽快调整好心态，熟悉乡村环境，适应乡村挑战。

（二）全新定位新乡贤的角色，保证新乡贤作用的发挥

当前，新乡贤面临道德多元化障碍，而村庄领袖的权威延续，必须基于作为"经济能人"给村庄发展做出持续贡献的"报偿性权威"和作为"道德楷模"对村庄福利"慷慨"回报的"魅力型权威"之结合。①本节第二部分从四个方面对新乡贤在乡村治理中的角色进行了定位，这四个方面是理论上的一种分析，也是在乡村建设行动中新乡贤的应有之义。但是要在实践中得到有效发挥，还需要具备一定的条件。一是新乡贤必须能准确定位好自身的角色。与传统乡贤相比，新乡贤来源的地域和行业都发生了很大的变化，虽然他们有共同的优势和特点，但是因自己经历和专长不同，在服务乡村建设时也难免会抱着不同的目的和想法，从而带来不同的结果和影响。例如，作为"经济能人"的企业家，一方面确实是想回馈家乡，另一方面企业家追求一定利润的本色也是无法改变的；又如专家学者，在回报父老乡亲的同时，可能也带有一定的"社会服务"需求而来，因为高校和科研院所对他们的考核制度或多或少已包含了这一重要任务。因此，作为某一领域的新乡贤，只有在把握好自己的特长和定位好自己的角色的前提下，才有可能在乡村建设行动中履好职。二是作为乡村建设行动主体的农民群众，需要有一双客观公正的眼睛来看待新乡贤。一方面不能戴着"有色眼镜"来排斥新乡贤，认为"外来的和尚难念经"；另一方面，广大农民群众也不能抱有"救世主"的心态，认为新乡贤能为我们改变一切，或能为我们带来所想要的东西。其实，任何一个乡贤其自身的认知和能力都是有限的，在乡村建设行动中需要依靠大家形成一股合力才能更好地推动乡村发展。

（三）加强制度建设，推进新乡贤的组织化

新乡贤与传统社会的乡贤相比，它们之间的一个重要差别就在于组织化程度的不同。在传统社会里，乡贤其实往往是靠一种相同的情感基础、来自共同的地域或者有共同的兴趣爱好甚至是共同的利益基础而形成的一种"非正式组织"，这种组织没有固定的明文制度，因此往往处于一种松散的、约束性不强的状态，在

---

① 王露璐. 新乡土伦理：社会转型时期的中国乡村伦理问题研究[M]. 北京：人民出版社，2016：115.

这样的状态下，乡贤作用的发挥也是相对随意的，时间难以持续，效果难以持久。作为新乡贤，面对乡村振兴战略中的新任务和新使命，必须要强化组织建设，一方面能更有效地维护他们的合法权益，另一方面又能保障他们规范履行应有的责任。"对乡贤的发现和利用也是如此，政府群体、乡贤群体以及村民总是有着各自的利益诉求，但其中有些群体总是带着一种特殊的利益取向在采取着行动，因此总是会有一些利益在这种竞争中损失掉。"[①] 为了更好地发挥新乡贤在乡村建设行动中的作用，必须要建章立制，明确乡贤组织的法律属性。明确新乡贤组织是介于政府和市场之间的"第三方组织"或自发、民间性的"非营利"组织，同时还要以章程的形式明确新乡贤组织与基层政府、村两委之间的关系，厘清他们之间的责权关系，规范其职责与权限，使其不出现缺权和越权的行为。

（四）建立激励机制，充分尊重新乡贤的价值

"无私奉献"应该是新乡贤的一个重要标签，但这并不意味着他们可以不计较任何得失，不是每一个人都可以永远成为"无名英雄"，他们的价值也是需要以一定的方式得到认可和尊重的，同时这也是树立榜样、教化后人的一种重要方式或载体。一是需要借助官方媒体和自媒体，适时宣传报道新乡贤服务乡村建设的先进事迹，报道一定要及时、真实，而且还要充分流露出真情实感。二是需要借助重要活动或仪式，在现场为新乡贤讲好故事、树好形象，这样生活的场景最能激发榜样的力量，最能让乡贤感受到自己价值和付出能受到乡亲们的认可及尊重。三是利用一些实体物品来展示、铭记他们的事迹。比如，为新修一条水泥路、为建一个宗祠树一个"功德碑"，这是一种有形的文化载体，不仅是对史实的记录，也是对优良传统文化的传承，更是对新乡贤奉献家乡的一种有效激励和价值的认可。

第三节　返乡创业群体与乡村建设

在"大众创业、万众创新"和乡村振兴战略大背景下，越来越多的"城市人"选择返乡创业，顺应着"城市反哺农村，工业反哺农业"的大趋势。返乡创业人员，他们在城市开阔了眼界、学习了本领、积累了资源，同时由于他们的根深深地扎在农村，与新乡贤等群体相比，他们对乡土存有更加特殊且深厚的感情，他们能通过返乡创业带动新业态、新模式，带动老乡们一起发家致富，为乡村建设

---

① 刘津. 新"乡贤"的基因探寻及其参与乡村治理的路径优化[J]. 广东行政学院学报，2021，33（1）：20-28.

行动注入一股内生动力。截至 2022 年底，全国返乡入乡创业人员数量累计达 1220 万人。① 同时，每年大学毕业生的就业去向也值得关注，回乡创业也是他们的一个重要选择。乡村振兴为他们的就业提供了一个新的方向和增长点，尤其是对来自农村的大学生。返乡创业的人群除了农民工、大学生之外，还有退役军人、"城归族"等群体，但从数量和发展趋势来看，农民工和大学生是返乡创业的主要群体，也是本节关注和研究的对象，尤其是农民工群体。

无论是农民工还是大学生返乡创业潮的出现都与国家的政策导向有着很大的关系。2015 年国务院办公厅印发了《关于支持农民工等人员返乡创业的意见》和《鼓励农民工等人员返乡创业三年行动计划纲要（2015—2017 年）》，这两个文件的出台标志着我国正式从国家政策层面支持农民工、大学生和退役士兵等人员返乡创业。2016 年 11 月，《教育部关于做好 2017 届全国普通高等学校毕业生就业创业工作的通知》②出台，要求深入推进创新创业教育和自主创业工作，为大学生创业开辟"绿色通道"，提倡通过政府支持、学校自设、校外合作、风险投资等渠道筹措资金，为大学生自主创业提供了政策支持和保障。中共中央、国务院于 2017 年印发并实施的《中长期青年发展规划（2016—2025 年）》③明确提出"青年就业比较充分，高校毕业生就业保持在较高水平；青年就业权利保障更加完善，青年的薪资待遇、劳动保护、社会保险等合法权益得到充分保护；青年创业服务体系更加完善，创业活力明显提升"的发展目标。2018 年发布的《农业农村部关于大力实施乡村就业创业促进行动的通知》提出要"动员各方力量，整合各种资源，强化各项举措，通过壮大产业、培育主体、搭建平台、推进融合，支持和鼓励更多返乡下乡本乡人员就业创业，努力形成创新促创业、创业促就业、就业促增收的良好局面"④的要求。2019 年共青团中央印发的《关于深入开展乡村振兴青春建功行动的意见》也明确提出了"在新时代乡村全面振兴的伟大实践中，培养造就一支懂农业、爱农村、爱农民的'三农'青年工作队伍，带领广大青年听党话、跟党走，为实施乡村振兴战略、加快农业农村现代化步伐贡献青春力量"⑤的工作目标。

① 截至 2022 年底，全国返乡入乡创业人员数量累计达 1220 万人，https://m.gmw.cn/baijia/2023-02/17/36372410.html[2023-07-17]。

② 教育部关于做好 2017 届全国普通高等学校毕业生就业创业工作的通知，http://www.moe.gov.cn/srcsite/A15/s3265/201612/t20161205_290871.html[2019-09-08]。

③ 中共中央 国务院印发《中长期青年发展规划（2016—2025 年）》，https://www.gov.cn/gongbao/content/2017/content_5189005.htm[2023-04-13]。

④ 农业农村部关于大力实施乡村就业创业促进行动的通知，https://www.gov.cn/gongbao/content/2018/content_5319832.htm[2018-04-24]。

⑤ 共青团中央印发《关于深入开展乡村振兴青春建功行动的意见》通知，https://www.163.com/dy/article/ECFU2BFE053289WE.html2019-04-11[2019-04-28]。

　　无论是农民工还是大学生的返乡创业都意味着"返乡"和"创业"两个过程，其中"返乡"意味着空间的变化，生活和工作地域实现由"乡"到"城"后再由"城"返"乡"的二次转变；"创业"意味着工作性质和身份的变化，实现由"被雇佣"或"待雇佣"向"雇佣他人"、由"打工仔"向"老板"身份的转变。要顺利实现这些转变，必然有诸多困难需要克服，必须要在主观和客观方面创造更多更好的条件才能实现。

一、农民工的返乡创业

　　"民工潮"是改革开放后出现的一个重要现象，特别是 20 世纪八九十年代，几乎就是农民从乡村涌入城市的一种单向流动，从而导致了农村出现从以留守老人、妇女和儿童到以留守老人和儿童为主，直到最后留守老人成为乡村建设"主力军"的现象。当然，在大规模单向流动的同时，一些政策的出台和城市发展面临的实际状况，也在引导、鼓励甚至倒逼农民工返乡务农或创业。从农民工返乡的主观愿望角度来分析，农民工返乡创业可以分为两个主要阶段。一是以非自愿为主的"倒逼"式返乡，时间跨度大概从 1992 年到 2013 年，主要原因是在城乡二元结构体制下，农民工在城市的生存空间被挤压，加之 2008 年开始的金融危机则加速了这种倒逼速度，当然这是总体趋势，因为在此期间国家出台的一些政策也在引导农民工返乡，加入新农村建设的大潮中。这一时期返乡的农民工有相当一部分主要还是从事原来的农业或建筑行业，或者在附近的乡镇企业靠打"零工"为生。二是以自愿为主的引导式返乡，时间跨度是从 2014 年开始一直延续至今。主要原因是国家"双创"计划的实施，特别是乡村振兴战略的提出，更是加速了农民工的返乡潮，而且这一阶段创业成为农民工返乡的主要目标。本部分就是围绕乡村振兴背景下，在实施乡村建设行动中，分析农民工返乡创业的主要动因并提出助推农民工返乡创业的重要举措。

（一）农民工返乡创业的动因分析

　　习近平明确指出"乡村振兴不是坐享其成，等不来、也送不来，要靠广大农民奋斗"[①]，在乡村建设行动中，农民始终需要成为建设的主体。农民工返乡创业，将成为乡村建设行动的重要内容，成为推动乡村振兴的重要方式。农民工尤其是青年农民工为什么会主动回到家乡进行创业，这是由诸多因素决定的。

　　（1）创业梦想成为他们返乡的理想信念。与 20 世纪后期进城务工的农民相

---

① 习近平在湖北考察，https://www.gov.cn/xinwen/2018-04/28/content_5286746.htm?eqid=f40913030012c8cd00000002648198e7[2019-02-16]。

比，新生代农民工进城的目标不一定仅仅是见见世面、多挣点薪水养家糊口、感受一下大都市的风情、体验一下现代化的气息，更重要的是他们都有一个梦想，就是当老板或企业家的梦想，"创业也意味着自己当家作主，更加自由，对自己的时间和生活有更强的掌控感，'不用看别人的脸色'"①。然而，现实是残酷的，由于自身知识结构、社会资源等方面先天的局限，他们中的大多数在城市中的梦想一个接一个地破灭，于是为了继续追寻自己的梦想，他们再次踏上创业之路，踏上由城市转向乡村的道路。青年农民工返乡创业行为具有一定的"逆行"色彩，它凸显了青年的自主选择性，不仅是客观外在激励产生的行为，更是基于个人意义构建的主观性价值行为。②

（2）亲情归属成为返乡创业的情感动因。"家庭本位"是中国传统文化的一大特色，家是最小国，国是最大家，家国思想和情怀深藏在每个人的心中。根据国家统计局发布的《2022 年农民工监测调查报告》，在全部农民工中，未婚的占17.4%，有配偶的占 79.6%。其中，外出农民工有配偶的占 67.0%；本地农民工有配偶的占 91.2%。③从以上数据我们可以很清晰地得出这样一个结论：绝大多数农民工都有家室，上有老下有小是他们的家庭常态。由于现有政策和他们自身能力的限制，他们中的绝大多数都难以在城市长久立足，无法把家庭安置在自己工作的城市，更何况很多工作都具有季节性、临时性，居无定所也是很多农民工的一种工作常态。面对无法割舍的亲情，于是他们选择了回到家乡与家人在一起，在共享天伦之乐的同时，利用在城市学到的本领，结合乡村的资源优势，开始了养殖业、种植业、电子商务、加工厂、农家乐等方面的创业。从个人价值与家庭幸福的关系来分析，农民工返乡创业遵循"过好日子"的行动逻辑和价值准则，而"过好日子"的核心是践行以"家庭本位"为中心的一系列义务行动，它涵盖了乡土血缘、地缘与业缘关系，是以追求家庭幸福最大化而非货币收入最大化为动力的。

（3）土地新政成为返乡创业的物质基础。千百年以来，土地都是农民的根，它一直维系着农民生命的延续、民族的繁衍以及文化的传承。新中国成立后尤其是改革开放实行的家庭联产承包责任制使得每一位农民不仅分得而且还长时间拥有了自己的一份土地，《中华人民共和国农村土地承包法》④的第二十一条规定："耕地的承包期为三十年。草地的承包期为三十年至五十年。林地的承包期为三

---

① 毛一敬. 乡村振兴背景下青年返乡创业的基础、类型与功能[J]. 农林经济管理学报, 2021, 20(1): 122-130.

② 林龙飞. 乡村振兴背景下青年返乡创业的内隐逻辑：基于个人意义构建视角的多案例研究[J]. 中国青年研究，2019（10）: 62-68.

③ 2022 年农民工监测调查报告，http://www.stats.gov.cn/sj/zxfb/202304/t20230427_1939124.html[2023-06-08].

④ 中华人民共和国农村土地承包法，http://www.zfs.moa.gov.cn/flfg/202002/t20200217_6337175.htm[2022-09-18].

十年至七十年。"但是，人多地少是我国的基本国情，在每户每人有限的土地上，除了维持基本生计，很难形成规模经济效应。为了解决这一问题，党和国家在坚持土地国有和集体所有的基础上，为引导农村土地经营权有序流转（指承包耕地）、发展农业适度规模经营，2014 年 11 月，中共中央办公厅、国务院办公厅印发了《关于引导农村土地经营权有序流转发展农业适度规模经营的意见》①，提出"鼓励创新土地流转形式。鼓励承包农户依法采取转包、出租、互换、转让及入股等方式流转承包地。鼓励有条件的地方制定扶持政策，引导农户长期流转承包地并促进其转移就业。鼓励农民在自愿前提下采取互换并地方式解决承包地细碎化问题"。我国耕地面积有限，且碎片化经营一直成为农民增收的主要瓶颈，而通过农用地流转来重新配置土地资源将有利于打破这一约束，为提高专业农户收入提供了前提性条件。因此，通过土地流转获得更多可经营的土地，成为农民工返乡创业的重要物质基础。

（4）基层政府的政策执行成为返乡创业的制度保障。2022 年中央"一号文件"《中共中央　国务院关于做好 2022 年全面推进乡村振兴重点工作的意见》②就乡村建设在健全乡村建设实施机制、实施农村人居环境整治提升、农村基础设施建设、数字乡村建设以及基本公共服务县域统筹等方面提出了诸多要求，这些要求的提出其实就是中央的一种指令和建设目标，这些指标最终是要靠基层政府来执行和完成的。为了兑现对上级政府的承诺，基层政府必须动用各种力量和政策工具为农民工返乡创业营造良好的环境。比如，通过加大道路等基础设施的投入，为创业创造良好的交通环境；为了扩大农民就业岗位，提高农民收入，在贷款甚至税收优惠等方面为返乡创业者提供诸多便利。这些政策的出台和实施，其实也在很大程度上为农民工返乡创业提供了更多的政策优惠和更大的发展空间。

（二）助推农民工返乡创业的重要举措

农民工返乡创业实质上是一种主动、自愿的积极作为，跟那些无法在城市谋生的农民工相比有着本质的不同，因为他们不仅有创业当老板甚至企业家的梦想，同时他们也有一技之长或相当充足的资源储备。但是，他们返乡创业也面临着诸多的制约因素，如创业氛围还不够浓厚、创业土壤有待培育、创业资金和人才相对匮乏、创业政策落实不到位、创业信息相对闭塞等。具体到每位农民工返乡创

---

① 中共中央办公厅、国务院办公厅印发《关于引导农村土地经营权有序流转发展农业适度规模经营的意见》，https://www.gov.cn/xinwen/2014-11/20/content_2781544.htm[2015-12-30]。

② 中共中央　国务院关于做好 2022 年全面推进乡村振兴重点工作的意见，https://www.gov.cn/zhengce/2022-02/22/content_5675035.htm[2023-04-25]。

业遇到的实际困难，也会出现个体不同阻力不同的情况，但总体来看，助推农民工返乡创业需要从以下几个方面采取有效措施。

（1）加大返乡创业的政策宣传，提高农民工对政策的知晓度和执行力。政策的生命力在于有效执行，有效执行的一个重要前提和基础是对政策的认可，尤其是政策实施对象对政策的认可、理解和接受。在国家最初出台农民工返乡创业相关政策之时，由于宣传不到位，相当部分农民工产生了误解。有人认为这是城市对农民工的抛弃，有人认为这是国家又想回到新中国成立之初的"城乡二元结构严重分化的时代"，各种不同观点甚嚣尘上，在舆论上歪曲了国家政策的本意，但也从一个侧面在事实上造成了该项政策的有意或无意地执行与推动。关于农民工返乡创业的政策宣传，特别需要做好以下两个方面的工作。一方面要不折不扣地宣传党和国家层面制定的路线、方针及政策，这是一种制度性的规定，也是一种方向性的引导，务必要准确无误地宣传到位，让返乡农民工吃颗"定心丸"，做到"放心、安心、舒心"返乡。另一方面要及时全面地宣传家乡的创业政策和创业环境，这是一种因地制宜、可操作执行的措施，能为返乡创业的农民工提供看得见的支撑和保障。在全媒体时代，除了要用好传统的传播媒体外，当前更重要的是要用好自媒体的功能，提升政策的宣传速度、执行力度和效果。

（2）要做好人力资源培训，全方位提升返乡农民工的创业素养。城市与乡村的人文及地理环境不同，创业与就业的风险及使命不同，"老板"与"员工"的能力与责任也不同，正是这些不同决定了农民工返乡创业需要全方位调适好自己，全面提升自己的能力和素养。根据农民工返乡创业面临的困难和创业成功必须具备的条件来看，对于返乡创业农民工的培训需要突出以下几个方面。第一是心理调适的培训。无论出于何种原因返乡，对于相当一部分农民工来说可能或多或少都有一丝心理落差，这种失落感大多来自对当初向往并立足城市的"壮志未酬"，因此在心理层面过渡好是创业成功的一个极为重要的条件。第二是创业理论知识的培训。成功的创业需要具备相对完整的知识体系，涉及管理学、心理学、财务会计、金融、市场营销、公共关系、农林甚至养殖业等知识。以上两种主要是偏重理论的培训，可以采取线上和线下、集中和分散、定期和不定期等多种形式完成。第三是实际操作能力的培训。创业不是"点子公司"，更不是"纸上谈兵"，而是实实在在的一种实践行为，需要有具体的人、财、物、制度、信息等基本要素。返乡创业的农民工不仅需要实地考察学习，更重要的是要在创业实践中有专门的组织和专家利用好田间地头、厂房车间、养殖种植场所等"流动课堂"进行手把手的指导。

（3）健全组织和制度，优化返乡创业环境。在乡村建设行动中农民工返乡创业的最后责任主要还是要落实到基层政府和村级组织，这两大机构作为乡村建设行动的直接推动者、落实者和责任者，当仁不让需要为返乡创业的农民在组织和制度方面创造良好的条件。在组织结构建设方面，可以考虑建立"县（区）—乡（镇）—村（社区）"农民工返乡创业的三级管理机构，搭建与农民工返乡创业管理部门的对话平台，提高办事效率和服务水平。在有条件的乡村，可以试点建立农民工返乡创业的工会组织，一方面可以维护农民工的合法权益，另一方面也可以为他们谋取更多的福利，尤其是在重要节日为他们送温暖，让他们感受到家乡的关怀。在基础设施、招工用人、创业基金、物流运输、技术指导等方面出台相应的制度，优先安排和照顾返乡创业农民，以解除他们的后顾之忧。

（4）吸纳返乡创业农民工加入党组织，提升其政治素养。"党政军民学、东西南北中，党是领导一切的"，党组织在领导乡村建设行动中有着其他任何组织无法取代的作用，在推进乡村振兴战略中必须坚持党组织的全面领导，发挥党的战斗堡垒作用。在返乡创业的农民工中有相当一部分还不是共产党员，但是他们在思想和行动上积极拥护党的领导，向党组织靠拢。吸纳他们进入党组织，不仅能进一步增强其在乡村振兴中的责任感和使命感，同时也能更好地发挥他们作为党员的先锋模范作用。

二、大学生的返乡创业

乡村振兴的建设主体不仅有本地居民，还有大量外地返乡人群，而回乡创业的高校毕业生将逐渐成为一支重要的主体力量。自 2014 年提出"双创"以来，全社会创新创业的热情不断高涨，大学生创业成为他们就业的一个新的重要选择。返乡创业大学生是属于众多创业者中一个相对特殊的创业群体，他们往往具备其他创业者所不具备的素质、情怀和使命。在推进乡村建设行动中，大学生因其学识、专长和自身的"标签"或"光环"将成为一股不可或缺的力量，大学生返乡创业应该成为推动乡村振兴的重要行动之一。

（一）大学生返乡创业面临的困境

大学生返乡创业一般是指大学生毕业后返回原籍进行创业活动，但是无论是在理论还是现实中大学生返乡创业都面临着诸多困难，其中以下几个方面是较为普遍也相对突出的。

（1）社会世俗的观点。自古至今，在我国整个社会对"读书"的定位及期待都与"学而优则仕"和"衣锦还乡"有着密切的关系，即通过努力读书能改变自己的生活场景，实现"从农村跨入城市"的梦想，正是这千百年的世俗观点成为阻碍大学生回乡创业的第一道特别难以跨越的坎。有学者对这一问题进行了调查，结果显示，家长不支持孩子返乡创业的达 66.26%，村民普遍认为孩子考上大学就意味着实现了"鲤鱼跳龙门",乡邻和亲戚反对者达 33.08%,可见社会对大学生返乡创业的理解和支持亟待提高。①我们再看看大学生这一群体本身,有创业意愿者的比例不算低,《2021 中国大学生创业报告》显示,在本次受访的一万多名大学生中,96.1%的大学生都曾有过创业的想法和意愿,14%的大学生已经创业或正在准备创业;对于风投资本,八成左右的大学生表示了解并不深入,且仅有20.7%的受访者认为创业应该寻求风险投资机构的投资,而符合风投机构眼中"准备好的创业者"仅有 2.12%。可见,大学生对创业的热情仍然很高,但真正深入了解的仍占少数。②另外,还有一个不容忽视的现象就是,他们在创业的地域选择上更倾向经济发达地区,对工资收入、福利待遇、工作环境、社会地位等方面期望值较高。虽然农村有着无限潜能,但真正愿意回乡创业的大学生比例还是相当低,大多都是一种无奈的选择,尤其是"90 后"甚至"00 后"更是如此。

(2)创业存在的风险。无论是在城市还是在乡村创业失败的比例都相当高,尤其是对于刚刚毕业的大学生来说,更多的可能是一股创业的满腔热血和大学课堂上所学的相关知识,但他们的"创业意识、创业能力、创业精神、创业品质总体偏弱。创业过程中,对于市场经营管理、风险防控、社会经验方面的知识较为欠缺"③。现有"涉农"的高校和专业比例还是很低,课程设置欠合理,教案教具开发相对滞后,不少知识已远远落后于市场行情;师资力量也较为薄弱,很多教师没有在农村生活或工作的经历,甚至对农村的调研活动也鲜有从事,所讲内容大多是"纸上谈兵",与乡村生活脱节严重。大学生社会实践偏少,根据高校现有的普遍做法,在人才培养方案中实践课时一般不能低于总学时的 30%,但校内实践课占的比重过大,而到乡村实习实践主要是安排在假期的社会实践活动。正是缺乏相对系统的知识训练,尤其是缺少创业的社会实践,导致大学生创业失败率高达95%左右,这种高失败率使得本身家庭经济条件不大好的农家子弟,于人于己也不敢"用自己的青春去赌明天"。

(3)乡村创业的环境。创新创业学院成为高校尤其是办学性质定位为应用型高校新设的一个重要教学单位,创新创业教育已经成为不少高校开设的一门必修课程,几乎在校的大学生都需要接受这方面的课程训练,这对于他们认识创业,提升自信心有着重要的作用。从乡村走出来的大学生,也许在城市只生活了四年

---

① 邓玉喜. 大学生返乡创业协同帮扶机制构建路径:基于湖南、贵州、江苏三省的调研[J]. 湖南人文科技学院学报, 2021, 38(6): 78-83.

② 《2021 中国大学生创业报告》发布, http://innovate.china.com.cn/web/gxcx/detail2_2022_03/23/3321941.html [2023-01-23]。

③ 李同果. 农村籍大学生返乡就业的路径选择[J]. 教育评论, 2014(1): 78-80.

左右的时间，但是这四年却会成为影响甚至决定他们一生走向的重要阶段。从小学的教育开始，无论是家长还是教师都在不断灌输一种"城市让生活更美好"的教育理念，从小在他们的心灵深处就埋下了到城市成就自己的豪迈理想。城市与农村是两个差异很大的社会场域，无论是生活居住形式还是生产经营方式都存在很大的不同，"由此决定了城乡社会文明在社会交往、工作方式、生活方式、人的价值观念等方面高度差异化，当两种文明交织在一起时，势必会发生激烈冲突，引发强烈不适"①。与城市相比，乡村的政策支持力度、从业环境、基础设施、经济发展水平、创业回报率甚至失败后的"退路"等与城市相比都存在很大的差距，吸引力明显不足，这也是大学生返乡创业面临的需要特别关注的"后顾之忧"。

（二）大学生返乡创业的实现机制

对大学生来说，返乡创业的意愿及其作用结果主要由拉力、推力和阻力共同决定。当拉力与推力之和大于阻力时，大学生返乡创业的意愿和行动就会大大增加；反之，当它们相等或者前者小于后者时，实现概率就会大打折扣甚至为零。大学生与进城农民工相比，他们的"退路"更多，对故土的牵挂相对较少，所以阻力也就会相应更大些。为了尽量减少大学生返乡创业的阻力，不断增大他们回报家乡的动力，我们需要做好以下几方面的工作。

（1）提升大学生自身素养，提高返乡创业的底气。大学生创业率不高是一个不争的事实，创业渠道相对单一，创业条件不够成熟在很大程度上制约了大学生返乡创业的意愿和成功率。要提升创业的成功率，从大学生自身的角度来看就是在大学期间要培养较高的创业素养，这种素养包括理论知识素养、实战能力素养和人际关系素养。对于理论知识素养的提升，除了加强有关创新创业专业知识学习外，还必须掌握法律法规、企业管理、财政金融、市场营销、电子商务等方面的知识。对于实战能力素养的提升，一方面可以充分利用好各类学科竞赛的机会，如"互联网+大学生创新创业大赛""经济管理案例大赛""电子商务竞赛"等赛事，衔接好从理论进入实战的环节；另一方面就是利用课余时间或寒暑假孵化自己的企业或直接加盟企业，从实践中掌握知识和技能。此外，创业看起来是以"事"为中心的活动，而事实上创业成功与否，都与"人"有着千丝万缕的关系，因此大学生要不断提升人际关系素养，要学会与各种人群打交道，积累人脉资源，为创业成功奠定良好的社会基础。

（2）充分发挥以家庭为核心的社会成员支持功能，提升返乡创业意愿率。前

---

① 黄江泉. 乡村振兴战略下大学生与农民工返乡创业的角色归化与转化差异[J]. 农业农村部管理干部学院学报，2020（2）：64-70.

面我们分析了社会上一直存在的世俗偏见是影响相当一部分大学生回原籍创业的最为重要的障碍之一，这种在思想和心理上的困境可能是其他客观环境的困境无法比拟的。根据马斯洛的需要层次理论，爱尤其是家庭给予的爱不仅是一个社会人的最基本需求，更是大学生返乡创业的最大动因之一。为了提高大学生返乡创业的意愿和勇气，我们需要构建以父母为核心、以家庭重要成员（含直系亲属和亲戚）为主体、以街坊邻居为外圈、以其他人群（如村干部、创业成功人士）和组织（志愿者组织等）为辅助的一个系统支持功能，发挥他们在引导、鼓励、支持和帮助大学生返乡创业方面的作用。

（3）优化乡村创业环境，提高大学生返乡创业的成功率。创业环境包括硬环境和软环境，对于乡村创业来说这两方面可能都面临着较大的问题。我们认为当前优化创业环境应该聚焦于以下几个方面。一是要营造良好的创业氛围。当地政府和相关组织要通过多种形式营造一种"一人返乡，全家光荣""一人创业，全村幸福"与人人尊重返乡创业大学生的良好氛围。二是要给予资金上的扶持，充分发挥农村信用社、中国邮政储蓄银行等金融机构在"惠农、助农"方面的功能和优势，尤其是乡村的基层政府需要更多地担当作为，在贷款和补贴方面可以提供比城市更大的优惠。三是加强协助指导工作。创业是否成功取决于各种因素，大学生创业具有明显短板，商场如战场，市场信息瞬息万变，市场环境错综复杂，这就要求当地政府、商会、行业协会等组织能有针对性地为他们提供一对一的指导，做到"扶上马、送一程"，从而进一步提升他们创业的成功率。

（4）完善保障机制，解决大学生创业失败的后顾之忧。创业面临很大的风险，对于很多家庭来说，孩子在城市选择一份具有稳定收入的工作是首选。为了解决大学生返乡创业失败带来的后顾之忧，尽量减少风险成本，我们需要在以下几个方面做好相应的保障工作。第一是持续加大创业启动资金的支持力度。目前，我国大多数地区都出台了针对高校毕业生的创业启动资金支持的相关政策，如南宁市对获选的 2022 年度应届高校毕业生优质创业项目给予 1 万—20 万元的创业启动资金支持[①]。面对乡村建设行动一系列的紧迫任务，各级政府不仅要持续出台并贯彻落实好创业启动资金支持政策，而且还要针对那些乡村建设需求紧迫、产品发展前景良好、企业技术含量高的创业项目给予更大的支持力度。第二是二次创业的帮扶。大学生返乡的目的是创业，是为了事业有成，主要是想为自己所学的专业知识寻找展示的舞台，把自己的理想抱负落实到现实。对于首次创业失败的大学生，政府和金融机构要继续支持，甚至给予更多的优惠政策来支持鼓励其二次创业，同时，创业企业和机构还需要邀请专业人士进行科学评估，找到症

---

① 关于开展 2022 年度应届高校毕业生第一批优质创业项目评选工作的通知，http://rsj.nanning.gov.cn/xwzx/tzgg/t5256705.html[2023-10-10]。

结所在，从而决定是继续从事该项事业还是需要改变方向，另起炉灶。第三是对于无法或不愿意继续创业的大学生，要以最大的诚意挽留其在乡村工作，发挥他们的聪明才智，为乡村建设做出贡献；对于想要离开乡村，继续回城或深造的学生，也需要"热情相送"，国家也需要伸出欢迎的双手去迎接，如报考农林类硕士专业时，可以考虑给予适当降分照顾并增加定向培养的指标。

第三章 乡村现代农业建设行动

"务农重本，国之大纲"。国务院印发的《"十四五"推进农业农村现代化规划》①明确指出，到 2025 年，农业基础更加稳固，乡村振兴战略全面推进，农业农村现代化取得重要进展。该规划谋划了粮食等重要农产品安全保障、乡村产业链供应链提升、乡村公共基础设施建设、现代乡村治理体系建设等九方面五十八项重大工程、行动和计划。2021 年中央"一号文件"也提出，"到 2025 年，农业农村现代化取得重要进展，农业基础设施现代化迈上新台阶"②。乡村现代农业建设是实现农村现代化、推进现代乡村治理的重要任务，它包含一系列的建设内容、重点和难点，本章主要分析现代农业基础设施、高标准农田和智慧农业建设三个方面的内容。

第一节 现代农业基础设施建设

对于农业生产来说，基础设施状况将直接影响农业收成，农业基础设施是实现农业现代化的基础。中国作为传统的农业大国，创造了历史悠久、成绩斐然的农业文明，这些文明既得益于先辈们创造发明的农业物质基础，如世界上最古老的运河之一的灵渠、中国古代伟大的水利建筑工程之一的都江堰，也得益于先辈们对农业种植和管理经验智慧的总结，如《氾胜之书》《齐民要术》《陈敷农书》《王祯农书》《农政全书》等中国古代五大农书，这些农书不仅是对我国古代农业生产和活动的经验总结，也对世界农业的发展产生了积极而深远的影响。随着时代的发展和科技的进步，要实现农业现代化，农业基础设施也必须做到与时俱进，在经济性基础设施和社会性基础设施两个方面实现现代化。

---

① 国务院印发《"十四五"推进农业农村现代化规划》，https://www.gov.cn/xinwen/2022-02/11/content_5673141.htm[2023-02-23]。

② 中共中央 国务院关于全面推进乡村振兴加快农业农村现代化的意见，http://www.moa.gov.cn/ztzl/jj2021zyyhwj/zxgz_26476/202102/t20210221_6361865.htm[2022-01-20]。

一、现代农业基础设施的内涵与特征

（一）现代农业基础设施的基本内涵

《1994 年世界发展报告：为发展提供基础设施》把基础设施分为经济性基础设施和社会性基础设施，这一分类成为世界各国学术界和实践部门都普遍接受并采用的概念来源。经济性基础设施包含：公共设施，如电力、电信、自来水、卫生设施与排污等；公共工程，如公路、大坝和灌溉等渠道工程；其他交通部门，如城市交通、港口、水路和机场等。社会性基础设施则主要包括有利于人力资本积累、生活环境改善的科教文卫、环境保护等类型的基础设施。农业基础设施作为基础设施的一种，它是人们在从事农业生产全过程中投入的各种必要元素的总和。一般来说它由两部分组成，一是包括农田水利、电力、道路、仓储、运输、销售、气象、通信等在内的物质基础设施，二是包括农业科技研发、教育培训、农技推广、政策管理、信息咨询等机构和设施在内的社会基础设施。①

随着消费者对新农业产品的需求，农业劳动者对现代农业技术的运用以及第二产业与第三产业对农业的辐射和带动，现代农业基础设施在坚守传统要素的基础上，拥有了更多新的内容和形式，形成了多层次的设施系统，包括"现代农业物流配送系统、烘干储藏保鲜系统、农产品市场交易系统、农田水利系统、农业信息系统、农业防灾减灾系统等"②。根据《1994 年世界发展报告：为发展提供基础设施》给出的概念，以及国内学者关于农业基础设施及现代农业基础设施概念的研究，我们认为现代农业基础设施就是为了适应传统农业向现代农业的转变，为农业生产发展提供的经济性基础设施和社会性基础设施，其中经济性基础设施主要包含现代的农田水利灌溉、农业器械与设备、交通电力及通信能源等保障设备；社会性基础设施主要是指现代的农业人力资源、技术、信息、管理、组织以及体制机制等。前者往往是以有形的物态形式表现出来，后者则是以无形的"新业态"表现出来，二者之间相辅相成，以农业生产为媒介，共同推进农业现代化的发展。

（二）现代农业基础设施的基本特征

现代农业基础设施与传统农业基础设施相比，它们之间都具有支撑和服务农业发展，连接农户、农业和消费者等功能，但是现代理念、技术和设备的运用更多地实现了对农业产品和服务的赋能。总体来看，现代农业基础设施呈现出以下

① 石爱虎. 国外农业基础设施建设的经验及其启示[J]. 中国软科学，1997（6）：105-108.
② 王定祥，刘娟. 乡村振兴中现代农业基础设施投资机制与模式[J]. 农村经济，2019（3）：80-87.

几个基本特征。

（1）基础性和先行性。奥地利学派著名经济学家，平衡增长理论的先驱——保罗·罗森斯坦·罗丹（Paul Rosenstein-Rodan）在其论文《东欧和东南欧国家工业化的若干问题》中首先提出了"社会先行资本"（social overhead capital，SOC）的概念。社会先行资本包括诸如电力、运输、通信之类的所有基础工业，这些基础工业的发展，必须先于那些收益来得更快的直接生产性投资，它构成了社会经济的基础设施结构和作为一个总体的国民经济的分摊成本。很显然，农业基础设施建设无论是传统的还是现代的，都属于社会先行资本，应该超前于农业发展需要，从而成为农业及其他部门发展的基础和支撑，农业基础设施的基础性和先行性的特征，直接影响着整体国民经济社会的长期发展。

（2）慢回报性与分散性。农业生产的一个重要特征就是必须"按部就班"，如果"揠苗助长"往往会适得其反，植物从播种到收获都具有较强的自然成长规律，需要足够的时间才能完成一个周期，即便是现代技术的全过程使用也必须充分尊重植物的生长和发育规律，这就决定了农业基础设施具有投资回报周期长的特性。与工业化生产相比，农业生产活动在空间上更多地呈现出非集聚性，分散耕种是农业生产的一种常态；在时间上，季节性特征比较明显，"春耕夏耘秋收冬藏"正是农业生产季节性的真实写照。另外，农村人口居住的分散性以及农村基础设施分布密度小的特征决定了在一定空间单位标准下，农业基础设施的利用系数也远远低于城市和工业基础设施的利用系数，这也决定了农业具有投资风险大、回报慢的特点。

（3）传统性与现代性。美国经济学家西奥多·W. 舒尔茨（Theodore W. Schultz）在《改造传统农业》一书中认为，改造传统农业的关键在于引入现代农业生产要素。现代农业生产要素包含了物质与非物质的两种基本形态，而现代农业基础设施就是典型的物质形态，它主要体现在以下两个方面。一方面是对传统农业设施的革新和改造，即对传统设施注入现代化科技的元素。比如，现代灌溉系统在很多地方依然沿用原有的灌溉设施系统中的水源（如河流、水库、湖泊、山泉等），但是为了提高使用效率对灌区内部各级渠道以及控制和分配水量的节制闸、分水闸、斗门等进行了技术改造。另一方面是使用新的技术设施，即通过具体的设备把新的科技运用到农业基础设施之中，赋予传统农业设施新的理念、内容、形式和方法，从而提高农业生产效率，确保农业产品的数量和质量。

二、加快现代农业基础设施建设

纵观新中国成立以来我国农业的发展历史，我们可以发现，农业在我国的建设和发展中一直起着基础性的作用，而且大部分时间各级党委和政府都给予了高度的重视。但我们又不得不承认，"轻农业重工业，轻农村重城市"在几十年的国家建设中一直占据主导地位，这在很大程度上导致了我国现有农业基础设施还存在明显的短板和不足。当然，造成这些农业基础设施存在诸多的问题也是有多方面原因的。

（一）现代农业基础设施存在的短板及成因

（1）分布不均，区域性差异明显。我国地势整体是西高东低，呈阶梯状分布。地域辽阔，经度和维度跨度大，导致了我国气候的多样性，降雨气温等自然条件禀赋差异很大，农业生产习惯也有很大的不同。比如，我国的南方大部地区是以丘陵和山地为主，虽然降雨丰沛，但以梯田为主要特征的地理环境给大型机械化设备的使用带来了极大的困难和不便；又如，在我国云贵高原的很多乡村，由于受喀斯特地貌的影响，不少农作物也只能选择在"坝子"里耕种，而且主要还得依靠传统的耕作方式。农业基础设施的现代化建设往往需要考虑成本的投入，为了节约成本，很多地方的农业基础设施现代化都是建立在原有基础设施上的改造和更新，历史基础设施条件较好的乡村相对来说现代化的速度就更快些。比如，20世纪六七十年代在人口相对集中、灌溉面积较大、粮食产量较高的地区所修筑的大量水库和水渠，就为今天的改造奠定了较好的物质基础。

（2）科技含量有待提升，现代设备使用率不高。由于农业具有投资回报周期长、收益相对较低，且与投入难以成正比的特点，高精尖企业一般都不大愿意更多地去关注农业基础设施的建设。农业生产过程、农作物生长特点以及农产品流通和加工等环节对现代技术的要求不是特别高，但现代农业技术和设备的使用和普及仍受到较大的限制。另外，在农业生产过程中，大量的设备使用主要依靠农民来完成，由于他们深受传统农耕文化以及现代知识储备的局限性等因素影响，传统的、粗放型的经验方式在不少农村尤其是南方的山区依然占据主流地位，这些地区更多的是使用节省劳动力的农机设备，如耕耘机、农用平地机、播种机、脱粒机等，而技术含量高的现代农业设备，如农业机器人等使用率还非常低，资源浪费还比较严重，特别是在那些难以成规模耕作的区域。

（3）供给主体单一，影响基础设施质量。农业基础设施的最大特性就是它的公共属性，包括纯公共物品和半公共物品两类。例如，农业气象、水库等大型水利作为纯公共物品，一般来说无法通过市场机制来提供，政府就成为唯一的提供主体。对于半公共物品来说，则需要充分发挥政府的主体作用，并积极通过市场行为吸纳更多的投资方参与投资和建设。比如，乡间道路（含乡道、村道和自然村道的"主干道"或"公共道路"）的路面硬化工程，完全依靠国家财政是远远不够的，特别是在那些财政吃紧的基层政府，只能采取以"政府+住户"或"政府+企业+住户"为出资主体的形式来提供。但是从很多地方的实际操作来看，由于企业一般都不愿意介入，只能采取政府和农户分摊的方式，分摊比例一般是采取五五开，具体比例与当地财政实力有着密切的联系。这种集资方式，虽然在一定程度上解决了政府提供公共物品的"燃眉之急"，但也带来了一系列的负面效果，如加重了农户的经济负担、破坏了基层政府和村级组织与村民间原本的和谐关系等。

（4）基础设施项目落实到位有偏差。基础设施项目落实偏差主要分为间接性偏差和直接性偏差两种，无论是哪一种偏差都与我国农业基础设施的财政拨款制度有着密切的联系。我国公共农业基础设施主要由中央政府统一供给，但它并不是采取直接的投入方式，而是把财政专项拨款委托给地方政府，统一由地方政府下放给相关建设项目。相关研究显示，在分配专项资金过程中，存在设施项目重复、多层审批、层层滞留等相关问题[①]，导致每笔用在公共农业基础设施的款项经过层层审核，最终都会出现不同程度的耗损，这就形成了间接性的落实偏差。

（二）加快现代农业基础设施建设的路径思考

（1）全方位认识农业基础设施对于乡村振兴的价值。农村的产业兴旺最重要的就是要围绕"农业"来做文章，农业是农村产业的核心和根基。唯有把农业做大做强，做出特点和个性，才有可能增加农民的收入，在物质上改善老百姓的生活。农业的做大做强需要有良好的基础设施作为基本保障，农业基础设施被称为农业发展的社会先行资本，对农业稳定生产和农民增收意义重大。农业基础设施的建设，不单单是促进农业的发展，对于提升劳动者素质，优化乡村环境，提升乡村治理效能都有着显在或潜在的价值。比如，现代农业科技和设备的使用将有助于减少"三污"排放，还乡村一个碧水蓝天。因此，无论是政府、其他组织还是农民个体都需要在思想上对现代农业基础设施建设给予高度重视，在行动上给予全力支持。

（2）因地制宜，加快补齐农业基础设施建设短板。在补齐农业基础设施短板之时，既要坚持统一规划，又要避免齐头并进，需要根据乡村实际和农业发展需要，分类分步骤有序加以推进。在补齐短板的内容上，要坚持"最短板最优先"的原则，如对于交通落后的地区，道路的建设应该放在首位；对于严重缺水的地区，水利设施需要摆在第一位；对于时常遭受农业灾害的地区，如何加强农业气象和灾害防治便成为当务之急。在补齐短板的方式上，需要根据不同地区农业基

---

① 谭上勇，黄贱荣，华丽琴. 试析农业基础设施供给不足的根源与破解方法[J]. 南方农业，2019，13（9）：147-148.

础设施的不同公共产品属性给予不同的投资或补助方式，纯公共产品属性的则需要以政府财政投入为主体，半公共产品属性的农业基础设施最好以政府为主导，同时积极引入社会资本，尤其是那些领导农业产业化的龙头企业要积极投身于乡村建设行动中。对于农业基地建设所需要的道路、水电、厂房、生产设备、运输工具等，政府可以根据企业的投入给予相应的补助，这样既可以解决因政府财政投入不足而影响现代农业基础设施建设的问题，同时也可以为企业支持乡村振兴提供更多的政策引导和支持。

（3）拓宽融资渠道，实现机制创新。前面我们分析了农业基础设施的固有特征，这些特征决定了大多设施在融资时面临的共同困境，即农户无力承担、企业不愿承担、政府难以承担的局面。"大国小农"是我国在未来相当一段时期内的基本国情，不少学者认为农民也是农业基础设施投资的主体之一，因此在 PPP（public private partnership，政府与社会资本合作）模式的基础上，提出了"PPP+自组织"这一投融资模式，也就是说在农业基础设施中实施 PPP，需要充分考虑农户的利益诉求和其作为 PPP 主体之一的重要作用，实现传统 PPP 模式与农户利益的有机结合，这是农业基础设施的 PPP 模式区别于其他 PPP 模式的重要特点，也是适应我国"大国小农"特点的农业基础设施投融资模式的现实选择和机制创新。[①]在乡村建设实践中，这样的模式也经常得到应用，如对于乡村排污设施，很多地方即按照总造价的一定比例由直接使用的农户筹集固定金额的资金，剩余的全部由政府财政和其他组织来兜底，这些做法在实践中取得了比较好的效果，既完成了乡村建设的目标，又在调动乡村建设主体积极性的同时，维护了他们的切身利益。

（4）畅通农业需求及农民利益表达体系。乡村振兴是为了实现农民对美好生活的向往，达到乡村让生活更美好的目的，而现代农业基础设施的建设是为了更好地促进现代农业的发展，现代农业的发展是为了更好地实现乡村振兴战略。不同的乡村有着较大的条件差异，乡村振兴在坚持国家整体布局和要求时，更加需要结合当地实际，坚持做到让农民群众满意的原则。为了真正实现乡村振兴的意义和目的，让现代农业基础设施建设不走样、不变味，就需要构建完善的农业需求及利益表达体系。比如，可以通过农民协会、农业指导机构、工会、村民自治机构等渠道向当地政府表达自身的要求与需求，这样不仅可以向政府争取到更多的支持，而且可以尽量按照农业生产主体的实际要求进行科学合理的规划、建设、使用和管理。

① 詹卉. "PPP+自组织"：农业基础设施供给机制的创新[J]. 财政研究，2020（6）：121-129.

第二节　高标准农田建设

2004 年"高标准基本农田"一词首次进入我国"中央一号"文件，自此之后"高标准农田"成为我国农业农村现代化建设的重要任务。从 2011 年开始，我国便以平均每年不低于 8000 万亩的速度建设高标准农田，到 2022 年底全国已累计建成 10 亿亩高标准农田，稳定保障 1 万亿斤以上粮食产能，19.18 亿亩耕地超过一半是高标准农田[①]。《全国高标准农田建设规划（2021—2030）年》[②]提出，到 2025 年建成 10.75 亿亩高标准农田，改造提升 1.05 亿亩高标准农田，以此稳定保障 1.1 万亿斤以上的粮食产能。到 2030 年建成 12 亿亩高标准农田，改造提升 2.8 亿亩高标准农田，以此稳定保障 1.2 万亿斤以上粮食产能。高标准农田建设是巩固和提高粮食生产能力、保障国家粮食安全、实现农业农村现代化、全面贯彻落实藏粮于地、藏粮于技战略和全面推进乡村振兴战略的基础性工程。

一、高标准农田建设的政策支持

顾名思义，高标准农田建设就是要按照一定的"高标准"和要求对现有农田进行改造、改良或新建农田，对于建设后的高标准农田，还需要进行科学评估，这些都需要出台系列、完整的政策给予支持和保障。

（一）高标准农田的建设标准和评价标准

2014 年 6 月 25 日正式实施的《高标准农田建设 通则》（GB/T 30600—2014）首次对"高标准农田"的基本概念进行了定义，新修订的《高标准农田建设 通则》（GB/T 30600—2022）在原来的基础上，重新对"高标准农田"进行了科学界定——高标准农田是田块平整、集中连片、设施完善、节水高效、农电配套、宜机作业、土壤肥沃、生态友好、抗灾能力强，与现代农业生产和经营方式相适应的旱涝保收、稳产高产的耕地。[③]这一定义的界定，解决了高标准农田"建什么、怎么建"的问题，对全面规范推进高标准农田建设具有极为重要的意义。2017 年 5 月 1 日正式实施的《高标准农田建设评价规范》（GB/T 33130—

---

① 2022 年底全国已累计建成 10 亿亩高标准农田，https://www.gov.cn/xinwen/2023-01/16/content_5737126.htm?eqid=ac9104990005d20c00000002645c49fe[2023-07-16]。

② 全国高标准农田建设规划（2021—2030）年，https://www.ndrc.gov.cn/fggz/fzzlgh/gjjzxgh/202111/t20211102_1302810_ext.html[2022-04-07]。

③ 高标准农田建设 通则（GB/T 30600—2022），http://www.zggqxh.com.cn/uploads/1/file/public/202209/20220923154414_yv49rfvcl6.pdf[2023-01-18]。

2016）[1]，规定了高标准农田建设评价目标、范围和时点、对象和内容、指标、方法、原则和工作程序等，为我国高标准农田建设评价"评什么、怎么评"提供了解决方案，能够满足不同高标准农田建设评价工作的需求，为多项评价考核工作提供了依据。《高标准农田建设　通则》（GB/T 30600—2022）和《高标准农田建设评价规范》（GB/T 33130—2016）成为高标准农田建设的基本遵循与指南。

（二）高标准农田建设标准体系

"市场监管总局（标准委）……组织开展了《高标准农田建设标准体系研究与构建》项目研究，构建了我国高标准农田建设标准体系框架，印发了《关于推进高标准农田建设标准体系工作有关事项的通知》《关于开展高标准农田建设标准体系建设工作指导意见（试行）的通知》，协调各相关部门按照职责分工和行业管理的需要制定行业标准，指导各地区结合本地实际，制定地方标准。"[2]截至2022年4月16日，"共发布国家标准50多项，行业标准100多项，地方标准900多项，初步形成了科学统一、层次分明、结构合理的高标准农田建设标准体系，有力地支撑了各地区高标准农田建设工作"[1]。

二、《高标准农田建设　通则》（GB/T 30600—2022）

（一）核心内容

由农业农村部牵头修订、经国家市场监督管理总局（国家标准化管理委员会）批准发布，并于2022年10月1日起正式实施的《高标准农田建设　通则》（GB/T 30600—2022）是在2014版《高标准农田建设　通则》（GB/T 30600—2014）基础上修订和完善的。它的核心内容主要包含以下几个方面：一是详细规定了田块整治、灌溉与排水、田间道路、农田防护与生态环境保护、农田输配电等农田基础设施建设工程的建设内容和标准指标；二是详细规定了土壤改良、障碍土层消除、土壤培肥等农田地力提升工程的措施和标准指标；三是详细规定了土地权属确认与地类变更、验收与建设评价、耕地质量评价监测与信息化管理、建后管护、农业科技配套与应用等管理要求。

---

① 高标准农田建设评价规范（GB/T 33130—2016），http://nynct.jiangsu.gov.cn/art/2020/3/16/art_13476_9012820.html[2022-09-18]。

② 高标准农田建设通则发布　凸显因地制宜原则明确各省粮食产能指标，http://finance.people.com.cn/n1/2022/0416/c1004-32400751.html[2022-08-19]。

（二）主要特点[①]

（1）突出因地制宜，科学划定了不同的建设区域。将全国划分为东北区、黄淮海区、长江中下游区、东南区、西南区、西北区和青藏区等七个区域，并按照不同的区域来制定高标准农田基础设施建设标准、农田地力标准参考值，为各地开展耕地质量提升建设提供有效技术参考，充分凸显了实事求是、因地制宜的建设原则。

（2）突出目标导向，明确了分省粮食产能指标。通过明确各省粮食综合生产能力指标，力争到 2030 年建成 12 亿亩高标准农田后，加上改造提升已建的高标准农田，能够稳定保障 1.2 万亿斤以上粮食产能，从而能确保守住国家粮食安全底线。

（3）突出科学适用，提升了标准可操作性。将建设内容明确分为农田基础设施建设工程和农田地力提升工程两大板块，每一板块详细划分具体工程类别，每一类别详细制定建设标准，确保地方开展各类工程建设都能有所参照。

（4）突出绿色发展理念。将绿色发展理念贯穿于高标准农田建设全过程，强调农业科技配套与应用，鼓励应用绿色材料和工艺，建设生态型田埂、护坡、渠系、道路、防护林、缓冲隔离带等，减少对农田环境的不利影响。

三、高标准农田建设的困境与保障措施

高标准农田建设的统一要求，对于不同地区来说，可能会偏高或者偏低，因为各地先天的自然禀赋和后天的建设基础都存在较大的差异，需要因地制宜采取切实有效的措施推进高标准农田建设。

（一）高标准农田建设面临的困境

（1）资金投入与资源禀赋不相匹配。当前农田建设的财政补助资金采取"大专项+任务清单"管理方式，每亩补贴标准不低于 1500 元，由中央与地方共同承担，但未明确中央地方分担的具体比例，资金安排较为分散。据测算，高标准农田改造每亩平均成本约为 3000—3500 元，地力较差的地区改造成本可能高达 5000元甚至 6000 元。此外，各地的实际补贴标准也有较大差异，以 2023 年为例，安徽省每亩补助 2500 元、山东省每亩补助 1950 元、四川成都市为每亩补助 3500元。[②]高标准农田建设资金主要由中央和地方财政负担，社会资本参与度较低，

---

① 农业农村部有关负责人解读《高标准农田建设 通则》，http://www.gov.cn/zhengce/2022-04/16/content_5685528.htm[2022-11-17]。

② 2023 高标准建设农田补贴多少钱一亩？附各地最新消息 当前聚焦，http://news.gxcbt.com/kanxinwen/2023/0323/80973.html[2023-06-07]。

对于土地出让收入高、地方财力充足、土地禀赋优良的东部地区，高标准农田建设资金充足，项目建设效益较好；而广大中西部地区恰恰相反，财政资金投入与土地质效提升效果不匹配的矛盾较为突出。一部分中西部地区由于地方财力吃紧，财政投入不足，难以提升土地质效；另一部分中西部地区虽然财政投入较为充足，但是由于土地禀赋等不足，土地质效同样难以得到相应的提升。

（2）土地破碎度大，权属状况比较复杂。中国多山地和丘陵、少平原和盆地的地貌决定了耕地的构成状态，即"我国耕地形态细碎、零乱，田坎、沟渠、田间道路的比例分别超过集约化水平中等国家1倍、1.5倍和2倍以上"[①]，耕地平均地块大小仅为0.087公顷，是荷兰耕地平均地块大小的3.8%，不仅不适合使用大型农业机械开展规模化作业，对于农户自身来说，由于其承包的耕地零星分布在不同区位，耕种起来也极为不便。这种状况严重制约了农业现代化发展，也是高标准农田建设工作面临的巨大障碍。为减小田块破碎程度，提高灌溉保证率，确保道路通畅，必须降低田坎系数、小田并大田。此外，修建的灌排设施和道路可能会占用原有耕地，所有这些都涉及权属调整工作，牵涉到农民土地权益，一旦处理不好就容易出现纠纷甚至群体性事件。为了减少麻烦，一些地方仅对修建农田水利设施占用土地进行权属调整，项目区田块较为破碎的现状一直都没有得到改变。一些地方通过土地整治顺利完成了权属调整，也形成了规范的格网条田，但由于农民承包的土地面积较小，户与户之间又重新筑田埂画界线，土地重新被"碎片化"，从而减少了有效耕地的数量。

（3）缺乏承贷项目主体，配套基础设施难以满足建设需要。当前，高标准农田建设面临着缺乏适合承贷项目主体的困境，在很大程度上成为创新投融资模式、支持高标准农田建设的瓶颈。目前高标准农田建设的项目承贷主体主要由县级政府的农业农村部门组织实施，但政府部门难以作为项目承贷主体。由于高标准农田建设的贷款成本高、收益低、期限长、风险大，各类农业经营主体虽是适合的承贷主体但融资贷款意愿不高。同时，国家为防止新增地方隐性债务风险，财政部2017年印发《关于坚决制止地方以政府购买服务名义违法违规融资的通知》（财预〔2017〕87号）[②]，将高标准农田建设等农田水利建设工程列入政府购买服务负面清单，禁止金融机构通过政府购买服务的形式为高标准农田等项目建设提供融资支持。正是由于新规禁止政府部门超越权限帮助融资平台公司等企业融资，从而导致目前各类农业经营主体直接承担项目实施的比例还很低，资金投入

---

① 坚持正确方向　严格规范管理：国土资源部有关部门负责人就国务院《通知》答记者问，https://www.mnr.gov.cn/dt/zb/2011/tdzzwlx/beijingziliao/201104/t20110406_2130529.html[2014-09-18]。

② 财政部发文坚决制止地方以政府购买服务名义违法违规融资行为，https://www.gov.cn/xinwen/2017-06/03/content_5199529.htm[2019-12-03]。

明显不足。高标准农田需要按照一系列的标准和要求进行建设和后续维护管理。比如，田间道路的建设。根据不少地方政府出台的文件，纳入政府资助的"村道"一般都需要被认定为"村级主干道"，对于通往农户或田间的次干道或支路只能由农户自己全额出资或政府出小头、农户出大头去修建，从而导致乡间小道缺乏规划，纵横交错，占据了不少良田，严重影响了现代农业设备的使用，降低了农业生产效率。

（4）高标准农田保护措施还需进一步细化。《国务院办公厅关于切实加强高标准农田建设 提升国家粮食安全保障能力的意见》（国办发〔2019〕50 号）第十六条规定：严格保护利用。对建成的高标准农田，要划为永久基本农田，实行特殊保护，防止"非农化"，任何单位和个人不得损毁、擅自占用或改变用途。……探索合理耕作制度，实行用地养地相结合，加强后续培肥，防止地力下降。严禁将不达标污水排入农田，严禁将生活垃圾、工业废弃物等倾倒、排放、堆存到农田。①2021 年 6 月 1 日起实施的《中华人民共和国乡村振兴促进法》第十四条规定："国家实行永久基本农田保护制度，建设粮食生产功能区、重要农产品生产保护区，建设并保护高标准农田。地方各级人民政府应当推进农村土地整理和农用地科学安全利用，加强农田水利等基础设施建设，改善农业生产条件。"这两个文件是从国家层面制定的对高标准农田建设的要求。与此同时，不少省级地方政府也出台了相应的规定，如《安徽省人民政府办公厅关于切实加强高标准农田建设 提升国家粮食安全保障能力的实施意见》《吉林省人民政府关于印发吉林省黑土地保护总体规划（2021—2025 年）的通知》《中共甘肃省委、甘肃省人民政府关于做好 2022 年全面推进乡村振兴重点工作的实施意见》等有关高标准农田保护性的文件。但是，如何及时、有效地将高标准农田划为永久基本农田，如何进一步严格耕地占用审批、依法批准占用高标准农田、补建高标准农田等事项，还没有完全落实到相应部门，还没有明确细化相关职能部门的职责与权限，这些在制度上为高标准农田建设留下了完善的空间。

（二）高标准农田建设的保障措施

（1）科学用好农村土地承包经营权流转。农村土地承包经营权流转的基本内涵是指在不改变耕地用途、依法自愿有偿的前提下，对土地承包经营权进行适度流转，主要的法律依据是《中华人民共和国农村土地承包法》和《中华人民共和国物权法》。《中华人民共和国农村土地承包法》②第九条规定，"承包方承包土地

---

① 国务院办公厅关于切实加强高标准农田建设 提升国家粮食安全保障能力的意见，https://www.gov.cn/gongbao/content/2019/content_5459133.htm[2021-01-28]。

② 中华人民共和国农村土地承包法，http://www.zfs.moa.gov.cn/flfg/202002/t20200217_6337175.htm[2020-06-07]。

后，享有土地承包经营权，可以自己经营，也可以保留土地承包权，流转其承包地的土地经营权，由他人经营"；第十条规定，"国家保护承包方依法、自愿、有偿流转土地经营权，保护土地经营权人的合法权益，任何组织和个人不得侵犯"；第三十六条规定，"承包方可以自主决定依法采取出租（转包）、入股或者其他方式向他人流转土地经营权，并向发包方备案"。《中华人民共和国物权法》[①]第一百二十八条规定，"土地承包经营权人依照农村土地承包法的规定，有权将土地承包经营权采取转包、互换、转让等方式流转"。一旦把土地承包经营权合理有效流转与高标准农田建设有机结合起来，对于高标准农田建设来说至少可以解决两个难题：第一是可以更好地做到降低田坎系数和田块破碎化程度，为建设集中连片的格网条田，进而保障农业规模化作业和经营扫除不必要的"物质障碍"；第二是可以有效破解由大量农民进城造成的复种指数降低、大量耕地被撂荒等问题，同时也能有效激发留守在农村的劳动力的积极性，从而为高标准农田建设减少不必要的"人力障碍"。

（2）加强土地整治，提升高标准农田信息化水平。在我国，如能将田坎、沟渠和田间道路三项用地集约化水平提高到中等国家的一半，可增加有效耕地近1亿亩。[②]截至2011年4月20日，农村居民点用地为2.48亿亩，占全国建设用地的51%。农村建设用地利用效率低，人均居民点用地高达229平方米，"散、乱、空"现象比较普遍。[③]因此，一方面在加强现有土地承包经营权流转的基础上，要全面清理整治农村居民的非法建设用地，为高标准农田建设腾出更多的空间。另一方面，高标准农田建设的一个显著标志和核心要素就是信息化的广泛运用，在最初的对高标准农田建设项目的立项、选项和审批等环节积极采用远程视频与现场踏勘相结合的方式，实现项目实施前的高效管理。探索运用遥感、无人机、大数据、互联网等现代技术，对高标准农田建设、保护、检测、评价、整改等情况实行统一上图，积极建设高标准农田"一张图"，努力构建全过程、全方位、全区域的智能化管理模式，以便进一步了解掌握每一个高标准农田项目的变化情况。

（3）积极探索多渠道融资方式。高标准农田建设同样面临着资金短缺、投入不足的问题，如何有效融资，为高标准农田建设提供资金保障是基层政府必须面对的一大难题。高标准农田项目建设同样存在前期资金投入大、资金回收周期长、

---

① 中华人民共和国物权法，https://www.gov.cn/flfg/2007-03/19/content_554452.htm[2013-11-23]。

② 黄晓芳. 促进农业现代化和城乡统筹发展：国土资源部有关负责人谈切实做好农村土地整治[N]. 经济日报，2011-04-13（5）.

③ 国土资源部官员：集约用地，可增亿亩耕地，https://www.chinanews.com.cn/estate/2011/04-20/2984530.shtml[2022-12-11]。

收益风险大的特点。2015 年财政部、国家开发银行联合发布的《关于创新投融资模式加快推进高标准农田建设的通知》（财发〔2015〕26 号）提出要"加快推动高标准农田建设，努力在转换财政投入方式、深化农村金融改革上开辟新途径，在提高农业综合生产能力、促进农业增效上挖掘新潜力，在转变农业发展方式、构建新型经营体系上寻求新突破"①。对于地方政府来说，要充分发挥其引导作用，首先要积极探索 BOT（build-operate-transfer，建设—运营—转让）、BOOT（build-own-operate-transfer，建设—拥有—运行—移交）、BLT（build-lease-transfer，建设—租赁—移交）以及 ROT（rehabilitate-operate-transfer，改建—运营—移交）等特许经营模式在高标准农田建设中的应用，依托地方融资平台，以政府小投入撬动社会资本大投资，让政府与社会资本共担风险、共享利益，促进政府存量债务的化解，提高项目建设经营效率；其次要积极鼓励引导农户以入股、劳动力投入、租赁等形式参与建设，加快形成大中型项目政府牵头建设、小微型项目农户广泛参与的多元投入格局，逐步使农户、农民专业合作组织及农村集体经济组织成为高标准农田建设主力军；最后要探索创新收益分享模式，如把"土地流转+以工代赈""投资入股+保底分红"等模式运用到高标准农田建设中，让农户成为高标准农田建设的直接受益者，也成为建设的最持久的推动力。

（4）完善制度，强化后续管理。农田建设"三分靠建、七分靠管"。第一，要建设完善的农田信用等级评价制度，对转包、互换及转让等环节加以严格管控，对于具备高标准农田建设条件且信用等级高的土地承包方给予适当的政策倾斜，为其后续建设提供制度保障。第二，要进一步完善高标准农田考核、激励机制。在耕地保护责任目标考核中，加大对高标准农田建设与保护的考核力度，提高考核分值。构建"省—市—县"三级联动的激励表彰制度，在物质和精神两个层面激发基层党委、政府、农户及其他相关组织积极投身于高标准农田建设的积极性。第三，要建立长效监管机制。建立"县负总责、乡镇为主体、村级落实"的建后管护机制，推进网格化管理。从项目建设资金中提取 1.5%—2%作为项目的建后管护资金，允许高标准农田项目建设结余资金用于建后管护，作为管护资金的重要补充。要出台高标准农田建后管护办法，明确管护经费标准、分担比例，各级政府管护经费要列入财政预算。同时探索引导支持社会资本、商业保险介入高标准农田建后管护，建立激励机制，拓宽资金筹集渠道。②

---

① 财政部 国家开发银行关于创新投融资模式加快推进高标准农田建设的通知，https://www.gov.cn/zhengce/2016-05/25/content_5076547.htm[2022-03-13]。

② 江迪，王慧峰，崔吕萍，等. 高标准农田建好还得管好[N]. 人民政协报，2022-03-10（2）.

第三节 智慧农业建设

《中共中央 国务院关于实施乡村振兴战略的意见》提出，要"提升农业发展质量，培育乡村发展新动能……大力发展数字农业，实施智慧农业林业水利工程，推进物联网试验示范和遥感技术应用"①。《中华人民共和国乡村振兴促进法》《中华人民共和国国民经济和社会发展第十四个五年规划和 2035 年远景目标纲要》等对加快发展智慧农业、推进数字乡村建设，提出了要求、做出了部署。农业农村部组织编制的《"十四五"全国农业农村信息化发展规划》也提出了"到2025 年……智慧农业发展迈上新台阶……农业生产信息化率达到 27%，农产品年网络零售额超过 8000 亿元。建设 100 个国家数字农业创新应用基地，认定 200个农业农村信息化示范基地"②的建设目标，并明确了从智慧种业、智慧农田、智慧种植、智慧畜牧、智慧渔业、智能农机和智慧农垦七个方面实现全面突破的任务。

一、智慧农业的内涵与政策演变

（一）智慧农业的内涵

对于何谓智慧农业，学界虽还未能给出一个定论，但根据学者的研究，我们可以从以下两个方面加以理解和分析。

（1）智慧农业是实现传统农业向现代农业转变的动态过程。这里的"智慧"除了包含我国劳动人民在几千年的农业生产和管理中所形成的并在现代农业生产中得到运用的经验与做法，更多的是指现代理念、科技和设备在农业生产、经营及管理中的运用。智慧农业就是通过将互联网，物联网，大数据，云计算，人工智能，"5S"技术——RS(remote sensing，遥感)、GIS(geographic information system，地理信息系统)、GPS（global positioning system，全球定位系统）、DPS（digital photogrammetric system，数字摄影测量系统）和 ES（expert system，专家系统）等现代信息技术与农业进行深度融合，实现农业可视化、远程诊断、精准感知、灾变预警等智能化管理，推动农业产业的数字化、智能化、集约化、生态化，是农业信息化发展从数字化到网络化再到智能化的高级阶段。③

---

① 中共中央 国务院关于实施乡村振兴战略的意见，https://www.gov.cn/zhengce/2018-02/04/content_5263807. htm[2019-03-04]。

② 农业农村部关于印发《"十四五"全国农业农村信息化发展规划》的通知，http://www.moa.gov.cn/zxfile/ reader?file=http://www.moa.gov.cn/govpublic/SCYJJXXS/202203/P020220309588817315386.ofd[2022-06-07]。

③ 赵春江. 智慧农业发展现状及战略目标研究[J]. 智慧农业，2019，1（1）：1-7.

（2）智慧农业是一种全新的现代管理模式。传统的农业在生产、管理和销售等环节相互脱节，各自为战，难以形成有机联系的统一体，主要原因在于缺乏现代技术的应用，信息无法实现实时共享，在时间上呈现断续性，在空间上呈现碎片化的特征。从广泛意义上说，智慧农业不仅包括智慧生产，还包括智慧流通、智慧销售、智慧社区、智慧组织以及智慧管理等环节。①它充分运用现代信息技术对农业的生产、经营、加工及销售等环节进行智能化管理，从而实现农业生产的种植科学化、管理精准化、加工精细化、经营智能化的新型农业生产管理模式。

（二）我国智慧农业发展政策的两个重要阶段

纵观我国农业发展方式转变历程，我国农业在经历了以人力和畜力为主的传统农业（农业1.0）、生物–化学农业（农业2.0）、机械化农业（农业3.0）之后，正在大步迈入智慧农业（农业4.0）的新时代。自2011年"智慧农业"概念提出以来，全国范围内开始探索智慧农业的发展，从2012年起，中央政府根据智慧农业发展的实际情况，出台系列指导性文件，在政策上给予明确、规范和指导，我国政策演变逻辑表现为从"强基础"转向"重示范"和从"汇聚部门数据"转向"数据驱动决策"②。结合我国"三农"问题和乡村振兴战略，我们认为从政策演变的角度来看，从2012年至今，我国的智慧农业可以分为两个主要发展阶段。

（1）智慧农业与"三农"问题（2012—2018年）。这一时期从政策的角度来看，主要还是把智慧农业与农村现代化有机结合起来，即要实现农村与农业的现代化。2012年提出推进"精准农业"技术，2015年和2016年提出在"智能农业"领域突破技术，2016年提出大力推进包括"互联网+、物联网、云计算、大数据、遥感"等信息技术，2017年至2019年连续三年提出加强"智慧农业"科技研发。特别是"十三五"以来，智慧农业成为现代化农业发展中的重要组成部分，多项政策文件中均提出要发展智慧农业及相关技术。2016年"智慧农业"被列为"十三五"规划中农业现代化重大工程之一，同年启动"农业农村大数据试点"等工程建设，这一系列行动标志着我国智慧农业进入实质性建设阶段。从实际应用看，2018年首个完全自主研发的北斗导航农机自动驾驶系统"慧农"已在新疆、内蒙古、河北等10余个省区市推广应用，阿里云、网易、京东等互联网企业，以及新希望、大北农等农业龙头企业纷纷涉足智慧农业，助力农业走向产业互联网时代。

（2）智慧农业与乡村振兴战略（2018年至今）。乡村振兴战略不仅是有效解决困扰我国发展的"三农"问题，而且还是解决我国城乡二元化格局，实现城乡

---

① 葛晶. 我国智慧农业的管理模式、问题及战略对策[J]. 生态经济，2017，33（11）：117-121，133.
② 冯献，李瑾，崔凯. 中外智慧农业的历史演进与政策动向比较分析[J]. 科技管理研究，2022，42（5）：28-36.

共同富裕以及中华民族伟大复兴的重要战略工程。将现代技术应用于农业发展，改变的不仅是农业生产活动和管理本身，即不仅能提高粮食生产总量，提高农业生产率，更多的是以此为抓手，全面促进农村、农业和农民的发展，从而实现乡村振兴战略。《乡村振兴战略规划（2018—2022 年）》[1]指出，要大力发展数字农业，实施智慧农业工程和"互联网+"现代农业行动，鼓励对农业生产进行数字化改造，加强农业遥感、物联网应用，提高农业精准化水平。2020 年中央"一号文件"提出，要"加快物联网、大数据、区块链、人工智能、第五代移动通信网络、智慧气象等现代信息技术在农业领域的应用……开展国家数字乡村试点"[2]。2021 年中央"一号文件"指出，要"推动农村千兆光网、第五代移动通信（5G）、移动物联网与城市同步规划建设……发展智慧农业，建立农业农村大数据体系，推动新一代信息技术与农业生产经营深度融合"[3]。此外，《中华人民共和国国民经济和社会发展第十四个五年规划和 2035 年远景目标纲要》中提出，要"加强大中型、智能化、复合型农业机械研发应用"以及"完善农业科技创新体系，创新农技推广服务方式，建设智慧农业"[4]。

二、智慧农业发展面临的瓶颈与出路

（一）智慧农业发展面临的瓶颈

（1）地域差别性大，耕地细碎化问题突出。我国幅员辽阔，东西南北跨度大，生态环境类型多样，自南向北土壤类型也是不同，这些特点决定了需要有智慧农业的多样性才能满足农业需求的多样化。例如，东北平原、华北平原等地区适合大型农机生产，可初步实现远程操控和机械化生产，而云贵高原、南方的丘陵地带大都难以采用大型农机作业，只能采取模块化精细管理。所以，要因地制宜开发具有不同区域特色的智慧农业，在技术上就增加了不少难度。我国农田地块规模小，田埂、沟渠等占据很大的比例，与西方不少发达国家相比，我国农地的碎片化程度太高。例如，美国的农场规模平均 200 公顷以上，平均每个农民经营面积超过 113 公顷；欧盟国家农场面积大于 20 公顷的占 82%，农场面积为 100 公

---

① 中共中央　国务院印发《乡村振兴战略规划（2018—2022 年）》，https://www.gov.cn/zhengce/2018-09/26/content_5325534.htm?tdsourcetag=s_pcqq_aiomsg[2022-03-04]。

② 2020 年中央一号文件公布，http://www.mohrss.gov.cn/SYrlzyhshbzb/dongtaixinwen/shizhengyaowen/202002/t20200206_358143.html[2022-06-07]。

③ 中共中央　国务院关于全面推进乡村振兴 加快农业农村现代化的意见，http://www.lswz.gov.cn/html/xinwen/2021-02/21/content_264527.shtml[2022-06-07]。

④ 中华人民共和国国民经济和社会发展第十四个五年规划和 2035 年远景目标纲要，https://www.gov.cn/xinwen/2021-03/13/content_5592681.htm?eqid=d001748e0000099e00000003648ac144[2022-06-07]。

顷的占 52%；我国经营面积在 3.4 公顷以下的小农户占比 95% 以上，而小农户耕地面积却占我国总耕地面积的 80% 以上，小农、小地块的农业生产经营方式导致我国智慧农业技术投入的边际效益低、经营主体应用积极性不高。

（2）机械化整体水平偏低，不平衡问题较为明显。客观来讲，近些年我国农业科技进步是非常明显的，2022 年全国农业科技进步贡献率达到 62.4%[①]，截至 2022 年 12 月 14 日全国农作物耕种收综合机械化率超 72%[②]，但是放眼全国，又是很不平衡的。我们以 2020 年底的数据为例，丘陵山区农作物耕种收综合机械化率仅为 49%，设施园艺综合机械化率为 32%，畜牧养殖机械化率为 35%，水产养殖机械化率为 30%，与发达国家相比，我国目前的农机化和农机装备的智能化水平仍有 10—20 个百分点的差距。[③]

（3）关键技术短板明显，农业科技转化率偏低。国家第六次技术预测结果显示，我国农业农村领域领跑技术只占 10%，处于并跑和跟跑阶段的技术分别占 39% 和 51%[④]，与发达国家相比，总体上仍然处于"少数领跑、多数并跑和跟跑"的状态。基础研究薄弱、原创性创新能力不强的局面并未发生根本性转变，农业农村科技战略力量不强，科技成果与生产实际应用衔接不紧密问题依然存在。"数据显示，目前我国的科技成果总体转化率最高在 30% 左右，而发达国家高达 60%—70%。"[⑤]我国农业科技应用系统与供给系统之间也缺少有效的信息互通，各主体都缺乏成果转化的主动性和积极性，使得大量农业科技成果未能及时落地应用，造成农业科技成果经济和社会回报率较低。[⑥]农业粗放式发展导致资源环境约束趋紧，产值效率较低，如目前我国农田灌溉水有效利用系数不到 0.6，这与发达国家农田灌溉水的有效利用系数高达 0.7—0.8 相比还有一定的差距。

（4）土地适度规模化经营进展较慢，难以适应智慧农业发展需要。土地是农业生产的基本要素之一，适度规模化、集约化生产的智慧农业，是建立智慧农场的第一步。在我国，土地的所有者是国家和集体，农民拥有承包经营权，根据相关政策，农民在完成确权登记工作后，可依法出租流转承包经营权。政府应在遵

① 农业农村部：去年全国农业科技进步贡献率达到 62.4%，https://m.gmw.cn/baijia/2023-01/18/1303258496.html[2023-06-02]。

② 我国农机装备总量近 2 亿台（套）农作物耕种收综合机械化率超 72%，http://www.cac.gov.cn/2022-12/14/c_1672656821302055.htm[2023-04-25]。

③ 赵春江：促进智慧农业快速发展，http://gdyjzx.gd.gov.cn/zjsd/content/post_3934157.html[2023-04-28]。

④【农业强国光明谈】强化农业科技创新布局，走好农业强国之路，https://kepu.gmw.cn/2022-11/21/content_36176634.htm[2023-01-22]。

⑤ 尹双凤代表：建议全面提高我国高校科技成果转化效率，http://www.ngd.org.cn/jczt/2023qglh/2023lhcy/730e9828d81c4921a4305500b3e1f4d0.htm[2023-05-26]。

⑥ 宁甜甜. 新发展阶段我国智慧农业：机遇、挑战与优化路径[J]. 科学管理研究，2022，40（2）：131-138.

照《中共中央 国务院关于保持土地承包关系稳定并长久不变的意见》①和 2023 年 5 月 1 日起施行的《农村土地承包合同管理办法》等法律法规的基础上，做好政策顶层设计，丰富集体所有权、农户承包权、土地经营权的有效实现形式，促进农村土地资源优化配置，不断完善农村承包地所有权、承包权、经营权分置制度体系。截至 2020 年 11 月，全国农村承包地确权登记颁证超 96%，2 亿农户领到土地承包经营权证，历时 5 年在全国 2838 个县（市、区）、3.4 万个乡镇、55 万多个行政村基本完成承包地确权登记颁证工作。②但正如前文所指出的那样，农户拥有承包权经营权的土地是小块分散分布的，导致智慧农业的农场要想适度规模化经营需要众多农户协商土地流转问题，协商对象较多，土地流转中的协商成本较高，土地适度规模化经营进程缓慢。

（二）智慧农业发展的出路

（1）注重顶层设计，有选择有重点地实现突破。进一步夯实"藏粮于地"与"藏粮于技"的基础，不断创新"藏粮于策"的治理机制。发展智慧农业与现代农业基础设施建设一样面临着周期长，投入多，收益风险大，回报率变数高的问题。由于自身财力有限，各地的实际情况也千差万别，因此对于大多数乡村基层政府和组织来说只能采取以点带面、重点突破的思路与方法。《"十四五"全国农业农村信息化发展规划》提出到 2025 年要在智慧种业、智慧农田、智慧种植等七个方面进行全面突破的任务，但对于不少农村来说只能分步骤、分时序地选择其中一项或部分作为示范性工程。例如，对于牧区来说，首先选取智慧畜牧，同时把智慧农机作为当下甚至是"十四五"时期的重点建设工程。另外，顶层设计还需要着眼未来，科学预测居民的未来需求以对未来农业的发展趋势做出科学判断，"我国城乡居民对绿色农业和多功能农业的需求也将不断增加，农业生产的多功能性和生态农业将成为超越农产品本身的需求，并成为农业发展的新增长点"③。因此，各地基层政府应立足区域农业发展特点，根据不同的气候和地质条件，加强对智慧农业工作的宏观指导，促进智慧农业的相关政策落地实施，鼓励发展适合本地实际的智慧农业模式。

（2）强化智慧农业基础设施建设，降低农业发展成本。乡村的基础设施建设不完善是制约乡村发展、制约智慧农业发展的一大短板。通信、道路、水电、物

---

① 中共中央 国务院关于保持土地承包关系稳定并长久不变的意见，https://www.gov.cn/zhengce/2019-11/26/content_5455882.htm[2020-10-03]。

② 全国农村承包地确权登记颁证超 96% 2 亿农户领到土地承包经营权证，http://www.chinaidr.com/tradenews/2020-11/158190.html[2021-07-09]。

③ 刘旭，李文华，赵春江，等. 面向 2050 年我国现代智慧生态农业发展战略研究[J]. 中国工程科学，2022，24（1）：38-45.

流、运输、储存、加工等方面与现代智慧农业的发展要求还存在较大的差距，这些短板增加了农业生产经营的成本，也导致了农业生产效率的低下。因此，需要积极支持农业基础设施建设，尤其是要重点做好以下几个方面的工作。第一，要提升现代农业装备。通过智能化高端农业设备和关键核心技术工具在农业中的推广与应用，全面提升我国农业的现代化水平。第二，要完善网络信息工程建设。通过进一步加强 5G（fifth generation of mobile communications technology，第五代移动通信技术）基站建设，实现网络通信全覆盖，研发和推广适合农村实际、农业发展和农民使用的软件。第三，要建设县乡村统一的物流网络。乡村物流系统是农产品输出的命脉，特别是对于偏远山区来说，甚至已经成为制约他们发家致富的关键一环。要以县域为单位，统筹规划乡村物流枢纽建设，将农产品的生产、加工、仓储、运输、配送等服务串联起来，形成县、乡、村三级网络。

（3）提高农业研发投入比重，培育更多智慧农业所需人才。据统计，2022年，全社会研究与试验发展经费投入再创新高，突破 3 万亿元，达到 30 782.9 亿元，是全球第二大研发经费投入经济体；从研发经费投入强度看，我国研究与试验发展经费占 GDP 比重从 2012 年的 1.91%持续提高到 2022 年的 2.54%，已处于发展中国家前列；基础研究经费首次突破 2000 亿元，达到 2023.5 亿元，占研究与试验发展经费比重为 6.57%，投入规模继续保持全球第 2 位[①]。但是投入农业研发的比重还偏低，我国农业科技投入占农业生产总值的比重只有 0.71%左右，远低于发达国家 2%—3%的财政投入水平，也远低于全国所有行业平均 2.14%的投入强度。[②]同时要着力培育适应智慧农业发展需要的人才，包括研发的技术骨干以及农业科技的使用和推广人才。进一步推进农业高等教育改革，努力打破学科间的藩篱，倡导"将论文写到祖国农村的大地上"的理念，培育一批跨学科、复合型的农业科技人才；充分利用乡村振兴契机，培养一批懂农业、爱农村、爱农民的"一懂两爱"农业管理人才；逐步推行农民职业资格认证制度，实施"终身教育工程"，造就一批能生产、会管理、懂经营的"新型职业农民"。

（4）加强现代技术应用，夯实智慧农业发展保障根基。第一，要建设智慧农业管理体系。智慧农业的一个重要特征和要求就是有现代的管理体系及机制。现代智慧农业管理体系就是利用"互联网+"的技术实现决策、组织、领导、执行、控制和反馈等环节的全方位、一体化的管理体系，从而大大提升农业发展水平。第二，要加强现代技术应用，降低农地流转交易成本。在坚持和完善农村土地基

---

① 我国基础研究经费首破 2000 亿元：专家详解《2022 年全国科技经费投入统计公报》，https://www.gov.cn/govweb/yaowen/liebiao/202309/content_6904822.htm[2023-10-02]。

② 【两会时间】王静委员：尽快构建完善的农业科研投入机制，https://caas.cn/xwzx/nkyw/67b805956f714d0a9f5d3420207fecbd.htm[2022-06-07]。

本经营制度的基础上，通过现代信息技术的广泛应用积极引导土地承包经营权规范有序流转，推进多种形式适度规模经营和专业化生产，培育多种新型农业经营主体。第三，要构建地方农业物联网综合应用服务平台。智慧农业的本质要求是要实现农业信息的自由流通和共享，这就要求省、市、县、乡和村级组织有效利用现代信息技术搭建好农业信息服务平台，建立信息共享机制。第四，要构建农业大数据安全体系。农业大数据的安全问题已成为一个不容忽视的重要领域，数据虚假、信息异化、数据泄露等不时发生，要求从数据获取、收集、储存、处理及使用方面全方位地建立独立自主的大数据库和安全管理平台。

第四章 乡村"厕所革命"建设行动

中共中央办公厅、国务院办公厅印发的《农村人居环境整治提升五年行动方案（2021—2025年）》指出，"改善农村人居环境，是以习近平同志为核心的党中央从战略和全局高度作出的重大决策部署，是实施乡村振兴战略的重点任务，事关广大农民根本福祉，事关农民群众健康，事关美丽中国建设。……到2025年，农村人居环境显著改善，生态宜居美丽乡村建设取得新进步。农村卫生厕所普及率稳步提高，厕所粪污基本得到有效处理"[①]。该方案从逐步普及农村卫生厕所、切实提高改厕质量、加强厕所粪污无害化处理与资源化利用三个方面提出了扎实推进农村"厕所革命"的要求和措施，同时也指出，"我国农村人居环境总体质量水平不高，还存在区域发展不平衡、基本生活设施不完善、管护机制不健全等问题，与农业农村现代化要求和农民群众对美好生活的向往还有差距"[①]。乡村人居环境涉及农村厕所的改造、生活污水处理、垃圾治理、村容村貌的整体提升等各个方面。鉴于当前农村卫生厕所在提升农村人居环境质量中的特殊地位，本章内容将重点围绕我国乡村"厕所革命"的发展历史、"厕所革命"与乡村振兴的内在关联、"厕所革命"面临的主要困境以及推进路径等几个方面进行深入研究。

第一节 我国乡村"厕所革命"的演进历程

"厕所革命"源起于西方，英文表述为"toilet revolution"。中国的"厕所革命"由来已久，最早可以追溯到民国时期，当时的政府或社团发出了相关号召与倡导，但由于时代的局限，当时的"厕所革命"真正对普通国民实际生活的影响非常有限，而且这一时期"厕所革命"呈现出"运动式"的治理形态[②]，典型的

---

① 中共中央办公厅 国务院办公厅印发《农村人居环境整治提升五年行动方案（2021—2025年）》，https://www.gov.cn/xinwen/2021-12/05/content_5655984.htm[2022-03-27]。

② 刘宝林. 治理学视域下的乡村"厕所革命"[J]. 西北农林科技大学学报（社会科学版），2019，19（2）：28-34.

代表如 1928—1937 年上海市的卫生运动大会。新中国成立后，我国乡村"厕所革命"主要历经了厕所的改良、改造以及"革命"几个主要阶段的演变。

一、乡村厕所的改良阶段

所谓"改良"，本意是指去掉事物的某些缺点，使之更加适合要求，也就是说在大的方向不改变的前提下，通过细枝末节或者局部的改变使某件事物变得更加完美。新中国成立之初，即开展了爱国卫生运动。1952 年 3 月 19 日中央防疫委员会向各大行政区人民政府发布了反细菌战的指示，要求各级人民政府都成立防疫委员会，并按照地理位置把全国划分为紧急防疫区、防疫监视区和防疫准备区，要求各地根据区域不同情况发动群众订立防疫公约，并提出"保护水源，加强自来水管理"以及"保持室内外及厕所清洁"等十二个方面的具体要求。[①]1953 年又提出"改善饮水、合理处理粪便"的要求，并通过爱国卫生突击运动将要求落到实处。经过此次爱国卫生突击运动，全国各地传染病的发病率和死亡率明显降低，老百姓的卫生健康水平有了明显提高，城乡清洁卫生状况呈现出新气象。

1958 年发布的《中央关于在全国开展以除四害为中心的爱国卫生运动的通知》提出"今冬必须在全国各地开始大举进行以除四害为中心的爱国卫生运动"[②]的要求，各地纷纷行动起来，在消灭"四害"的同时，全国各地普遍进行了清除垃圾粪便、修建和改良厕所等工作，蚊蝇滋生等问题得到了进一步的控制。随着爱国卫生运动的深入开展，到了 20 世纪 60 年代在农村地区普遍开展了管水、管粪、改水井、改厕所、改畜圈、改炉灶、改环境的"两管五改"[③]。1973 年 5 月 14 日人民日报社论提出"搞好以'两管五改'为中心的基本建设"，1974 年国务院第 76 号文指出"在农村，要结合生产把水、粪的管理和水井、厕所、畜圈、炉灶、环境的改良……长期坚持下去"。[④]"两管五改"一方面适应了农业生产需要，有利于囤积有机肥料，为促进乡村经济社会发展奠定了一定的物质基础；另一方面，也防止和减少了饮用水源与土壤的污染，对农村防病治病，提升农民群众的卫生健康，治理乡村的环境卫生起到了积极的推动作用。

新中国成立初期到改革开放前的厕所改良运动，充分体现出的是"以群众性的爱国卫生运动为表征的粪便管理"活动，这种由公权力发动民间社会的自上而

① 《当代中国》丛书编辑委员会. 当代中国的卫生事业（上）[M]. 北京：中国社会科学出版社，1986：56.

② 中央关于在全国开展以除四害为中心的爱国卫生运动的通知，http://www.zhzky.com/news/?8461.html [2023-06-21].

③ 胡宜. 送医下乡：现代中国的疾病政治[M]. 北京：社会科学文献出版社，2011：115-116.

④ 迎接世界厕所日系列报道：中国农村厕所革命的历史阶段，https://agri.hainan.gov.cn/hnsnyt/zt/rjhj/rj/ 201912/t20191213_2720637.html[2021-04-28].

下的厕所改良运动，在特定的社会状态下不失为一种有效的建设方式，也取得了前所未有的成效。但是这种"运动式"改良深受时空的限定，随着时代的发展乡村厕所建设也必须改变原有的理念、方式和方法。

二、乡村厕所的改造阶段

自改革开放以来到党的十八大召开之前，我国"乡政村治"格局的形成和发展，特别是新农村建设的深入推进，为乡村厕所的改造带来了新的要求和动力。乡村厕所的改造基本可以划分为以下两个主要阶段。

第一个阶段就是改革开放至 20 世纪末期，体现的主要是以乡村初级卫生保健为特征的卫生厕所改造。早在 20 世纪七八十年代初，全国范围内就掀起了"沼气化"运动，沼气池如雨后春笋般在全国各地兴起。这种沼气池大多是与户用厕所、禽畜圈关联的，即"三联通沼气池"。但是这种粗放式建造、管理和经营的缺少专业技术指导的沼气池问题重重，大多也中途"夭折"。1990 年，在《关于我国农村实现"2000 年人人享有卫生保健"的规划目标（试行）》中明确将卫生厕所的普及率列为初级卫生保健指标。1991 年，《全国爱国卫生工作十年规划及八五计划纲要》提出，所有城镇、农村的各学校都要求普及卫生厕所；不同经济发展水平地区农村卫生厕所普及率到 1995 年达到 20%—50%，到 2000 年达到 35%—80%。1996 年，从第九个五年计划开始，我国又将农村改厕列入国家经济社会发展规划[1]，由此我国乡村掀起了一场轰轰烈烈的"厕所改造运动"。

第二个阶段是从 21 世纪初至党的十八大召开，这一阶段的主要特征就是农村厕所建设运动与新农村建设紧密联系在一起，乡村的厕所改造工作成为我国社会管理的主要场域。2002 年中共中央、国务院联合印发的《关于进一步加强农村卫生工作的决定》[2]，将改水和改厕列为整治农村环境卫生，预防疾病和促进文明村镇建设的重点；2004 年中央"一号文件"《中共中央 国务院关于促进农民增加收入若干政策的意见》[3]从进一步加强农业和农村基础设施建设的角度，强调了改水改厕；2005 年中央"一号文件"《中共中央 国务院关于进一步加强农村工作提高农业综合生产能力若干政策的意见》[4]则强调推动改水改厕等农村环境卫生综合治理；2006 年中央"一号文件"《中共中央 国务院关于推进社会主义新农村

---

① 农村"厕所革命"大事记（1949—2019）[J]. 农村工作通讯，2019，（20）：8-15.

② 中共中央 国务院关于进一步加强农村卫生工作的决定，https://www.gov.cn/gongbao/content/2002/content_61818.htm[2022-07-18]。

③ 中共中央 国务院关于促进农民增加收入若干政策的意见，http://www.ce.cn/xwzx/gnsz/szyw/201201/30/t20120130_23027787.shtml[2023-11-19]。

④ 中共中央 国务院《关于进一步加强农村工作提高农业综合生产能力若干政策的意见》，http://www.crnews.net/zt/jj2022nzyyhwj/lnyhwj/944834_20220221014507.html[2023-01-01]。

建设的若干意见》①再次从加快乡村基础设施建设的维度，指出以沼气池建设带动农村改圈、改厕、改厨；2009 年，作为重大公共卫生服务项目，农村改厕被纳入"医改"项目；2010 年，全国范围的城乡环境卫生整洁行动启动，农村改厕被列为重点工作。2004—2013 年底，中央累计投入 82.7 亿元，改造农村厕所 2103 万户，全国农村卫生厕所普及率达 74.09%。②

三、乡村厕所的"革命"阶段

新一轮"厕所革命"是经国家领导人亲自指示，旅游行业带头，国务院相关部委联合推动开展，积极融入乡村振兴战略的一次系统建设行动。其实，早在 20 世纪 80 年代末，已有有识之士大力主张在中国推进一场"厕所革命"③，到了 90 年代初，"公厕革命"首次进入了公共媒体的讨论范畴，但直到党的十八大以后才推动真正意义上的"厕所革命"。从技术上看，"厕所革命"是指涉及厕所污染物的收集、贮存、运输、处理、处置、利用等过程的生态链工程，强调物质、能量系统、污染物处理、污水回用的闭路循环④；从目标和方向上来看，乡村"厕所革命"从新中国成立后提出的防病、防疫、无害化等侧重于外延的建设要求，上升到乡村振兴战略要求的生态宜居、乡风文明、治理有效等内涵建设的高度。

2014 年 12 月，习近平在江苏镇江考察调研时就指出，厕改是改善农村卫生条件、提高群众生活质量的一项重要工作，在新农村建设中具有标志性；2015 年 7 月，习近平在吉林延边考察调研时，要求将"厕所革命"推广到广大农村地区，习近平强调，随着农业现代化步伐加快，新农村建设也要不断推进，要来个"厕所革命"，让农村群众用上卫生的厕所；2016 年 8 月，在全国卫生与健康大会上，习近平充分肯定"厕所革命"的重要意义和成果，提出持续开展城乡环境卫生整洁行动，再次强调要在农村来一场"厕所革命"；2017 年 11 月 20 日，习近平主持召开十九届中央全面深化改革领导小组第一次会议，审议通过了《农村人居环境整治三年行动方案》，其中一项主要任务就是继续推进农村改厕工作。⑤。2018 年 5 月，习近平在全国生态环境保护大会上强调"要持续开展农村人居环境整治

① 2006 年中央一号文件：中共中央 国务院关于推进社会主义新农村建设的若干意见，http://www.moa.gov.cn/ztzl/yhwj/wjhg/201202/t20120214_2481239.htm[2013-09-08]。

② 佚名. 我国厕所改革主要历程[J]. 人民论坛，2018（10）：115.

③ 朱嘉明. 中国：需要厕所革命[M]. 上海：三联书店上海分店，1988：1-5.

④ 沈峥，刘洪波，张亚雷. 中国"厕所革命"的现状、问题及其对策思考[J]. 中国环境管理，2018，10（2）：45-48.

⑤ 民生小事大情怀：记习近平总书记倡导推进"厕所革命"，https://www.gov.cn/xinwen/2017-11/29/content_5243035.htm[2019-08-13]。

行动，打造美丽乡村，为老百姓留住鸟语花香田园风光"①。2019 年 7 月 16 日，习近平在内蒙古考察并指导开展"不忘初心、牢记使命"主题教育时指出，"乡村振兴了，环境变好了，乡村生活也越来越好了。要继续完善农村公共基础设施，改善农村人居环境，重点做好垃圾污水治理、厕所革命、村容村貌提升，把乡村建设得更加美丽"。②

中共中央、国务院印发的《"健康中国 2030"规划纲要》③中指出要加快无害化卫生厕所建设，力争到 2030 年，全国农村居民基本都能用上无害化卫生厕所。《"十三五"卫生与健康规划》中提出，到 2020 年，"农村卫生厕所普及率达到 85%以上"④。2018 年中央"一号文件"提出农业农村农民问题是关系国计民生的根本性问题；乡村振兴，生活富裕是根本；持续改善农村人居环境，坚持不懈推进农村"厕所革命"，大力开展农村户用卫生厕所建设和改造，同步实施粪污处理。2018 年中央农村工作会议强调要抓好农村人居环境整治三年行动，从农村实际出发，重点做好垃圾污水处理、"厕所革命"、村容村貌提升。2018 年 2 月，中共中央办公厅、国务院办公厅印发了《农村人居环境整治三年行动方案》⑤，将"开展厕所粪污治理"作为其重点任务之一，并且"鼓励各地结合实际，将厕所粪污、畜禽养殖废弃物一并处理并资源化利用"。2019 年中央"一号文件"《中共中央 国务院关于坚持农业农村优先发展做好"三农"工作的若干意见》要求"全面推开以农村垃圾污水治理、厕所革命和村容村貌提升为重点的农村人居环境整治"⑥。2020 年中央"一号文件"提出"分类推进农村厕所革命，东部地区、中西部城市近郊区等有基础有条件的地区要基本完成农村户用厕所无害化改造，其他地区实事求是确定目标任务"的要求；2020 年 11 月 27 日发布的《国务院关于深入开展爱国卫生运动的意见》对农村改厕问题做出了重要具体安排，强调要"全面推进厕所革命。扎实推进农村户用卫生厕所建设改造，引导农村新建住房配套建设卫生厕所，人口规模较大村庄配套建设公共卫生厕所，强化管理维护，逐步

———————————

① 习近平出席全国生态环境保护大会并发表重要讲话，https://www.gov.cn/xinwen/2018-05/19/content_5292116.htm[2019-07-08]。

② 习近平在内蒙古考察并指导开展"不忘初心、牢记使命"主题教育，https://politics.gmw.cn/2019-07/16/content_33004188.htm[2020-07-16]。

③ 中共中央 国务院印发《"健康中国 2030"规划纲要》，https://www.gov.cn/zhengce/2016-10/25/content_5124174.htm[2017-11-05]。

④ 国务院关于印发"十三五"卫生与健康规划的通知，https://www.gov.cn/zhengce/content/2017-01/10/content_5158488.htm[2018-03-04]。

⑤ 中共中央办公厅 国务院办公厅印发《农村人居环境整治三年行动方案》，https://www.gov.cn/zhengce/2018-02/05/content_5264056.htm[2018-05-19]。

⑥ 中共中央 国务院关于坚持农业农村优先发展做好"三农"工作的若干意见，https://www.gov.cn/gongbao/content/2019/content_5370837.htm[2020-01-20]。

扩大厕所粪污无害化处理和资源化利用覆盖面"①。2021 年中央"一号文件"提出"实施农村人居环境整治提升五年行动"。2022 年中央"一号文件"要求"接续实施农村人居环境整治提升五年行动"。2023 年中央"一号文件"提出"推进厕所粪污","持续开展爱国卫生运动"以及"扎实推进农村人居环境整治提升"等重点工作。截至 2021 年底，全国农村卫生厕所普及率超过 70%。其中，东部地区、中西部城市近郊区等有基础、有条件的地区农村卫生厕所普及率超过 90%。2018 年以来，累计改造农村户厕 4000 多万户。②

第二节　"厕所革命"与乡村振兴

农村改厕带来的不仅是"面子"的美观，更是"里子"的文明。小厕所，大文明；小厕所，大民生。农村厕所改造折射出新时代农民群众生活方式的改变和环境卫生理念的提升，是一项普惠群众的民心工程，也是推进农村人居环境整治的重要突破口和抓手，它与乡村振兴战略有着内在的必然联系。

一、"厕所革命"是产业兴旺的重要抓手

"没有大粪臭，哪有五谷香"以及"庄稼一枝花，全靠肥当家"之类的说法，都充分反映了我国古代农耕文明中农业生产对粪便的依赖。在我国，由于深受"天人合一"以及"物尽其用"等传统文化的影响，老百姓把农业生产与日常生活紧密地联系在一起。从西周时人们就开始探索粪便与土地肥力的关系，战国时已经掌握粪便堆肥技术，汉代便有"美粪良田"的说法，甚至到了 20 世纪末 21 世纪初，粪肥依旧成为很多偏远地区农民耕种的重要法宝。粪肥的充分利用除了可以节省购买化肥的直接支出外，更为重要的一点就是真切地体现了农民群众对于"农家肥"的深厚情感。但是在乡村一直采用简单的处理方式，导致粪便利用率不高的同时，更为严重的是污染了水源、土壤等，影响了农村正常的生产经营活动和农民正常的生产生活，危害了农村的公共卫生尤其是农民的身心健康。因此，粪污处理方式的变革才是符合生态文明建设要求的厕所治理的治本之策，只有通过高效资源化实现粪污回归土地，才是"厕所革命"的终极目标③。"厕所革命"的

---

① 国务院关于深入开展爱国卫生运动的意见，https://www.gov.cn/zhengce/content/2020-11/27/content_5565387.htm[2021-03-21]。

② 全国农村卫生厕所普及率超过 70%，https://www.gov.cn/xinwen/2022-06/28/content_5698070.htm[2023-10-17]。

③ 郝晓地，张健. 污水处理的未来：回归原生态文明[J]. 中国给水排水，2015，31（20）：1-7.

推行，一个重要的目标就是要更加有效地延伸并利用好人类排泄物的"产业链"，为相关产业发展提供物质能源支持和良好的生态环境。

二、"厕所革命"是生态宜居的重要元素

2019年5月20日，习近平在赣州视察时强调，"要加强乡村人居环境整治和精神文明建设，健全乡村治理体系，使乡村的精神风貌、人居环境、生态环境、社会风气都焕然一新，让乡亲们过上令人羡慕的田园生活"[①]。美丽乡村最直观的就是呈现在我们眼前的绿树成荫和整洁的村容村貌，但是生态宜居不仅应该具备良好的视角感受，还应该具有良好的听闻感受，不一定处处是鸟语花香，但一定不宜出现臭气冲天、"蝇歌蚊舞"的局面。千百年来，我国农村以旱厕为主的厕所设施极其简陋，没有下水和蹲便器，味道重，废物随意排放，污染河流和空气，苍蝇满天飞、蛆虫满地爬。"农改厕"通过安装下水道以及其他特定的方式将废物收集起来，统一进行资源处理，排放到农田等地区用作肥料处理，能够有效地避免河流污染以及土壤污染，达到资源的循环利用，实现可持续发展，打造出天蓝、地绿、水清的绿色宜居的村容村貌，助力生态宜居的建设。

三、"厕所革命"是乡风文明的重要体现

乡风是指特定乡村人们的信仰、观念、操守、爱好、礼节、风俗、习惯、传统和行为方式的总和，具有凝聚、整合、同化、规范农村社会群体行为的功能。[②]但是在大多数情况下，我们所指的乡风文明更多的是指一种人际关系，包括家庭成员内部之间的关心和爱护、邻里之间的相互尊重和帮扶、村民与外地人员之间的友好交往等，但是这些归根结底都是以个人素质的全面提升为基础和前提条件的。乡风文明取决于个人文明，个人文明的重要内容包含了个人的卫生健康文明。个人卫生健康文明与个人的隐私有着极大的关系，但在很多人看来，"如厕"纯属个人私事，这与是否文明没有必然的联系。然而，随着时代的发展，我们在充分尊重个人隐私的同时，个人文明却必须与他人和环境的卫生健康有机结合起来，这样的个人文明才值得肯定和尊重。乡村公共厕所的建设，在很大程度上将重塑村民间的人际关系格局，进一步促进新时代村民间的交往和互信，正如费孝通先生所言，"在乡村社会中村民更重视的并非有法律保障的契约，而是相互交往过程中逐渐形成的村民之间的信任感"[③]。"厕所革命"所提倡的不仅是尊重个人隐私、

---

① 在加快革命老区高质量发展上作示范　在推动中部地区崛起上勇争先描绘好新时代江西改革发展新画卷[N]. 赣南日报，2019-05-23（2）.

② 王铭铭，杨清媚. 费孝通与《乡土中国》[J]. 中南民族大学学报（人文社会科学版），2010，30（4）：1-6.

③ 费孝通. 乡土中国　生育制度[M]. 北京：北京大学出版社，1998：10.

保护个人卫生健康，更是从整体上维护乡村的卫生环境、促进村民的身心健康、加深村民之间的交往和理解，从而在深层次上提升乡风文明水平。

四、"厕所革命"是治理有效的重要检验

小厕所，大智慧。从新中国成立后的厕所改良到厕所改造，再到党的十八大以来推行的"厕所革命"，不仅是新技术的运用，是理念的革新、灌输和普及，更是以政府为主体的公共组织在乡村现代治理中治理效果的真实检验。"厕所革命"是系统性工程，如果仅是局限于卫生间内的革命，这种变革的效果不可持续。传统改厕模式注重的是厕所内部的"改"，而没有以系统的观点审视厕所外部的"治"。"厕所革命"不仅要加强如厕的舒适性、实用性和愉悦性，更要注重对粪污的无害化处理和资源化利用，从而形成强大合力，为生活—生态复合系统增利。[①]由于我国各地资源禀赋差异大、地理环境多样，尤其是几千年形成的乡村"厕所文化"成为实现"厕所革命"的重要障碍。地方政府和村级组织如何充分发动村民积极支持、参与"厕所革命"，考验的是管理者的治理智慧；乡村要在规定时间内完成制定的目标，考验的是管理者的治理水平；能让建好的厕所，真正发挥作用，维护好使用好，考验的是管理者的治理效能。因此，"厕所革命"成效如何，将成为检验乡村振兴中相关组织和管理者治理有效性的重要标尺。

五、"厕所革命"是生活宽裕的重要内容

生活宽裕需要有物质生活的富足，也要有精神生活的富有。与猪（牛羊）圈二合一的厕所、与猪（牛羊）圈分设的厕所以及建在居室中的厕所构成我国农业文明时期的三种最基本的厕所类型。当然，无论何种类型的厕所其主要功能除了供人类"方便"之外，其主要目的都是为了积肥，都是为了更好地发展农业生产，为粮食增产增收提供基本的物质支持。随着时代的发展和人民群众生活水平的提升，推进农村"厕所革命"就成为必然要求。首先，乡村"厕所革命"在很大程度上可以节约用地，增加农民可种植的土地，提升农民收入。以往基本都是每家每户在附近的山地、荒地或农田里开辟一块地方作为简易厕所，虽然占地不过十来平方米，但是我国农户基数大，全国厕所占地还是相当"可观"的。其次，进行农村"厕所革命"还可减缓传统旱厕造成的水源污染以及土地污染，进行资源整合，提升水资源利用效率，形成可循环式发展模式，为发展其他新兴产业提供资源基础。最后，"厕所革命"为农民的卫生健康起到了很好的保驾护航的作用。以往由于不卫生的环境不少村民染上了各种疾病，因病致贫成为制约农民

---

① 褚家佳. 生态文明视角下"厕所革命"研究：演进、动因与启示[J]. 经济论坛，2020（11）：121-128.

群众发家致富的一个重大因素，随着"厕所革命"的推进，农民的生活环境大大改善，农民的生活健康系数不断提升，不仅节省了医药费的支出，更重要的是带来了身心的愉悦。因此，"厕所革命"是物质和精神层面农村群众生活宽裕的重要内容。

第三节　乡村"厕所革命"建设行动的困境与出路

"小康不小康，农厕是一桩。"①"厕所革命"是一项改善如厕设施和环境的民生工程，同时也是一场文化观念和文明的革命，更是一场技术创新的革命。②2017 年 11 月，习近平在充分肯定旅游系统推进"厕所革命"成绩的同时，做出了"厕所问题不是小事情，是城乡文明建设的重要方面，不但景区、城市要抓，农村也要抓，要把它作为乡村振兴战略的一项具体工作来推进，努力补齐这块影响群众生活品质的短板"③的重要指示。由于城乡之间存在的历史和现实差别，与城市相比广大乡村的"厕所革命"还面临着更多的短板，需要采取切实有效的措施尽快加以补齐。

一、乡村"厕所革命"面临的主要困境

（一）乡村"厕所文化"现代性不足

何谓"厕所文化"，民间认为它是如厕者在厕所墙壁、门板等载体上留下的各种图文等物质痕迹资料的总和。现代意义上的"厕所文化"至少应该包含以下几个要素。一是厕所建筑物本身构造和内外设备的配置与安装方面。在建筑物的本身构造方面，是否能体现中国风格、中国元素？在内外设备的配置与安装方面，是否能体现"以人为本"的原则和精神？二是体现在如厕者对厕所软硬件设施的内心感受。厕所最原始和最本质的功能就是为如厕者提供"方便"，但是，由于每个如厕者的行为习惯不同，从而导致厕所的位置设置、内部构造甚至外部环境都会给他们带来不同的心理感受；三是厕所自身以及人类排泄物与外在环境间的关系和谐度。厕所不仅是为如厕者提供"方便"的场域，现代意义的厕所则包含了

---

① 新华时评：小康不小康 农厕是一桩，https://www.gov.cn/xinwen/2018-12/05/content_5345889.htm[2019-10-02]。

② 新华社. 习近平近日作出重要指示强调 坚持不懈推进"厕所革命"努力补齐影响群众生活品质短板[N]. 光明日报，2017-11-28（1）.

③ 习近平作出重要指示强调：坚持不懈推进"厕所革命"[N]. 光明日报，2017-11-28（7）.

如厕后系列环节的处理。比如，排泄物的处理与再利用、污水与土壤水源的关系等。但从目前大多数农民对"厕所文化"的理解来看，"方便"成为第一乃至主要的诉求，至于厕所的文化元素甚至与生态的关系，则往往没有得到厕所设计者和使用者更多的重视。

（二）乡村基础设施的脆弱性

为何要提出"厕所革命"？为何原有的厕所改良和改造都难以彻底改变乡村的厕所问题？这也从一个侧面说明了厕所问题的解决是一个系统性工程，需要有良好完备的基础设施作为支撑。但是目前我国乡村社会事业的发展不均衡，有些乡村达到甚至超越了发达国家水平，如 5G 通信基站的建设，但有些还处于比较落后的阶段。比如，乡村地下污水排放和处理工程，很多地方都是一片空白。支撑着现代厕所文明的基础设施脆弱性的特点决定着我国乡村厕所文明在未来较长一段时期内也不可避免会出现脆弱性的特征。如果我们不把厕所问题局限于"卫生间"及其周边的那些有限的事项，而是把它与更为庞大的废水处理系统，与中国社会的水资源、水环境，与中国社会的公共性缺失等问题相互联系起来，那么，厕所问题其实乃是中国社会总问题的冰山一角，眼下的"厕所革命"之于中国社会而言，还是有很漫长的路程要走。[①] 由于很多乡村并没有建立统一的通水工程（更多的是农户自己私接水管，引流山泉作为生活用水），更没有统一的污水处理管道和污水处理站，不少农户只把厕所前端建成了相对文明的场景，而中端特别是末端则又有回归传统厕所的迹象，甚至还有一些农户直接把排泄物排放到农田、池塘甚至小溪河流里，这种处理方式及带来的危害与以往的旱厕相比有过之而无不及。

（三）乡村组织的动员能力不足

既然是"革命"，也就意味着这是一场彻底的革新工程，需要自上而下的组织，更需要自下而上的参与，只有形成强大的合力，才有可能取得"革命"的成功，"厕所革命"也不例外。"乡政村治"治理格局历经四十多年的发展，极大地提高了基层群众民主政治参与意识，提升了他们自我管理和自我服务的能力。但与此同时，由于我国多年来的城市化建设，城乡差距拉大，不少乡村"精英"离土甚至离乡，致使村级组织的干部队伍难以推选出本乡村最有能力的人选，导致治理水平的下降。时至今日，城镇化发展的步伐依然在不断吸引乡村的精英离开故土，投入城镇化建设的热潮中。另外，市场经济对乡村原有经济组织形式的冲击，在

---

① 周星，周超."厕所革命"在中国的缘起、现状与言说[J]. 中原文化研究，2018，6（1）：22-31.

一定程度上也弱化了 20 世纪六七十年代那种"无私奉献"的精神。当前农村现存的不少水利工程，如水库、水渠都是当时许多村民（那时被称为"社员"）"不计报酬"的付出，而且村民几乎都可以被调动到与自己没有直接利害关系的地域去建设工程项目。但现在农业基础设施的建设更多的是需要靠相应的物质条件才能有效推动，即便是家门口的水泥路修建和硬化等劳力的付出也往往需要给予相应的物质报酬。

（四）乡村资源禀赋差异性大

首先是地理环境的差异，我国不同地区形成了不同地形、地貌、气候、降雨等条件。例如，我国北方尤其是西北地区，气候干旱，缺雨少水是常态，因此存在大量传统的露天旱厕，厕改进程大幅度地落后于全国平均水平；而到了南方，由于水源相对充足，按照现有标准，"厕所革命"就推进得相对顺利。另外，各地经济社会发展水平的差异也是明显的，东中西部乡村发展悬殊是不争的事实。例如，2021 年 11 月 23 日我国宣布全部脱贫摘帽的 832 个国家级贫困县中，除了河北的 45 个，海南的 5 个属于东部地区外，其余的全部在中西部和东北地区，尤其是西部地区共有国家级贫困县 568 个，占全国总数的 68.27%。[①]厕所的改建、保养和维护需要一大笔资金。厕所改造由中央拨付部分补贴资金，建立"一户一档"，各地可以根据实际情况，统筹考虑区域经济发展水平、财力状况、基础条件等，结合阶段性改厕工作计划，因地制宜确定具体奖补标准。比如，《赣州市"十四五"农村厕所革命实施方案》规定："采取以奖代补、先建后补的方式，对农村新建户厕按照不少于 800 元/座的标准给予补助，对农村问题户厕整改给予不少于 500 元/座的标准给予补助。"[②]但在正常情况下，如果按照最基本的标准，农户新建一间厕所总造价一般都不会低于 2000 元，由于中央财政补助有限，地方财政相对困难，农户经济发展水平也参差不齐，农村"厕所革命"出现了"上热""中温""下冷"的现象，工期难以推进、标准难以执行、效果难以达到。

二、推动乡村"厕所革命"的出路

（一）培育现代卫生健康理念，营造良好的"厕所文化"

物质文明看厨房，精神文明看茅房。"厕所革命"是伴随着中国社会从农耕文明向工业文明、从乡土社会向都市社会转型过程中所出现的社会问题，它作为衡

---

① 全国 832 个贫困县名单，https://nrra.gov.cn/art/2014/12/23/art_343_981.html[2017-09-17]。
② 关于印发赣州市"十四五"农村厕所革命实施方案的通知，https://www.ganzhou.gov.cn/zfxxgk/c100269/202111/479cbef8dffa48d7b19cbf1845b8f334.shtml[2022-06-07]。

量一个国家和地方文明程度的重要标志，厕所文明的推进必须以厕所文化的优化为依托。"革命"要成功，思想得先行，推进"厕所革命"就"要注意把尊重农民传统习俗文化和引导改变农民不卫生的生活习惯相结合"[①]。从某种意义上来说，"厕所革命"是一场思想领域的建设行动，虽然它是通过具体的物质形态呈现出来，但它却内含了极大的"个人隐私"的元素，而且与千年的如厕文化紧密相连。因此，要培育农民的现代卫生健康理念，营造乡村良好的厕所文化，需要做好以下几个方面的工作。

（1）政府和社会组织要通过多种形式科普"厕所革命"的知识。可以用鲜活的事例，通过墙报、宣传画、宣传车、手机报、微信群等多种形式来宣传、灌输厕所改建的重要价值。比如，通过图文和动画向村民普及有关痢疾传播的案例：痢疾的传播途径有粪、口、水源和苍蝇等，对于这种具有传染性的痢疾，应积极采取行动控制其传播，搞好水、粪隔离，管理饮食，消灭苍蝇等；经过无害化处理的厕所粪便会大大减少苍蝇的产生、减少对水源的污染，从而大大减少传播疾病的发生。另外，也可以使用数据来宣传。比如，在强化村民的卫生健康意识和习惯时，下列这组数据很能说明问题：2020年中国细菌性和阿米巴性痢疾发病数量为57 820例，死亡2例；细菌性和阿米巴性痢疾发病率为4.1187/10万，死亡率为0.0001/10万[②]。

（2）要充分发挥城市"乡村人"的示范带头作用。这里的"乡村人"主要是指长期在城市务工人员，在高校学习的大学生，以及部分在城市定居工作但不少亲属仍然留在乡村的人员。他们亲身体验了城市现代厕所带来的卫生健康，在内心深处产生了一种对现代厕所的向往和依赖，他们对于厕所文化有了感性和理性的定义。他们也往往作为乡村的"优秀代表"而受到村民的认可、尊重和推崇，他们的一言一行很容易成为村民的准则，因此需要更好地发挥这些"乡村人"的示范、引领、宣传和教育作用。

（二）拓展融资渠道，确保资金到位

无论是"厕所革命"的规划制订、落实建设还是管理维护都牵涉到不同利益群体，需要投入大量的资金、人力和物质资源。资金的匮乏成为乡村振兴的一个极其重要因素，也是"厕所革命"推行中的一个"拦路虎"。只有确保足够的投入，才能有效推进乡村厕所本身及相应配套设施的建设。

（1）要全面落实好"厕所革命"的财政奖补政策。2019年4月财政部、农

---

① 张琦，王海侠. 小厕所，大民生[N]. 光明日报，2021-07-31（11）.

② 柴嫱嫱，刘艳萍. 中西部地区农村改厕对农村居民健康水平的影响机制研究[J]. 农学学报，2022，12（2）：85-91.

业农村部发布通知，明确从 2019 年起，组织开展农村"厕所革命"整村推进财政奖补工作。中央财政安排资金，用 5 年左右时间，以奖补方式支持和引导各地推动有条件的农村普及卫生厕所，实现厕所粪污基本得到处理和资源化利用，切实改善农村人居环境。[①]奖补政策主要用来补助"厕所革命"落实环节中产生的费用，且侧重奖励上年完成任务的村和户，兼顾补助当年实施的村和户。因此，各级政府要高度重视该项工作，抓住机遇，积极争取奖补资金，发挥奖补资金的激励和导向作用，从而推动农村"厕所革命"的具体落实。同时，各级政府还有必要设立"厕所革命"的专项资金，发挥专项资金的兜底作用，从而在资金上保障厕所改造工程顺利推行。

（2）要积极引导社会资本的参与。总体来说，中国农村厕所改造过程过于依赖政府这毫无疑问会加剧地方财政负担，也不利于其他惠民工程的统筹开展。[②]乡村"厕所革命"资金缺乏，除了中央和地方财政受限外，还有一个重要的原因就是社会资本进入程度低。社会资本进入意愿不强，说到底就是因为农村厕所项目的收益过低甚至入不敷出。例如，在城市，很多公共厕所几乎都有广告商设置的播放设备，但在农村的公厕由于运行和管理成本太高、受众人数太少而无法吸引相关公司进行投资。因此，需要在坚持当前我国农村"厕所革命"由政府主导模式的基础上，采取灵活有效的措施大力引进社会资本，让社会资本参与改厕原材料的提供、修建以及后续管理和服务等环节。为了让企业甚至个人资本愿意投入乡村的"厕所革命"建设行动中，在工作中就必须有所创新。比如，通过打造农村"厕所革命"的样板性工程，带动关联企业的科技进步和发展壮大，甚至还可以通过区域项目发展捆绑等方式，将农村道路改扩建、垃圾处理、公厕保洁甚至种养殖业等多项业务打包，形成一个复合项目包以增加总收益。

（三）遵循基本标准，因地制宜稳步推进

没有规矩，不成方圆。厕所建设也是需要有一定的要求和标准的。联合国于 2000 年提出了"生态厕所"的概念，是以减少水消耗为特点，以废物能转变为有用的资源、对环境不造成污染为特征，并且是无臭、安全卫生的厕所。其核心思想是水资源和营养物质在人类社会和经济的发展中以闭合循环的方式运行，并以安全、经济、可靠的方法来完成这一闭合循环，以达到保护和节约使用有限的水资源，同时实现营养物质资源化的目的。我国对农村厕所制定了相应的建设标准。

---

① 中央财政奖补促"厕所革命"整村推进，http://www.gov.cn/xinwen/2019-04/19/content_5384430.htm [2019-06-16]。

② 李婕，王玉斌，程鹏飞. 如何加速中国农村"厕所革命"？——基于典型国家的经验与启示[J]. 世界农业，2020（10）：20-26.

2012 年卫生部、国家标准化管理委员会对农村户厕相关卫生标准进行了进一步规范，发布了《农村户厕卫生规范》（GB 19379—2012）替代原有版本，随后数年相继发布了多个导则和规范，如《农村生活污水处理导则》（GB/T 37071—2018）、《农村三格式户厕建设技术规范》（GB/T 38836—2020）和《农村集中下水道收集户厕建设技术规范》（GB/T 38838—2020）等。

（1）要制定厕所改造的"乡村标准"。这里所指的"乡村标准"不是指每个村、每个乡甚至每个县都必须制定自己的标准，而是要求各级地方政府在制定改厕标准或规范时不要采取"一刀切"的方法，尽量做到因地制宜。目前我国很多地方从省级层面出台了农村厕所改造的地方标准、规范、指南或技术导则，如北京市在 2018 年发布了《农村公厕、户厕建设基本要求》（DB 11/T 597—2018）、湖北省 2022 年发布了《农村无害化厕所建造技术指南》（DB 42/T 1495—2022）、重庆市 2021 年出台了《农村户用卫生厕所建设及粪污处理技术规程》（DB 50/T 1137—2021）等。相比我国旅游景区的公共厕所有较全面的建设方案参考，农村改厕的设计方案大都千篇一律，缺乏精细化设计，导致在建设中难以被采纳，农户也不大乐意接受。因此，有条件的地方可以在遵循上级基本要求和标准的基础上，结合当地地理环境、人文环境和经济社会发展环境，出台既符合标准又体现地方个性化需求的厕所改建标准。"十四五"期间要坚持"因地制宜推进农村厕所革命。加强中西部地区农村户用厕所改造，引导新改户用厕所入院入室。合理规划布局农村公共厕所，加快建设乡村景区旅游厕所。加快干旱、寒冷地区卫生厕所适用技术和产品研发"[①]。

（2）要科学适时调整建设方案。我国国土面积大，乡村差异性也大，同时我国处在一个快速发展变化的时期，信息的瞬息万变，科技的飞速进步都时刻影响着乡村的发展和村民的需求变化。因此，不同地区在"农改厕"推进过程中在遵循基本要求和规范的基础上，要根据当地的基础设施建设完善度来适时调整相应建设方案，以提升改厕质量为要求，以满足人民需求为目标，稳步推进改厕进程。比如，在经济状况发展好，基础设施相对完善，而且多数农民家庭已有或有条件配备下水道处理系统的一些地区，不需要推翻原有的设施，可以依托原有设施，推广完整上下水道水冲式厕所。在缺少水资源、生态环境脆弱的广大西北地区，可以尝试推广通风改良式厕所，最大限度地保护原本脆弱的生态系统。对于那些基础设施相对落后，或暂时无法配备完整排污系统，但是水资源却相对充裕的地方，如我国的西南地区甚至中部地区的一些农村可以考虑暂时采用三格化粪池或双瓮漏斗式新型厕所，待条件成熟后再提高标准。

---

① 国务院关于印发"十四五"推进农业农村现代化规划的通知，https://www.moa.gov.cn/govpublic/FZJHS/202202/t20220211_6388493.htm[2022-06-07]。

（3）要科学布局好乡村公共厕所的建设。整体而言，由于受到人口数量等因素影响，乡村的公共厕所在数量上不多见，在质量上也完全无法与城市公共厕所相媲美，特别是在后续管理和服务方面基本上还停留在"无人问津"的局面。但乡村的公共厕所也是"厕所革命"中不可或缺的一环，公共厕所是典型的纯公共物品，坚持"为人民服务"的思想是厕所改革的首要定位，必须以服务的理念对公共厕所加以改善，充分考虑村民的真实想法，听取村民的利益诉求，从而使乡村的公厕能更好地服务村民。乡村公共厕所的建设主要需要考虑以下几个区域：第一，村庄人口聚集的区域，如村委会、学校附近或村落的中心地段，一般都是人口较为密集的地方，在此区域建立公共厕所能够为办事村民提供方便；第二，文体活动中心，如文化礼堂、科普场馆等，特别是到了周末或节假日人口会相对聚集；第三，旅游区域，一方面方便了外来游客，同时也展示了乡村的发展文明；第四，针对常住人口少、建立高标准私家厕所的经济条件还不太成熟的，且这些家庭又聚居在相邻地域，可以考虑建设一个公共厕所，在未来一段时间过渡使用。

（四）创新治理格局，强化厕所的全周期管理

厕所不同于一般的设施，它几乎只要使用过就需要及时处理和维护，就存在资源的消耗。如何建设好、使用好、维护好，如何发挥其经济生态效能都是很大的考验，需要创新管理体系，提升治理效能。

（1）组建厕所协会等民间自治团体。总部设在新加坡的世界厕所组织（World Toilet Organization）的口号是"关注全球厕所卫生"（involving toilets and sanitation globally），世界厕所组织有来自 177 个国家的 477 个国际会员，如新加坡厕所协会、日本厕所协会、芬兰厕所协会、美国公厕小便恐惧症候群协会、北京市文化和旅游局都是其会员。根据目前大多数国家的厕所协会章程，厕所协会的主要职能有：受政府委托对公共厕所进行管理和维护、为厕所的建设提供援助、对公共厕所品质进行认证、促进公共厕所开发、组织各种关于公共厕所的研讨会、征集关于公共厕所的设计和创意、对全国的公共厕所实施等级制度并制定评价标准进行评定等。根据世界各国公共厕所的管理经验，我国农村厕所改造可以在本地政府的帮助和指导下，组成类似厕所协会的民间自治团体，协助政府对农村厕所实行后期管理和监督工作，并及时收集农民的反馈意见，以真正实现厕所改造的目的。

（2）组织动员农民群众参与"厕所革命"。发挥村级组织和村民的作用，尤其是村党支部书记、村委会主任"一肩挑"的作用，通过当地的群团组织，吸纳动员更多村民积极参与"厕所革命"。基层政府和村级组织要把村干部、各类理事会、红白事协会等各方力量整合起来，汇聚推动工作的合力。有学者对江西赣州农村的人居环境整治工作进行了深入调研，总结了很多很好的做法和经验，值得全国其他地方学习借鉴。比如，龙南市成立"一组两会"（"五老"顾问组、村民理事会、乡村振兴促进会）等村民组织，明确"一组两会"职责，充分发挥"一组两会"对农村人居环境整治的支持作用，带头示范开展村庄环境整治，督促农户做好"门前三包"（包卫生、包绿化、包秩序），监督管护人员履行好工作职责。上犹县推行"1+N"模式，组建县、乡、村三级专业维护队伍。"1"就是组建一个组织协调机构，由县新农村建设领导小组办公室牵头督促指导县、乡、村专业队伍组建和考核管理，负责横向、纵向联系协调。"N"就是有 9 支县级专业队伍、8 支村级专业队伍，形成县级技术指导、村级现场管理、志愿者参与服务的农村长效管护体系。[①]

（3）建立健全问题反映和督促整改机制。"厕所革命"作为乡村建设的一项重要行动，作为推进乡村振兴战略的一项重要决策活动，从该决策的制定到执行、评估和反馈等各个环节都需要加强监督，以减少甚至避免发生偏差，保证按照既定程序顺利完成。因此，要以县级的乡村振兴局为牵头单位，联合质量技术监督、市场监督、卫生健康等部门依法开展改厕质量安全监管，定期组织第三方对厕所标准规范执行情况进行抽查，并及时公开通报，接受社会监督。对于检查结果要按照程序上报给政府主管部门，作为年度奖补和惩罚的重要依据。

为了更及时全面地发现问题，不留任何卫生死角，确保乡村"厕所革命"的顺利开展和持续推进，要发动广大农民群众积极参与，扩大监督渠道，如可以在乡村振兴局设立"热线"、专用邮箱，在政府网站设立意见反馈栏等。

---

① 邱华林. 乡村振兴战略下农村人居环境整治路径研究：以江西省赣州市为例[J]. 特区经济, 2022(2): 76-79.

第五章 乡村传统文化建设行动

"农村绝不能成为荒芜的农村、留守的农村、记忆中的故园。城镇化要发展，农业现代化和新农村建设也要发展，同步发展才能相得益彰，要推进城乡一体化发展……要破除城乡二元结构，推进城乡发展一体化，把广大农村建设成农民幸福生活的美好家园。"①《乡村振兴战略规划（2018—2022 年）》中提出，"坚持以社会主义核心价值观为引领，以传承发展中华优秀传统文化为核心，以乡村公共文化服务体系建设为载体，培育文明乡风、良好家风、淳朴民风，推动乡村文化振兴，建设邻里守望、诚信重礼、勤俭节约的文明乡村"②。历史悠久的中国农耕、游牧和渔猎文化共同编织了丰富多彩的乡村传统文化，在乡村建设行动中我们需要去挖掘、整理和发扬厚重的优良文化，从而为乡村振兴战略的实现提供持久的精神动力，以及人文环境、文化产业等方面的支持。

第一节 乡村传统文化的内涵、价值与形成机理

一、乡村文化的内涵

乡村文化是文化的一种，它是与城市文化相对应的一种在地域上的文化划分。对于文化的理解，学者给出的定义不下二百种，也就是说难以有权威的概念，这也正好说明了文化的复杂性、多样性和易变性等特性。英国学者泰勒在《原始文化》一书中给文化下了一个较早的权威性定义——"一种广义上的文化概念，包括知识、信仰、艺术、道德、法律等以及作为该社会成员的个人所获得的才能与习惯的复杂整体，是人改造自然界的物质活动与精神活动及其成

---

① 习近平湖北调研："卷裤腿踏积水"实实在在接地气，http://china.cnr.cn/yaowen/201307/t20130724_513134099.shtml[2014-09-12]。

② 中共中央 国务院印发《乡村振兴战略规划（2018—2022 年）》，https://www.gov.cn/zhengce/2018-09/26/content_5325534.htm?tdsourcetag=s_pcqq_aiomsg[2019-01-02]。

果的总和"①。正如学界对"文化"的定义难有定论一样，对于"乡村文化"的解读也有不同的观点。有的侧重于精神层面的理解，如张中文认为，乡村文化是乡村居民在乡村环境中长期生产与生活，逐步形成并发展起来的一套心理、思想、观念和行为模式，以及表达这些心理、思想、观念和行为模式所制作出来的种种成品②。有的是从文化的结构类型进行研究，如刘铁芳将传统乡村文化划分为两种类型：一种是独特的乡村生态景观以及村民的生活生产方式，另一种是蕴藏于乡村社会的民间故事、道德与情感的交融③。李国江则从系统论的视角来研究乡村文化的含义，他指出，可将乡村文化视为一个文化系统，在此意义上，它包含两个层面。一是乡村文化是基于乡村社会空间形成的文化系统，与城市社会空间形成的城市文化相对，是以农民为主体的农村居民在长期历史进程中创造的为乡村民众享有并传承的社会文化。它包括乡村物质文化、精神文化、社会组织及制度文化、语言和符号等。二是乡村文化是一种历史性文化系统，包括主体部分形成于过去的乡村传统文化和随当今社会发展而形成的乡村现代文化。④

另外，在研究过程中，有的学者使用"村落文化"或"农村文化"，有的则使用"乡土文化"，但总体而言，乡村文化、乡土文化、农村文化和村落文化往往是互称互指的，它们的基本含义是基本相同的。无论对乡村文化含义做出何种理解，我们认为，对乡村文化的理解至少可以从以下几个方面加以分析。

（一）从形成过程来看，乡村文化来源于生产和生活实践

乡村文化是乡村劳动群众历经千百年在田间地头的生产中、在与大自然的相处及斗争中、在人群交往的生活中逐步形成的。乡村传统文化的形成往往受到独特的自然地理环境、农业生产类型、生产生活方式、民风民俗甚至区域文化的影响，而今天我们看到乡村文化的绝大部分也都是在漫长的农耕生活中保留下来的本地农村特有的、生命力强的传统文化。当然，乡村文化也是随着人们对自然界的认知和实践不断改变而发生变化的，但是无论发生什么样的变化乡村文化始终都无法离开劳动群众的社会实践。

（二）从基本功能来看，乡村文化的作用是多层叠加的

文化的功能是多样的，这也决定了乡村文化作用多层叠加的特点。首先，它

---

① 泰勒 E. 原始文化：神话、哲学、宗教、语言、艺术和习俗发展之研究[M]. 连树声，译. 桂林：广西师范大学出版社，2005：1.

② 张中文. 我国乡村文化传统的形成、解构与现代复兴问题[J]. 理论导刊，2010（1）：31-33.

③ 刘铁芳. 重新确立乡村教育的根本目标[J]. 探索与争鸣，2008（5）：56-60.

④ 李国江. 乡村文化当前态势、存在问题及振兴对策[J]. 东北农业大学学报（社会科学版），2019，17（1）：1-7.

维系了乡村的发展。文化是乡村发展的根脉，乡村经济社会的发展需要有文化作为内在驱动力，一旦失去先进的文化，经济的发展只能是片面的，社会的发展也将会是畸形的。其次，它教化了乡民。文化的产生得益于群众的劳动实践，反过来，文化的一个基本功能就是教育、引导、约束和规范群众的生产及生活。我国的农民群众取得的一项又一项伟大创造，都是建立在前人的智慧和成果的基础之上的。最后，它丰富了我国文化的多样性。翻看历史，自古至今，我国优秀文化之所以能够源远流长，原因之一就是我国文化具有丰富的区域特色和民族特色。乡村占据着我国国土的绝大部分，不同的乡村又孕育了不同的文化，乡村文化构成了中华传统文化的重要元素。

（三）从构成类型来看，乡村文化是多层次的

从文化的类型来看，主要有以下几种分类：物质文化与精神文化两分说，物质、制度、精神层面的三层次说，物态、行为、制度、精神的四层次说，物质、社会关系、精神、艺术、语言符号、风俗习惯的六大子系统说，等等。如果从"五位一体"总体布局来分析，我们可以把乡村文化分为：政治文化，如村民自治制度；经济文化，如建筑、村落规划、生产工具等；社会文化，如宗教信仰、风俗习惯、艺术、语言符号、家族制度等；生态文化，如天人合一等朴实的生态智慧。如果从文化的生成角度分析，主要可以分为原生型乡村文化、外来型乡村文化和原生与外来交织在一起的混合型乡村文化，在这三种文化中当前是以原生型乡村文化为主，但混合型将会成为未来乡村文化的主要发展方向和趋势。因理解的角度不同，乡村文化的划分法也会有所不同，但正是这些不同的划分方法充分显示了乡村文化内涵的丰富性和形式的多样性。

二、乡村传统文化的价值

乡村建设行动的实施是为了更好地促进乡村振兴战略的实现，围绕乡村振兴战略的目标要求，我们对乡村优秀传统文化在乡村建设行动中的价值和功能进行剖析。

（一）乡村传统文化助推"产业兴旺"

农业强不强、农村美不美、农民富不富，决定着亿万农民的获得感和幸福感，决定着我国社会主义现代化强国的建设质量，乡村传统文化与"产业兴旺"间的内在联系主要体现在以下几个方面。一是文化产业是乡村第三产业的最核心部分。乡村的经济发展以第一、第三产业为主，而第三产业又是以乡村特色文化产业为核心。《乡村振兴战略规划（2018—2022年）》提出"建设一批特色鲜明、优势突出的农耕文化产业展示区，打造一批特色文化产业乡镇、文化产业特色村和文化产业群"①的目标，这一发展目标的制定凸显了乡村文化在发展农村产业中的特殊价值和作用。二是文化是所有产业发展不可或缺的元素。任何产业的发展都必须依托组织，组织的建立和成长离不开组织文化的建设，优秀的组织文化是组织长盛不衰的精神保障和支柱。三是文化能为产业带来大量的附加值。乡村的产业发展离不开乡村的自身资源，要把自然资源变成产品，既要利用现代的技术，更要赋予文化元素，只有贴上当地文化符号的产品才能真正归为当地的特色产业，才能为当地的发展带来更多的效益。比如，农产品的地理标志，它是由物理形态上的自然因素与精神层面上的人文因素共同决定其质量、声誉和其他特质的。由此可见，一方面，我们要充分挖掘文化的内涵，另一方面，也可以通过推动地理标志产业实现跨业界的融合发展，促进地理标志与旅游、文创等关联产业相融互促，加快形成更加完整的产业链，从而进一步推进乡村产业的全面振兴。

（二）乡村传统文化赋能"生态宜居"

"生态宜居"突出了人居环境的重要性，良好的环境是乡村地区最宝贵的资源，是乡村社会吸引人才和资源最有利的一面。什么样的"生态"才能"宜居"，或许不同的人会有不同的感受和目标期望，但对于大多数人来说，至少要包含以下两个方面。

一方面是宜居的自然环境，它属于自然与自然间的生态，体现出人对自然环境的感受和要求，更多的是侧重于物质和有形层面的内容。另一方面是宜居的人文环境，它属于人与人、人与自然在长期的生产和生活中不断交互产生的一种结果，体现出了人对人际关系、人与自然相处方式的一种感受和要求，更多的是侧重于精神和无形层面的内容。物质层面的生态可以在较短的时间内得到改变，如浙江省的"五水共治"（治污水、防洪水、排涝水、保供水、抓节水）工程，就在较短的时间内实现了较大范围内生态环境的改变，实现了清水绿岸的目标。在中国的乡村传统文化中，也蕴含着丰富的生态文明元素，体现了人类在积极改造自然、发展经济之时，保护自然环境的生态智慧。所以，我们说乡村传统文化能在物质和精神两个方面为乡村建设更加宜居的生态环境赋能。

（三）乡村传统文化促进"治理有效"

"治理有效"是实现乡村振兴的有效工具和手段。乡村的"治理有效"是指治理手段能与乡村实际相结合、能与乡村传统文化相融合，治理过程能得到乡村

---

① 中共中央　国务院印发《乡村振兴战略规划（2018—2022 年）》，https://www.gov.cn/zhengce/2018-09/26/content_5325534.htm?tdsourcetag=s_pcqq_aiomsg[2022-01-02]。

大多数治理主体的认可、参与和支持，治理目标和结果是使广大农民群众实现效益最大化。乡村生活的有效治理，在治理手段或方式上需要多管齐下，实现自治、法治和德治的有效结合，"在实行自治和法治的同时，注重发挥好德治的作用，推动礼仪之邦、优秀传统文化和法治社会建设相辅相成"[①]。"邻里守望"和"邻里互助"一直都是中华民族的传统美德，尤其是在乡风淳朴的农村，只要邻里之间有婚丧嫁娶、房屋兴建等重要事宜，或面临夏收秋种等"双抢"的农忙时期，邻里之间都会伸出援助之手，以一种非正式组织的形式主动、有序组织好乡亲去帮助那些需要帮助的邻居；甚至邻里有要事外出，短时间内无法赶回，也只要说一声，隔壁的邻居也可以帮忙照护好小孩和家禽牲畜。这种不成文的"规则"，它具有很强的道德与社会秩序的示范作用，通过凝聚人心，引领、动员、组织村民积极参与乡村治理，从而提高治理的效能。

（四）乡村传统文化涵养"乡风文明"

《乡村振兴战略规划（2018—2022 年）》指出，乡村振兴，乡风文明是保障。"乡风文明"是推进乡村建设行动的重要保障，也是实现乡村振兴战略的重要人文支持。在乡村社会快速转型和市场经济的冲击下，乡村主流价值观正日益受到西方文化尤其是西方价值观的冲击，乡村传统的优秀文化日益被边缘化。乡风文明不是文化的复古，而是对乡村优秀传统文化的传承和创新，是在对传统文化守正创新的基础上，积极借鉴吸纳东西方优秀文化。推进乡村建设行动，需要我们深入挖掘我国乡村优秀的传统文化。比如，"重义轻利""义以为上"的价值准则。这里的"义以为上"思想并不是要求人们主动放弃对正当利益的追求，这种价值准则不仅与现代市场经济不相违背，反而还恰恰体现了社会主义市场经济所要求的"仁中取利真君子，义中求财大丈夫"的思想境界。实施乡村振兴战略，深入挖掘农耕文化蕴含的优秀思想观念、人文精神、道德规范，结合时代要求在保护传承的基础上对其进行创造性转化、创新性发展，有利于在新时代焕发出乡风文明的新气象，进一步丰富和传承中华优秀传统文化。

（五）乡村传统文化提升"生活富裕"

要比较全面地理解"生活富裕"，我们主要可以从两个层面加以分析：一是主体层面，二是客体层面。首先从主体层面来分析，"生活富裕"的主体就是指"人"，对于乡村来说，它包含了参与乡村建设行动的全体劳动群众。其次从客体层面来分析，"富裕"是一种努力后的结果，它包含物质和精神两个方面。从精神方面来

---

① 习近平. 习近平谈治国理政（第三卷）[M]. 北京：外文出版社，2020：260.

看，中国农民有着天然的脚踏实地、勤奋劳作的精神，在长期的生产生活中更加深刻地认识到"利无幸至，力不虚掷，说空话于事无补，做实事必有收获"的道理。这种勤劳致富、脚踏实地的精神不仅激励他们自己走向"生活富裕"的道路，同时也在不断感染着身边的人群，从而提升富裕的覆盖面。至于物质方面，乡村传统文化的独特性和不可复制性，决定了它可以成为有效吸引外来资金、游客和产业的特色符号。对当地的土特产等物质资源赋予文化元素，将其变成文创产品，能够极大地提高产品的附加值，促进乡村文化资源与现代消费需求的有效对接，增加乡村内部的发展动力和农民的经济收入。

三、乡村传统文化的形成机理

文化的形成依赖于人民群众的实践，依赖于历史的积淀，依赖于环境的润泽。我国乡村传统文化之所以能够延续至今，之所以灿烂多姿，主要取决于以下几个方面的因素。

（一）复杂的自然环境和简单的生产生活方式

自然地理环境是形成文化的最基本物质基础，无论是政治、经济、社会还是生态、文化都离不开一定的物质基础。在我国广袤的国土上，高原、高山、丘陵、平原、盆地、湖泊、沙漠、戈壁等各种地理环境几乎是应有尽有，地形地貌以及千百年来的生产方式和交通出行等特点共同决定了我国的乡村出现"十里不同风，百里不同俗，千里不同情"的景象，这也正是我国乡村多样文化的真实写照。同时，中国传统的单一的农耕方式所形成的农耕文化，加之中国土地的缺乏和土地的不可迁性，决定了农民对土地的特殊情感，土地成为农民的立身之本、生存之基。千年的小农经济的生产方式以及"三十亩地一头牛，老婆孩子热炕头"的简单纯朴的生活方式又使得各地乡村文化出现相对明显的封闭性，由此带来了诸如"鸡犬之声相闻，老死不相往来"的封闭文化。正是在这种复杂的自然环境中以及简单的生产生活方式下，中国乡村文化形成了独特性、多样性和稳定性的特点，乡村文化的先进性和落后性也交织在一起。正如费孝通先生所言："乡土中国的根在土里，直接靠农业来谋生的人是粘着在土地上的，乡土社会成了生于斯、死于斯的社会。"[①]

（二）中国传统的政治制度及"国家文化"

我国乡村传统文化的形成期主要集中于封建社会，而且深受封建政治制度的

---

① 费孝通. 乡土中国[M]. 北京：北京出版社，2005：6.

影响。在历史上的绝大多数时期中国是一个统一的、完整的国家，君主制、帝王制长时间成为稳定延续封建王朝的"政治利器"；"大一统"的思想也深深印刻在一代又一代人的脑海和记忆中。"中国乡村社会政治结构的宗法制特征，导致了农民文化的道德性人格。一方面，它使中国乡民产生了集体主义和互助精神，从而增强了中华民族的凝聚力；另一方面，它也铸成了农民狭隘的家族观念，轻视个人的价值，缺乏竞争精神和开放意识。"① 在国家层面形成的"国家文化"或中国传统文化，成为影响国家存亡的重要因素。著名文化学者余秋雨就中华文明能成为唯一没有中断和湮灭的古文明概括了五个方面的原因，其中一点就是"赖仗于科举制度，既避免了社会失序，又避免了文化失记"②，这种延续了一千三百多年靠科举制来选拔官员的政治制度成为维系我国整个民族生存和发展的文化、制度甚至精神纽带。比如，儒家学说，其"三纲五常"思想一方面引导了广大中国农民积极维护中央权威，同时又导致了农民缺乏政治参与的意识和动力。因此，中国传统的政治制度、主流文化与非主流文化，无时无刻不在影响着中国乡村传统文化的形成和演变。

（三）乡村社会的和谐稳定

文化可以入侵，文化也可以被侵略，直至消亡。中国的乡村文化为何能延绵至今，屹立东方而不倒，这与我国乡村社会的长期稳定有极大的关系。历次更朝换代，很多与乡村的发展、与农民的起义有千丝万缕的联系，这直接促成了新的王朝对乡村发展的重视，并为乡村发展和稳定提供了新的政策与契机。在长期的封建制度下，中央集权的触角没有触及乡村的每个角落，这促进了乡村文化的自然成长，让乡村文化迸发出多样性的火花。即便到了近代，我国陷入半殖民地半封建社会，外部势力的入侵更多也是对我国上层建筑的影响以及对城市文化的"西化"，对于乡村社会的生产和生活并没有产生太大的影响，特别是对于那些边远山区来说，其文化依旧按照自己的轨迹自然向前滑行。新中国的成立，虽然从制度上对乡村生活进行了翻天覆地的变革，但是共产党人充分相信劳动群众的智慧、充分尊重劳动群众的成果的初心没有变，农村经济生活的稳定发展成为主流，中国特色社会主义乡村文化逐渐形成并不断发展。

① 赵玉祥，金晓秋. 中国传统乡村文化的形成析要[J]. 行政论坛，2000，7（6）：52-53.
② 余秋雨. 千年一叹[M]. 武汉：长江文艺出版社，2012：288.

第二节　乡村传统文化的缺失与成因

一、乡村传统文化缺失的表现

乡村能否真正成为乡村人生活的"记忆"和城里人乡村游的"回忆"，其中一个关键因素就是乡村文化是否具备独特魅力来吸引曾经居住或驻留过的人。当前我国的传统乡村文化面临着"破坏有余"而"重建不够"的命运，城市文化的扩张对乡村文化的外部冲击造成了"乡村文化主体的空心化、乡村文化日益边缘化、乡村文化认同感疏离、乡村价值体系多元化"[①]等深层次问题。乡村传统文化的缺失是指乡村优秀传统文化在时代发展中出现了被"遗弃"、被"扭曲"或被"取代"的各种现象，缺失的具体表现主要有三个层面：表层缺失、浅层缺失和深层缺失。

（一）乡村传统文化的表层缺失

乡村传统文化的表层缺失也称为表面的、显性的缺失，最主要的表现形式就是物质文化或有形文化的消失或破坏。物质文化往往成为代表乡村传统文化兴衰的"名片"。比如，传统村落的古建筑是否保存完好在很大程度上反映了传统文化在乡村的历史地位、在乡民生产生活中的重要价值。物质文化也往往成为吸引外人最直接的文化符号代表，成为吸引游客最佳的"形象大使"。但是随着现代化、城市化、商业化的推进，一些极具乡村文化特色的建筑在较短时间内消失或遭到了不同程度的破坏。比如，宗祠，沿海侨乡的"骑楼"，赣南、闽西、粤北等地客家人的"围屋"等。虽然现在不少地方又出现了乡村传统建筑"复兴"或"复古"的热潮，但依然缺少了原汁原味的精神内核，形相同而神却难以相近。

（二）乡村传统文化的浅层缺失

乡村传统文化的浅层缺失也可以称为仪式感的缺失，最主要的表现是各种传统活动、仪式或行为文化的消失。生活需要仪式感，仪式让生活更加甜蜜；文化需要仪式感，仪式能让文化得到更好的传承。乡村文化中的仪式和活动往往传递着农民对未来美好生活的向往，对国泰民安、风调雨顺的祈祷，对乡村发展美好前景、祥和稳定的追求。乡村文化的仪式或活动，维系的是一种乡民之间的向心力、凝聚力和创造力，众人对活动的参与体现出的是乡民对乡村传统文化的认可。比如，在春节期间或者特别重要场合，广大乡村都有舞龙灯或舞狮表演的习俗，

---

① 沈妫. 城乡一体化进程中乡村文化的困境与重构[J]. 理论与改革，2013（4）：156-159.

这一活动不仅无形中把村民团结在一起，而且还使得这种文化得以接续发展。但是，我们也不得不承认，由于各种原因，许多优秀的乡村民间戏曲、民间传说、民间歌曲、民间舞蹈等传统民间文化艺术逐渐消失，缺少传承人、参与者和组织者，只能任其自生自灭。

（三）乡村传统文化的深层缺失

乡村传统文化的深层缺失也称为价值认同感的缺失，最主要的表现就是传统文化的符号、象征意义在农民记忆中的消失，在农民日常生活中痕迹的退却甚至扭曲或异化。文化是深沉的，它是深入一个人的骨子和内心深处的；文化是深厚的，它是植根于一个民族一代又一代人的血液和基因之中的。文化又是一种易碎的"物品"，一旦受到外来更强大的文化撞击，有可能就会在短时期内变得碎片满地。乡村传统文化也是如此，在城市文化和西方文化的双重"胁迫"下，其生存、发展和延续受到了致命打击，特别是青年一代，让他们深刻领悟传统文化的精髓和要义已经变得越发困难。乡村传统文化的"休克"是自身"造血"功能不足加之外来"输血"异化带来的结果，使得这种文化难以成为民众集体所认可的符号，难以成为支撑乡村生活良性运行的精神支柱。

二、乡村传统文化缺失的原因

任何一种文化都是在发展中不断变化的，有的形成、有的消失，有的中断、有的延续，有的被吞噬、有的获得重生。文化在历史长河中时而被人忘记，又被人牵挂；时而被人利用，又被人抛弃。我们讨论乡村传统文化的缺失，是因为传统文化中优秀文化没有得到很好的传承，而且没有得到有效传承的文化因子的比重越来越大。乡村优秀传统文化的缺失，是由多种因素共同决定的。

（一）乡村传统文化固有的缺陷

文化本身没有优劣之分，但这并不否定文化可能有先天的缺陷和后天的不足，我国乡村传统文化也是如此。有学者总结了我国乡村传统文化的缺陷，包括"对科学技术的漠视，缺乏实证科学的精神；过于强调道义的价值，缺乏注重功利的传统；缺乏平等观念"[①]。当然，乡村传统文化不仅具有以上列举的不足，而且还因其产生的地缘、承载的主体等因素，又会体现出如故步自封、相互排斥、囿于现状方面的缺陷。比如，我们常说的"小富即安"、"各人自扫门前雪，哪管他

---

① 白奚. 对中国传统文化的缺陷的反思（上）[J]. 首都师范大学学报（社会科学版），1996（6）：19-25；白奚. 对中国传统文化的缺陷的反思（下）[J]. 首都师范大学学报（社会科学版），1997（1）：19-24.

人瓦上霜"以及"等、要、靠"思想就是这种不足的具体体现。文化由于固有的缺陷，又没有及时得到修正，从而引发在现代文明进程中被淘汰、弃用的案例比比皆是。特别是中国农业发展"内卷式"的特点[①]，在缺乏外部的适度竞争和压力的情形下，由"内卷"带来的"内耗"则从内到外、从外延到内涵制约着文化的健康发展。

（二）现代化对传统文化的冲击

现代化为何物，学者众说纷纭。作为现代化研究集大成者的普林斯顿大学的西里尔·E. 布莱克（Cyril E. Black）教授指出，现代化可以定义为反映人类控制环境的知识亘古未有地增长，伴随着科学革命的发生，从历史上发展而来的各种体制适应迅速变化的各种功能的过程[②]。根据这一定义，现代化至少包含以下几方面的要素：各种环境是现代化的对象、科学技术是现代化的手段、从传统到现代是现代化的过程、体制机制创新是现代化的结果。改革开放以来，在现代化浪潮冲击下，市场经济的理念、现代信息技术的运用、城市化的发展都取得了前所未有的进步。比如，市场经济本是一种法治经济，也是一种道德经济，但是由于这种制度在发展中还有不完善的地方，一些人对其产生了深深的"误会"，并把它运用到"人情世故"当中，认为人与人之间的交往都可以用经济来衡量，传统文化中的"幼吾幼以及人之幼"也需要使用金钱支付，"夜不闭户，路不拾遗"只能成为历史的记忆。现代性与乡村文化本身并非固定不动的，而是一个流动的过程，各方力量的此消彼长，决定了现代性与乡村文化的走向。[③]

（三）乡村文化的传承人青黄不接

物可以承载文化，但文化的传承最终需要靠人。乡村文化的传承需要一大批有志于献身传统文化事业、从内心热爱乡村文化、以行动支持乡村文化的人群。根据对文化定义的分析，我们了解了文化表现形式的多样性，如属于物质文化的自然景观、房屋建筑、耕作农具、村落布局、服饰和生活器皿；属于精神文化的宗教信仰、乡规民约、风土人情、族群意识、少数民族习惯法等。文化的多样性及复杂性决定了文化传承对人才的数量和质量的需求是相对较高的，只有人才在数量和质量方面达到一定标准时，乡村文化的传承才有可能变成现实。引发乡村传统文化传承人短缺的原因有三个。一是城市化的快速推进从农村汲取的不仅是

---

① 黄宗智. 明清以来的乡村社会经济变迁：历史、理论与现实[M]. 北京：法律出版社，2014：156.
② 布莱克 C E. 现代化的动力[M]. 段小光，译. 成都：四川人民出版社，1988：11.
③ 闫惠惠，郝书翠. 背离与共建：现代性视阈下乡村文化的危机与重建[J]. 湖北大学学报（哲学社会科学版），2016，43（1）：152-158.

农产品等自然资源，更多的是乡村建设特别需要的技能型人才和青壮年劳动力。据统计，2022 年末全国常住人口城镇化率为 65.22%，比上年末提高 0.50 个百分点，城镇常住人口 92 071 万人①。很显然，城市增加的人口有相当一部分来自农村的能人、知识分子和大学毕业生。农村人口的大量离开，引发了我国村庄的空心化，村庄的空心化直接导致了乡村传统文化传承人口数量不足和传统文化的消失。有学者进行了调研，最后的数据显示，我国 200 人以下的自然村在 2010—2015 年减少了 99 052 个，年均减少约 2 万个，而伴随村落消失的正是乡村传统文化。②二是当前乡村的社会精英主要集中于经济领域，这是时代发展需要和社会评价引发的，从某种程度上也导致文化的传承失去了传承人和固有的发展空间。三是乡村传统文化"经济价值"偏低，迫于生活成本的压力，年轻人大多都不愿意也不敢轻易去继承乡村传统文化。即便是一些非物质文化遗产也面临着缺乏传承人的困境，如流传于四川巴中市大巴山深处的歌谣"巴山背二歌"，随着交通便利，人员流失，"巴山背二歌"也濒临消失；又如云南哈尼族有十几首史诗流传，但这种口耳相传的史诗如今已经少有人会唱③。这一个个活生生的案例也从侧面反映了年轻人"抛弃"或者被迫放弃传统文化的现实困境。

（四）功利行为销蚀了乡村文化的"异质化"特征

"靠山吃山，靠水吃水"是人类生产方式的真实写照，不同的地方拥有不同的资源，也能涵养出不同的文化。不同的乡村社会往往都会有属于自己的文化符号，这种符号代表这个乡村过去的历史，也代表了这个乡村的现状和未来的发展趋势，同时也反映了它与其他乡村文化的不同。任何一种文化都具有相对独立的特性，只有深刻认识并遵循这一特性，才有可能更好地传承和发展文化。但是在乡村建设过程中，不少地方都忽视了乡村文化存在和发展的相对独立性，忽略了几千年来形成的乡村文化传统，习惯用城市文化代替乡村文化，致使乡村文化同质化严重，从而丢失了乡村中最宝贵的文化特色和文化内涵④。这样的现象相当普遍。比如，在发展以民族风情为主体的旅游产业时，为了博得观众的眼球，往往喜欢效仿其他地方能吸引游客的项目，在产品开发时，也不顾自身实际和特色，

---

① 中华人民共和国 2022 年国民经济和社会发展统计公报，https://www.gov.cn/xinwen/2023-02/28/content_5743623.htm[2023-07-16]。

② 项继权，周长友. 主体重构："新三农"问题治理的路径分析[J]. 吉首大学学报（社会科学版），2017，38（6）：21-29.

③ 用影像记录下"非遗"，记下那些正在消失的文化传统，https://www.mct.gov.cn/preview/special/8640/8645/201806/t20180608_833238.htm[2019-05-17]。

④ 孙喜红，贾乐耀，陆卫明. 乡村振兴的文化发展困境及路径选择[J]. 山东大学学报（哲学社会科学版），2019，（5）：135-144.

什么要价高就生产、销售什么；又如，在村落规划方面，有的按照现代装饰风格对古色古香的民宅进行整齐划一的改造，甚至还有不少仿照西方的建筑式样，最终导致"不中不西""不伦不类"，既缺乏中国元素，又缺少乡村气息，最终被大众所抛弃。这种同质化的文化建设和发展，带来的更多的是对乡村传统文化的伤害；这种被"他文化"销蚀了的传统文化，在失去固有特性和本质内涵的前提下，最终将失去自我并被其他文化所吞噬和湮没。

第三节　乡村传统文化的守正创新

乡村的振兴是全方位的，而文化作为乡村发展的"软实力"在实现乡村振兴中有着持续的作用。面对今天日渐式微的乡村优秀传统文化，如何在保持传统文化本质的基础上，根据乡村发展需要进行有效创新是乡村建设行动中的重点任务和关键领域之一。

一、强化政府的文化治理功能，建立城乡文化"互哺"机制

"文化治理"作为近些年兴起的一个词，学界还没有给出完全统一的权威性定义，其中一个重要的原因就在于"文化"概念的不确定，但是大家比较普遍的看法是文化治理的思想可以追溯到葛兰西（Gramsci）的"文化霸权"理论、福柯（Foucault）的"治理性"概念和本尼特（Bennett）的"文化的治理性"思想等。根据这些思想，国内学者也针对文化治理形成了一系列观点，如文化治理的实质是要透过文化和以文化为场域达致治理[①]，文化治理"是一种集理念、制度、机制和技术于一体的治理形式与治理领域，它既涉及文化功能的重新发掘，又涉及文化组织方式的革新，还涉及个体文化能动性的彰显"[②]。如果先从治理的基本概念入手，我们可以发现政府的文化治理功能可以从以下几个层面进行解读。一是文化治理的主体。政府是主要的文化治理主体，但不局限于政府自身，政府有责任和义务组织、带领其他组织甚至个人积极参与到文化治理中。二是文化治理的内容。它是集对文化过去的挖掘、现在的建设和未来的规划于一体的综合性工程。三是文化治理的目标。它是通过对古今中外文化的反思与重构，找寻一种适合中国国情的文化发展道路，或者称为"中国文化之治"。

在乡村建设行动中，政府的文化治理功能不仅包括对乡村传统文化的"扬弃"，

---

① 吴理财. 文化治理的三张面孔[J]. 华中师范大学学报（人文社会科学版），2014，53（1）：58-68.
② 王前. 理解"文化治理"：理论渊源与概念流变[J]. 云南行政学院学报，2015，17（6）：20-25.

即挖掘、整理、发扬优秀的乡村传统文化，通过文化治理增强文化自信，凝聚人心，同时还包括构建有效的城乡文化双向"互哺"机制。一是要充分尊重乡土文化的本质，保有乡村相比城市的差异化特质和吸引力。乡土文化不仅是属于"乡下人"的文化，乡土文化也是一种包容、共享的文化，需要向城市人开放，需要向城市文化学习借鉴。政府要做好规划，不能单纯地为了吸引城市人而进行过度的商业性开发，它会破坏乡村文化肌理和建筑风貌，使得乡村文化失去"本我"，从而出现城乡文化"一体化"的特征。二是要创造条件，搭建城乡文化交流平台。在信息时代，好酒还是会怕巷子深，多少独具一格的古村落、多少风格各异的古建筑、多少与众不同的民俗风情都淹没在信息化的浪潮之中。政府要有一双发现乡村文化美的眼睛，主动挖掘、宣传乡村文化的魅力，同时要加强基础设施建设，方便城市人的出行和出游。三是要增强乡土文化的开放性和包容性。汤因比（Toynbee）认为，任何一种文明都包含着一些不被其他文明所理解的东西，而任何一种文明都需要以文化为载体，才能接触到另一种文明的实质。文明之所以能够延续，绝不是故步自封、"闭关锁土"带来的，而是在坚持自我基础上对其他优秀文化进行吸纳、应用和创新带来的。乡村传统文化要保持永恒的生命，就要在传承文化精华的基础上，多向城市文化治理者学习，学习他们先进的治理理念、手段与方式、过程和目标。

二、加强文化队伍建设，培养乡村传统文化接班人

乡村文化振兴归根到底是要依靠本地村民，依靠本地村民对自己文化的理解、对文化的热爱、对文化的认同和对文化自觉的理解。当下乡村文化发展面临困境的一个重要原因就是人才在数量上的不足和质量上的欠缺，文化的存续和发展需要依托一定的载体，而人却是能动的载体，它有着其他载体无法替代的功能。根据当前乡村实际以及乡村建设行动计划，对于乡村文化队伍建设需要从以下几个方面发力。一是坚持"面"上工作，即要把所有村民都纳入乡村文化队伍建设行列之中。中华优秀传统文化"是中国人民在长期生产生活中积累的宇宙观、天下观、社会观、道德观的重要体现"[①]，民族的、大众的文化才具有真正的生命力，乡村文化说到底就是乡村人的文化，每一个乡村人都要通过教育和感化成为一个懂乡村文化、爱乡村文化的主体。二是坚持"点"上的工作。文化的革新与突破，甚至个别文化的传承必须靠部分"文化人"来完成。比如，部分非物质文化遗产的传承人。在文化建设队伍的培养上需要有目标、有重点地挖掘和培养人才。首

---

① 引自 2022 年 10 月 26 日《人民日报》第 1 版的文章：《高举中国特色社会主义伟大旗帜 为全面建设社会主义现代化国家而团结奋斗》。

先必须摸清乡村内部的"土专家"和"田秀才"的情况，他们可能没有接受到太多现代教育和城市文化的影响，但他们却是原汁原味的乡村文化人。其次要把基层的党政干部、村干部、中小学教师（含支教对象）、新乡贤等作为一股新生力量积极纳入乡村文化建设队伍中，他们有新知识、新技术、新资源、新理念，他们对乡村传统文化有感情，而且也乐意传承和创新乡村传统文化，是不可替代的新兴力量。最后要做好培训工作。文化具有强烈的地域色彩，文化具有明显的系统性，所有乡村优秀文化都是中华优秀传统文化的重要组成部分。要建设一支优秀的文化人才队伍，就要加强人才的培训教育工作，特别是需要提升他们把乡村文化融入乡村建设行动的本领。

三、保护传统文化遗产，培育特色文化产业

传统文化遗产的保护、特色文化产业的培育是当前乡村传统文化发展面临的要事和急事。对于传统文化遗产的保护，在保护手段和方法上需要根据文化价值和特点采取不同的方式，对于符合"申遗"条件的传统文化要以政府的名义积极申报，完善非物质文化遗产传承人制度，推动乡村文化的非物质文化遗产传承工作；对于符合申请文物保护单位条件的，根据其具体条件积极申请县级、市级、省级甚至国家级的文物保护单位；对于暂时无法达到"申遗"或文物保护单位要求的文化遗产，需要在乡镇或村级层面给予"身份认定"，只有具备一定的身份认可，才有可能提升其价值，才有可能对其给予更多的关注和保护。文化遗产的保护，不是简单的"保"，而是要添加"护"的元素，即新技术手段的使用，可以以人工智能、多媒体等技术为依托，运用数字化技术辅助乡村传统文化遗产的搜集、整理、保存与传播工作，同时还应该逐步建立传统文化的数字馆、数字资源库、网络展示空间等。

乡村要发展，经济要先行；文化要传承，产业要跟上。文化产业的发展不仅带来了经济效益，还体现了文化的特有价值。乡村文化的一大特征就是乡村地域的差异性与村民生产生活的相对封闭性，这决定了乡村文化的多样性和独特性，正是这种多样性和独特性延续了乡村文化的传承。文化产业的培育不能丢弃优秀文化精神内核去刻意讨好游客的"猎奇"心理，更不能违背社会主义文化的先进性和基本的育人功能。在培育特色文化产业方面需要注意以下几点。一是守住乡村文化的差异化空间，坚持"一村一品""一村一景"的培育理念。在产业开发时，不要有大而全的思想，也不要过度去仿制他人的产业，而要坚持"人无我有、人有我优、人优我特、人特我强"的理念和道路。二是要融合市场化元素。乡村传统文化产业的开发，是一种集传统文化的内涵和现代元素的外延、集文化价值和

经济效应为一体的现代文化传承方式。在新媒体时代，产品的设计、包装、开发和销售等环节都需要与现代农业、农村电商、农村旅游相结合，走出一条具有地区特色且不失文化内涵的现代产业发展之路，打造出一批标识性高、地域性强的原生态文化产品品牌。三是要加强对外合作与交流。乡村文化产业在产品上呈现单一性、空间上呈现地方性、元素上呈现"乡土性"，因此产业要做大做强，必须走出去，加强与不同产业间的合作与交流。一方面要做到兼容并蓄，吸收他人先进的管理经验、经营方法，另一方面也要更好地营销自己，扩大知名度，获得更多消费者的认可。

四、实施传统文化传承发展工程，讲好乡村优秀文化故事

《关于实施中华优秀传统文化传承发展工程的意见》[①]中提出，到 2025 年，中华优秀传统文化传承发展体系基本形成，研究阐发、教育普及、保护传承、创新发展、传播交流等方面协同推进并取得重要成果，具有中国特色、中国风格、中国气派的文化产品更加丰富，文化自觉和文化自信显著增强，国家文化软实力的根基更为坚实，中华文化的国际影响力明显提升。对于乡村优秀传统文化传承发展工程的实施需要从以下几个方面入手，切实做好相关的工作。

（1）要树立正确的乡村传统文化传承理念。乡村传统优秀文化是乡民智慧的结晶，乡村文化要得到发展就必须得到有效的传承，这是一个不争的事实。在传承方向上主要有两种类型：从纵向的角度来看，它需要实现内部的传承，即代际传承；从横向的角度来看，它需要实现外部的传承，即区域间的传承，包含乡村与乡村之间、乡村与城市、国内与国外的传承等方式和路径。文化传承要解决以下三个基本问题，即"为什么要传承""传承什么""如何传承"。文化传承是在文化发展规律认识基础上的改造活动，在不同的文化领域会有不同的表现形式。它可以是从历史走向现在的"主题转化式"的文化创造，也可以是从现在走向未来的"样式创新性"的文化发展。[②]只有在思想意识上厘清这些基本问题，才有可能顺利实现乡村优秀传统文化的传承发展。

（2）要构建乡村优秀传统文化传承发展的机制和组织机构。从机制的角度来看，包括乡村文化的普查、挖掘、整理、研究、宣传、教育、保护、创作、传播和治理机制，它是一个系统性、全方位的工程。机制的构建需要投入足够的人力和物力，需要有组织作为保障，形成党委领导、政府主导、市场运作、社会协同、乡民参与的乡村传统文化传承发展工作体系。每个部门要根据各自权限与职责进

---

① 中共中央办公厅 国务院办公厅印发《关于实施中华优秀传统文化传承发展工程的意见》，https://www.gov. cn/zhengce/2017-01/25/content_5163472.htm[2017-03-13]。

② 王新刚. 中华优秀传统文化"传承发展体系"建设初探[J]. 思想理论教育导刊，2017，（12）：85-89.

行合理分工，制订具体可行的方案，完善和落实工作机制。

（3）要搭建村民传承乡村优秀传统文化的平台。文化的传承需要人的"传"和"承"，人需要通过一定的载体或媒介才能实现对文化的有效传承。乡村文化自身附在一定的载体上，但是还缺乏传承的平台，从而导致文化"传不动"或"承不起"。为了让乡村文化"活起来"，一方面要对现有的载体进行保护或改造，如乡村原有的传统建筑等历史文化遗产；另一方面要加强投入，创造新的平台，如兴建乡村图书室、文化活动室、文化礼堂，打造特色文化产业、村镇、示范基地等，搭建平台引导企业、社会组织、志愿者队伍等社会力量参与乡村优秀传统文化的传承与保护。

（4）要尽快推进乡村文化传承发展工程的标准化建设。标准化建设的最重要目的就是更好地实现乡村文化资源的共享，它能为乡村文化的传承赋予明确的身份。近些年，我国已制定了系列标准，如《国家级非物质文化遗产代表性传承人抢救性记录工作规范》《非物质文化遗产数字化保护 数字资源采集和著录》《中国少数民族文字古籍定级》等国家和行业标准，但总体来说，我国优秀传统文化尤其是乡村优秀传统文化的保护与传承发展标准化起步晚、发展慢，无论是标准数量还是标准质量，都难以满足我国多样的乡村优秀文化的传承与发展需求。因此，未来需要以国家层面为指导，以市县为主要责任部门联合各行业协会和专家学者制定出系列乡村优秀传统文化传承发展工程的标准化制度，共同助推乡村优秀传统文化扎根于乡村、成长于乡村，更能走出乡村。

第六章　乡村公共卫生建设行动

《中华人民共和国国民经济和社会发展第十四个五年规划和 2035 年远景目标纲要》提出了"建立稳定的公共卫生事业投入机制，改善疾控基础条件，强化基层公共卫生体系""提高应对突发公共卫生事件能力""加强基层医疗卫生队伍建设，以城市社区和农村基层、边境口岸城市、县级医院为重点，完善城乡医疗服务网络""加快建设分级诊疗体系，积极发展医疗联合体"①等一系列目标和任务，为我国未来的公共卫生事业发展和乡村振兴战略的实现指明了方向。根据这一文件精神，本章内容将重点研究在乡村建设行动中如何加强乡村公共卫生突发事件的应急管理、如何推进紧密型县域医共体建设以及如何提升县乡两级基层政府公共卫生治理能力等三个方面的基本内容。

第一节　乡村公共卫生应急管理建设

一、乡村公共卫生治理的短板

2020 年 2 月 14 日，习近平在中央全面深化改革委员会第十二次会议上强调，针对这次疫情暴露出来的短板和不足，抓紧补短板、堵漏洞、强弱项，该坚持的坚持，该完善的完善，该建立的建立，该落实的落实，完善重大疫情防控体制机制，健全国家公共卫生应急管理体系。要健全公共卫生服务体系，优化医疗卫生资源投入结构，加强农村、社区等基层防控能力建设，织密织牢第一道防线。②近些年特别是党的十八大以来，我国乡村的公共卫生事业取得了前所未有的成就，但由于自身底子薄、地区差异比较大，我国农村公共卫生治理还存在一些短板和不足。

---

① 中华人民共和国国民经济和社会发展第十四个五年规划和 2035 年远景目标纲要，https://www.gov.cn/xinwen/2021-03/13/content_5592681.htm?eqid=d001748e0000099e00000003648ac144[2022-01-02]。

② 习近平主持召开中央全面深化改革委员会第十二次会议强调：完善重大疫情防控体制机制 健全国家公共卫生应急管理体系[N]. 人民日报，2020-02-15（1）.

（一）组织制度建设和组织构架不健全

乡村公共卫生的组织困境主要表现在两个方面，一是组织制度的困境，二是组织构架的困境。从制度建设来看，2003 年"非典"成为我国建立公共卫生突发事件应急管理制度的重要"分水岭"和"起点"，如国家层面的《突发公共卫生事件应急条例》《中华人民共和国突发事件应对法》《国务院办公厅关于加强基层应急队伍建设的意见》等系列政策文件相继出台；同时各级地方政府也因地制宜出台了相应的政策和措施，为我国构建完备的突发事件应对制度奠定了良好的基础。自"非典"事件后，直到 2020 年的十几年时间里，我国在公共卫生领域整体是"风平浪静"，这种状态也给相应的政策带来了滞后性和不适应性。新冠疫情的暴发在很大程度上为国家制定诸如《关于科学防治精准施策分区分级做好新冠肺炎疫情防控工作的指导意见》《新冠肺炎疫情社区防控工作信息化建设和应用指引》等系列政策提供了新的"契机"，但"专门针对农村应急管理的具体政策相对较少，农村公共卫生应急预案与相应的实施细则更是几乎空白"[①]。从组织构架方面来看，目前农村地区的公共卫生体系主要以县级医疗机构为依托、以乡镇卫生院为主体、以村卫生室为基础，组成三级网络机制，但乡镇卫生院和村卫生室的软硬件设施更新速度较慢、同质化现象较为明显等问题，在一定程度上影响了农村地区公共卫生应急体系的功能发挥。

（二）公共卫生人才数量和质量有较大差距

公共卫生人才的困境主要表现在公共卫生专业人才的不足。首先是公共卫生领域的专业人才不足，特别是能应对重大公共卫生事件应急管理方面的人才显得更为紧缺。据统计，2022 年末，全国卫生人员总数 1441.1 万人，其中乡镇卫生院卫生人员为 153.1 万人，占全国卫生人员总数的 10.62%[②]；而 2022 年末乡村人口为 49 104 万人，占全国总人口（141 175 万人）的 34.78%[③]。由此可见，乡村卫生人员数量占比与乡村人口在全国的占比还存在较大的不对等性。其次从疫情防控志愿者的角度来看，在广大乡村的志愿者主要还是来自三类人群：一是行政机关、事业单位以及村级组织的工作人员，他们主要是基于组织的驱动和实际工作的需要，而且在人数上占据了很大的比例；二是农民党员，这部分人数虽然不是

① 武春燕，赵李洋，胡善菊，等. 基于疫情防控的农村突发公共卫生事件应急系统脆弱性分析[J]. 卫生经济研究，2021，38（3）：3-5.

② 2022 年我国卫生健康事业发展统计公报，http://www.nhc.gov.cn/guihuaxxs/s3585u/202309/6707c48f2a2b420fbfb739c393fcca92/files/8a3994e41d944f589d914c589a702592.pdf[2023-10-12]。

③ 中华人民共和国 2022 年国民经济和社会发展统计公报，https://www.gov.cn/xinwen/2023-02/28/content_5743623.htm?eqid=cd0f6f6b0003cb1e000000026465dfae[2023-04-15]。

很多，但是志愿服务时间比较长，工作态度积极，主要还是基于党员身份的认同和个人政治觉悟的使然；三是其他人群，如未能及时返校的大学生、短时返乡人员、享受"低保"等政策的人员等，但这类人群的规模还不大，队伍也不够稳定。

（三）公共卫生物资储备厚度有待加深

《2022 年我国卫生健康事业发展统计公报》显示，2022 年底全国有床位数9 749 933 张，基层医疗卫生机构为 1 744 425 张，占总数的 17.89%[①]，很显然，基层特别是农村医疗卫生机构的床位数与全国的平均水平还有很大的差距。随着疫情防控进入常态化或"后疫情时代"，包括广大农村地区在内，物资储备严重不足的状况有了很大的缓解，但是对于这种状况的改善我们需要有清晰的认识。一是在疫情刚刚出现时，一些农村地区还是陷入了卫生资源较为短缺的困境，除了基本药品之外，防护服、护目镜、治疗设备、床位，甚至医用口罩、消毒水和测温计等在一定时期内也出现了供不应求的现象；二是由于我国疫情防控政策科学、精准到位，我国广大乡村绝大部分都没有经受过疫情的"侵扰"。但与此同时，近些年在全国一些乡村出现的公共卫生突发事件也清楚地告诉我们，一旦乡村出现大规模的疫情等突发事件，物资的匮乏就会立马显现，物资储备的厚度还亟待加深。

（四）信息难以做到"准确、及时、全面、权威"

疫情防控需要做到"早发现、早报告、早隔离、早治疗"，信息的"准确、及时、全面、权威"是疫情防控取得成效的最为关键的因素之一，而在广大乡村，信息的收集、统计、传递和分析处理往往就是一个极其薄弱的环节。一方面是公共卫生信息系统的虚化，多数乡村都没有编制"一案三制"，导致信息的统计、上报等工作缺乏制度规范。公共卫生信息上报不及时、不准确，上报系统混乱，致使上级无法在第一时间掌握真实信息，从而严重影响政策的制定。另一方面是由于乡村信息基础设施不健全、人们的防范意识不足以及管理松散等因素，很多场合都无法实现信息的数字化处理，如参加婚丧嫁娶、逢圩赶集、聚众娱乐等几乎都无法实现"扫码"入场，只能依赖人们对过往行动的回忆，在时效、准确性方面大打折扣。

[①] 2022 年我国卫生健康事业发展统计公报，http://www.nhc.gov.cn/guihuaxxs/s3585u/202309/6707c48f2a2b420fbfb739c393fcca92/files/8a3994e41d944f589d914c589a702592.pdf[2023-10-12]。

二、乡村公共卫生治理的制约因素

（一）自然环境的因素

乡村相对远离都市，村落是分散的，无论是村落与村落之间，还是住户与住户之间也都是相对分散的，但他们又是聚集的，因为农事活动、赶集、红白喜事等他们常常不定期地聚集在一起。即便村村实现了通水、通电、通路、通网络，但乡村的基础设施总体来看与城市相比还有较大差距，如乡村水泥路偏窄、网络信号不稳定、水电供用时断时续也是常态，这些客观因素无疑增加了基层政府开展公共卫生管理的难度。

（二）社会习俗的因素

意识决定行动，行动影响结果。公共卫生习惯和危机意识产生于一定的现实环境中，与物质基础有很大的关联性。在一些相对偏远的乡村，用公筷、勤洗手、戴口罩、少聚集在一些人看来是一种负担。乡村人口流动性大，农村地区的人口流动性在时间、空间和区域上呈现着极强的规律性。在非传统节日，农村人口大量涌向城市务工；而在传统佳节期间尤其是以团圆或祭祀先人为主题的节日，如春节、中秋节、端午、清明等，会有大量在城市生活或务工的人员归乡，带动人口反向流动，这种人口的流动成为大多"离土不离乡"的农民群众生活中的一种常态，在面临突发公共卫生事件时，这些习俗带来的人员聚集就成为疫情传播的主要途径之一。

（三）工作条件的因素

乡村公共卫生专业人员缺乏是乡村公共卫生领域的一种常态。乡村的工作环境和条件相对艰苦，直接导致医学专业的毕业生不愿意选择到乡村就业，也导致医护人员数量的不足和队伍的不稳定。有学者以山东省为调研对象，从以下三个方面分析了乡镇卫生院岗位吸引力低的原因。一是收入方面。超过90%的县级卫健局领导和乡镇卫生院院长认为，乡镇卫生院人员收入待遇比上级医院明显偏低。二是职业发展空间方面。中、高级岗位比例小，职称晋升难度大，直接影响的就是个人收入。三是乡镇卫生院本身人才和经费都缺乏，在乡镇卫生院工作极少能获得学习深造机会。[①]

---

① 牟燕，刘岩，吴敏，等. 乡镇卫生院人才队伍建设存在的问题及对策研究[J]. 中国卫生事业管理，2020，37（2）：114-117.

（四）体制机制的因素

乡村社会应对突发公共卫生事件暴露出来的短板与历史和现行的体制机制有着极其紧密的联系。一是新中国成立之后的城乡二元结构，国家不仅把大部分资源用在了城市的建设和发展上，而且还从农村获取了大量的资源，致使农村的公共卫生资源严重短缺，乡镇卫生机构缺少财政支持，无法保证足够的资金来支持农村公共卫生事业，导致农村卫生资源数量不足和配置结构不合理，如乡镇医疗机构数量少、医疗设备单一、治疗水平滞后，群众难以享受到最基本的卫生产品、服务和其他福利。二是在"重治疗轻公卫"的意识主导下，现阶段我国农村公共卫生有限的财政投入主要用于医疗机构，地方对于基层疾病预防控制的投入严重不足。多数农村地区没有设立专项经费用于疫情防控或感染患者救治，一旦出现感染者，治疗费用均由个人或基层医疗机构提前垫付，这不仅影响了防控工作的运行效率，而且还影响了应急工作的快速处置。

三、健全乡村重大公共卫生应急管理体系

关于应急管理体系的构建，国内外学者进行了深入研究，提出了系列代表性的研究成果。例如，美国人史蒂芬·芬克提出的 PPRR 模型，它包含预防（prevention）、准备（preparation）、反应（response）和恢复（recovery）等四个阶段，是目前危机管控领域的代表性研究理论。我国学者薛澜等提出要从危机的预警准备、危机的快速反应、危机后的学习等不同环节，加快我国应急管理体系建设。[①]钟开斌把国家应急管理体系看作一个由管理客体（突发事件属性）、管理主体（应急管理组织）、管理目标（应急管理价值）、管理规范（应急管理制度）、管理保障（应急管理资源）、管理方法（应急管理技术）、管理环境（应急管理文化）这七个相互联系、相互制约的要素共同构成的整体。[②]因篇幅所限，这里不再一一赘述。我国形成了特别明显的城乡有别的二元突发公共卫生事件应急管理体系，这两套体系在"危机认知、信息获取、资源保障等方面存在明显差异"[③]。现阶段农村应对突发性公共卫生事件的能力主要还是取决于以"堵"为主要特征的即时性反应和控制水平上，应急管理方面还存有较大的被动性和局限性。农村既是应对突发公共卫生事件的前沿阵地，也是突发公共卫生事件治理的重点地区和薄弱环节，健全乡村重大公共卫生应急管理体系无论是对于乡村振兴的实现还

---

① 薛澜，张强，钟开斌. 危机管理：转型期中国面临的挑战[J]. 中国软科学，2003（4）：6-12.
② 钟开斌. 国家应急管理体系：框架构建、演进历程与完善策略[J]. 改革，2020（6）：5-18.
③ 曹舒，米乐平. 农村应对突发公共卫生事件的多重困境与优化治理：基于典型案例的分析[J]. 中国农村观察，2020（3）：2-15.

是我国现代化国家的建设，都有着极其特殊的意义。

（一）加强宣传演练，提升村民防范意识和实操能力

凡事预则立，不预则废。一般情况下，突发公共事件的发生往往都是有前兆的，公共卫生领域也是如此。增强危机意识和忧患意识，至少可以在思想上、心理上和物资上做好准备，以减少突发事件带来的恐慌和损失。一是要将公共卫生和危机意识纳入乡村建设行动之中。稳定压倒一切，只有乡村的稳定才有可能换来乡村的振兴。"平安乡村"建设不是简单地消灭不稳定因素，它的前提是平安知识的宣传和普及。基层政府要结合乡村实际加强对公共卫生突发事件的防范和应对的宣传教育，包括突发事件的诱因、演变机理、后果危害、基本的防范手段、遵守的法律法规等，增强乡民的危机意识，营造一种"预防为主、防治结合"的良好氛围。应加强对基层干部和村民在《中华人民共和国突发事件应对法》《突发公共卫生事件应急条例》等法律法规方面的宣传教育，引导乡民增强法治意识，依法支持和配合应急管理工作。二是要开展常态化应急技能的培训。离开了实践的宣传培训，最终都有可能落得"纸上谈兵"的结局，尤其是危机来临之时，对于一个没有经过一定训练的人来说，无知的恐慌和无序的逃生就成为一种本能的反应。因此，需要在农村开展常态化的应急培训及应急演习，在基层干部和志愿者掌握基本避险和急救技能的基础上，要尽快将这些技能普及给全体村民。

（二）加强乡村公共卫生人才队伍建设

数量、质量、结构和稳定性是人才队伍建设的重要内容，乡村公共卫生人才队伍建设整体上还普遍存在数量不足、质量不高、结构不合理和稳定性差的现象。要解决好以上这些基本性的问题，以下措施必不可少的。一是完善引人、用人和留人的体制机制。人才能否引进、能否使用好、能否留得住、能否成长起来都是需要有制度保障的，包括薪资待遇、职称和职务的晋升、工作条件、人际关系等。因此需要制定适合乡村实际的优惠政策。比如，在职称晋升这方面，需要改变现有的把乡村工作经历作为晋升的一个硬性条件的要求，可以直接增加乡村医护工作者职称晋升的指标和比例。二是要出台公共卫生人才的"强基"计划。基层公共卫生人才要靠政策的吸引，也要靠制度的引导、规范和约束。比如，要进一步加大医药卫生类院校的大中专毕业生的基层定向培养计划、支持或要求乡镇卫生院和村卫生室派遣医务人员到上级公共卫生机构进行实训、适当简化本科及以上学历医学毕业生或经住院医师规范化培训合格的全科医生招聘程序。三是要加大区域内部人才的培养，促进人才有序流动。允许各地盘活用好基层卫生机构现有编制资源，乡镇卫生院可优先聘用符合条件的村医；鼓励县区内乡村医生合理流

动，进一步加大对偏远地区乡村医生的补助力度。

（三）重塑三级网络机制，构建多元主体的公共卫生应急管理格局

当前乡村公共卫生应急处置机制主要依赖以县级医疗卫生机构为依托、乡镇卫生院为主体、村卫生室为基础的三级网络机制发挥作用，这也是多年来一直沿用的一套体系，在没有出现重大疫情等突发公共卫生事件的时期，这套体系基本可以维护乡村的卫生健康，其作用是不可忽视的。但是此次新冠疫情的暴发，暴露了这种传统体系的弊端。"三级网络并未形成快速完善的公共卫生突发事件预警、防控、直报、救助机制；乡镇卫生院标准化建设滞后，难以全面承担乡村卫生组织一体化管理职责；村卫生室作为农村公共卫生的'毛细血管'，作用发挥不够充分。"[1]随着"管理"时代的落幕，"治理"时代的开启，单靠政府作为应对突发公共卫生事件的唯一主体也成为过去，不同组织甚至个人积极参与是有效应对突发公共卫生事件的必然。正如党的十九届五中全会提出的，要"发挥群团组织和社会组织在社会治理中的作用，畅通和规范市场主体、新社会阶层、社会工作者和志愿者等参与社会治理的途径"[2]。一是政府依然要发挥"主心骨"的作用。要依托县级疾病预防控制中心，完善县域重大疫情防控救治体系，健全农村公共卫生重大风险研判、评估、决策、防控协同机制，实现上下级信息贯通、同级信息共享。二是要加快推进乡镇卫生院标准化建设，规范统一乡镇卫生院的工作流程、考评机制、监管办法等，引导形成有据可依、有规可循的规范化、制度化的良性竞争机制。三是要强化村卫生室在乡村公共卫生体系中的基础作用，全面铺开纵向业务合作，充分发挥上级机构对村卫生室的"帮带"作用，构建村卫生室可发展、可"造血"的内生动力机制。四是要积极拓宽多元主体的参与渠道。党和政府必须要完善相关制度，为村民个人、乡贤、企业、各类社会组织积极参与公共卫生突发事件的防范和应对创造条件。五是要组建专家组。组建由医学类、信息技术类、管理类、法律类等专家在内的应急专家咨询委员会，协助应急机构做好危机防范、处置及善后工作。不断提高广大人民群众自我组织、自我服务、自我防护能力，构建疫情治理"人人有责、人人负责、人人尽责、人人共享"的命运共同体，是新时代我国突发公共卫生事件整体性治理的战略路径。[3]

① 蒲实. 加强乡村公共卫生体系建设重在补短板[N]. 学习时报，2020-02-19（2）.

② 本书编写组. 党的十九届五中全会《建议》学习辅导百问[M]. 北京：党建读物出版社、学习出版社，2020：41.

③ 唐皇凤，吴瑞. 新冠肺炎疫情的整体性治理：现实考验与优化路径[J]. 湖北大学学报（哲学社会科学版），2020，47（3）：1-13，172.

（四）推动乡村公共卫生应急管理法治化

科学有效的突发公共卫生事件应急管理一定也是照章办事、依法处置的，只有健全的法律体系和规章制度才能维系应急管理工作的顺利进行。从当前一些乡村所采取的措施来看，"人治"的痕迹在某些方面还会较明显地呈现出来，给乡村有效应对公共卫生突发事件带来了不必要的障碍。比如，疫情期间，有些村级组织并没有严格遵守上级党和政府的防控要求，这也从侧面反映了部分村干部缺乏法治思维和规则意识。当前，我们需要以"大健康"的视角去审视卫生健康与环境、行为、文化等的相互关系，从法律的层面去全面规制影响乡村公共卫生健康的习惯因素。首先要有法治思维，提升"人性化"执法水平。在处置公共卫生卫生突发事件时，无论是在舆论宣传上，还是在实际工作中所采取的任何措施，都要充分体现"以人民为中心"的理念，依法依规办事。其次，基层政府要在上级法律法规框架下，在自身的权限范围内灵活制定相应的疫情防控措施和实施细则。所有防疫措施都不得违背上级尤其是中央精神，同时又必须结合乡村实际，在实体和程序上都依法依规。最后要加强普法宣传，让老百姓知晓应急管理的政策，并自觉遵守相应的防控措施，营造一个人人知法、懂法、守法的良好法治环境。

（五）夯实公共卫生应急管理的物质基础

公共卫生事业的发展是乡村振兴必不可少的组成部分，公共卫生无论是平时还是"战时"阶段都需要有足够的资源作为保障，但是公共卫生资源作为乡村发展的一种公共产品，依然存在经费不足、优质资源稀缺、布局不平衡等现实问题。为了在较短的时间内夯实乡村公共卫生应急管理的物质基础，一方面各级政府需要使用好包括行政、经济、法律等各种手段，积极引导公共卫生资源向农村流动；另一方面要科学分配好资源，要将公共卫生资源投入重点从医疗机构转向基层疾控中心，同时加大农村公共卫生领域的基础设施投资力度，在重点乡镇配置农村传染病防范设施、加强监护病房（intensive care unit，ICU）重症隔离设施等。

第二节　紧密型县域医共体建设

一、紧密型县域医共体的产生与特征

（一）产生背景

县域医共体是我国医疗联合体建设的重要形式之一，如何解决乡村基层医疗

卫生服务提供中存在的"碎片化"问题是其重要的目标任务之一。在原有的县乡村三级医疗卫生体系框架下，乡村医疗卫生资源配置效率低下、服务连续性不足、服务水平参差不齐、服务质量和效果较差、患者及其家属满意度较低等都是常见的问题。县域医共体主要是通过在县乡村三级医疗机构之间构建协同关系，引导分级诊疗格局的形成，在充分发挥各级医护人员主动性和积极性的同时，根据患者需求提供一体化的连续性服务，全面实现服务质量提升及患者和家属的满意度提升，从而最终达成实现好、维护好和发展好县域内群众身心健康的目标。但根据近几年的运行实践发现，最初那种松散状态的县域医共体实施效果往往不甚理想，县乡村三级医疗卫生机构之间的"碎片化"问题一直都没有得到很好的解决。之所以会出现这种情况，原因也是多方面的，如果按照利益相关者理论来分析，那就是县域医共体建设涉及诸多的利益主体，它们都有自己的"小算盘"。直接参与或受到县域医共体政策影响和对相关政策能做出鲜明反应的组织与个人主要有三类：一是县级职能部门，如卫生健康局、医疗保障局、人力资源和社会保障局、编制委员会办公室、财政局等政府职能部门；二是医疗机构，主要是指县乡村三级基层医疗卫生机构，这些机构又分为牵头单位和成员单位；三是患者及其家属。另外，还有间接参与或受县域医共体政策影响的利益相关主体，如药械生产企业、药械配送企业、民营医院、县域外医疗机构等。各个利益主体的政策要求、利益诉求及行为动机都各不相同，从而导致了在这场改革中呈现出相互制约、相互促进又相互制衡的复杂关系，这种交织复杂的利益关系往往成为阻碍县域医共体建设的重要因素，特别是在各种利益主体的关系没有理顺或靠制度固定下来的情况下更是如此。

为了及时解决县域医共体在发展过程中出现的一系列问题，如重形式轻内容、重数量轻质量、重医疗轻健康管理、外部支持政策不完善不到位、各种联合主体协同机制不完善、利益分配不均衡等，国家卫生健康委员会（以下简称国家卫健委）于 2019 年及时出台了《关于推进紧密型县域医疗卫生共同体建设的通知》（国卫基层函〔2019〕121 号）[①]。

同年，国家卫健委在全国启动紧密型县域医共体建设试点，"确定山西、浙江 2 省，其他省份 567 个县（市、区，下同）共 754 个县为试点县，2021 年，又增加新疆维吾尔自治区为试点省"[②]。为了避免改革流于形式，进一步规范医共体建设，确保紧密型县域医共体改革落地见效，2020 年 8 月国家卫健委联合国家医

---

① 关于推进紧密型县域医疗卫生共同体建设的通知，https://www.gov.cn/zhengce/zhengceku/2019-10/08/content_5437020.htm[2019-11-12]。

② 卫生健康委新闻发布会介绍紧密型县域医共体建设有关情况，https://www.gov.cn/xinwen/2021-11/30/content_5654999.htm[2021-12-24]。

疗保障局、国家中医药管理局共同制定了《紧密型县域医疗卫生共同体建设评判标准和监测指标体系（试行）》（国卫办基层发〔2020〕12号）[①]，明确了"着力构建目标明确、权责清晰、分工协作的新型县域医疗卫生服务体系"的工作目标，以及"坚持政府主导、资源下沉、群众受益，强化医防融合，提升基层医疗卫生机构基本医疗和公共卫生服务能力，逐步形成服务、责任、利益、管理的共同体，为群众提供优质、高效、方便、经济的整合型医疗卫生服务"的基本原则。紧密型县域医共体通过组织间深度一体化以及外部治理体系的变革，推动不同行动主体之间形成良好协同关系，呈现出整体性治理的基本特征，为解决"碎片化"问题提供了新的思路。[②]

（二）基本特征

从国家相关部门发布的政策文件我们可以看出，紧密型县域医共体应该具备以下几个方面的重要特征。

（1）要充分体现"紧密性"特征。顾名思义，"紧密"是与"松散"相对应的，从紧密型县域医共体的建设目标和要求来看，其"紧密性"至少包含三方面的内容。首先，组织的紧密。县域医共体原来是在人事、财政甚至业务方面并不存在直接隶属关系的三级医疗机构的基础上组建起来的，紧密型县域医共体就是需要有紧密的领导体制、组织构架和运行机制，要在统一组织和班子的领导下，以业务为中心，有序地开展工作。其次，利益的紧密。任何一个组织可能都会面临"有利而聚、无利而散"的困境，紧密型县域医共体就是要解决好各利益主体尤其是各成员单位及其医务人员的利益分配问题，需要形成一种"一荣俱荣、一损俱损"的利益共同体，通过有效的制度管理去调动每一位本属于不同成员单位的员工积极性。最后，分工与合作的紧密。紧密型县域医共体的重要责任之一就是要通过组织架构的科学构建、管理制度的制定与完善、成员间的有序分工以及职责权限的合理配置，实现医共体三级机构的运行高效、政策执行到位、效率和效能全面提升的目标。

（2）要体现以党委引领、政府主导、医疗卫生服务机构为主体的工作机制。以党委引领、政府主导意味着县乡两级党委和政府以及村级党组织与村委会都要高度重视紧密型县域医共体的建设，县级卫生健康局作为直接领导机构，需要全程负责做好规划、落实、监督、评估、整改等工作；作为县域医共体的直接责任

---

① 关于印发紧密型县域医疗卫生共同体建设评判标准和监测指标体系（试行）的通知，https://www.gov.cn/zhengce/zhengceku/2020-09/18/content_5544471.htm[2021-05-19]。

② 崔兆涵，王虎峰. 整体性治理视角下紧密型医共体的构建逻辑与实施路径[J]. 中国卫生政策研究，2021，14（2）：1-7.

主体机构，从县级到乡镇卫生院再到村卫生所这三级医疗卫生机构都是为群众提供卫生医疗和健康服务的第一责任人，它们的目标使命一样，只是权责有所不同、分工有所不同而已。

（3）要体现公共卫生的服务绩效和公平。绩效是"一个机构或组织的相关活动或项目的投入、产出和结果，它强调产出与结果，并表现为能够反映组织所具有的特定能力的效率、效益、公正和质量等"[①]。要提高绩效和体现公平就必须处理好以下几对关系。首先，要处理好投入与产出的关系，公共卫生资源的投入要实现与产出成正比，"公益性"是公立医院本质属性，但在目前的财政体制下，公立医院的生存权和发展权也是每家医院必须高度重视的头等大事，甚至是"第一要务"；其次，要处理好整体与个体的关系，医共体是一个利益共同体，但是它又是由若干个个体组成的，有整体利益要求，也有个体利益诉求，个体要服从整体，整体更要关心个人；最后，要处理好效率与公平间的关系，"人命关天"是所有医护人员和群众共同关切的问题，资源的分配和利用无论是从过程还是结果来看，都需要处理好效率和公平间的关系。

（4）要体现"以人民健康为中心"的思想。《关于坚持以人民健康为中心　推动医疗服务高质量发展的意见》[②]指出，要把解决人民群众最关心、最直接、反映最突出的健康问题作为出发点和落脚点，以人民群众健康需求为导向，优化医疗服务流程，完善医疗服务模式，进一步改善医疗服务，提高医疗质量，为人民群众提供连续性医疗服务。紧密型县域医共体建立的初衷就是要聚集相对有限的公共卫生资源，实现资源的聚集化效应，在家门口为群众提供与城市同等或接近的优质卫生产品和服务，以维护好、发展好人民群众的健康为根本宗旨。一方面，全体医务人员要树立起人民健康优先的思想，要实现从治疗向健康管理为主的理念大转变，把人民群众的疾病预防、身心健康管理等工作前置；另一方面，要全方位推动医疗服务高质量发展，在整合、协调、优化县域内的所有卫生资源的基础上，积极争取外部资源，提升医疗服务质量。

二、紧密型县域医共体建设中存在的问题

经过几年的运行和发展，紧密型县域医共体取得了不少令人瞩目的成绩，但也还存在一些问题，主要有以下几个方面。

---

① 孟华. 政府绩效评估：美国的经验与中国的实践[M]. 上海：上海人民出版社，2006：3.

② 关于坚持以人民健康为中心　推动医疗服务高质量发展的意见，https://www.gov.cn/xinwen/2018-08/19/content_5314911.htm[2018-12-11]。

（一）紧密性不足，松散性有余

前面我们分析了紧密型县域医共体的一个显著特征就是需要体现出在组织管理、业务利益、职责权限等全方位的紧密性，从而真正成为一个"形散"而"神聚"的命运共同体。但由于试点建设时间不长，以及长期以来各自为战的管理体制，加之患者及其家属对于公共产品的选择权利的自有，在一定程度上这种"本位主义"思想在这种共同体中还存在。比如，优质资源的下沉或转诊制度，导致利益分配不均，从而引发不同成员主体间新一轮的博弈。

（二）重视"治病救人"，忽略"治未病"与健康管理

毫无疑问，"治已病"一直成为医共体的首要职责，但"治未病"也应当成为该共同体的另一项重要职能，二者构成了县域医共体的"两翼"。但在现有的财政体制、医保制度和卫生行政管理体制下，作为"经济人"的医院和医护人员在很多场合难以完全切合公立医院"公益性"的本质要求，为了把病人留下来，采取"手续住院、人住家中"的现象也比比皆是，甚至过度治疗的事实也随处可见。"治未病"与健康管理的相关门诊在基层医院相继开启，但前来咨询或接受生命全周期健康管理的健康或亚健康人群寥寥无几，究其原因，一方面是群众对健康管理的认知不足，认为只有患病的人才去医院，另一方面是基层医院在疾病预防、健康管理方面的意识、手段和质量难以跟上。

（三）医疗卫生服务连续性亟待加强

分级诊疗制度、双向转诊制度等的不断完善，在一定程度上缓解了县级医院虹吸农村患者的问题，促进了县域医共体成员单位间的均衡发展，为患者提供了较为连贯的医疗卫生服务。但地理环境限制及人为干扰，尤其是信息技术的有限使用等主客观因素导致了一些医共体内部无法合理调配专家、床位和检查设备等各类资源，出现了连续性服务的中断，影响了服务质量的提升，降低了患者的满意度。

（四）现代医院管理制度建设面临新的障碍

公立医院改革的一个重要任务就是要建立现代医院管理制度，但目前将现代医院管理制度有效应用于县域医共体建设还面临着一些难题。《国务院办公厅关于建立现代医院管理制度的指导意见》（国办发〔2017〕67号）[①]提出"坚持分类指

---

① 国务院办公厅关于建立现代医院管理制度的指导意见，https://www.gov.cn/zhengce/content/2017-07/25/content_5213256.htm[2018-03-02]。

导，鼓励探索创新。尊重地方首创精神，鼓励各地在中央确定的改革方向和原则下，根据医院性质、功能定位、等级规模等不同情况，因地制宜，突破创新，建立符合实际的现代医院管理制度"的基本原则。县域医共体建立的原有基础除了三级医疗机构在组织属性方面保持一致外，也存在所处地域的"基层性"等共性，如根据县域医共体建立的设想和要求，县级人民医院、中医院作为牵头医院，要立足于县域内的"大病"或"专科病"，而乡镇及村一级的卫生机构则应聚焦于"普通病"的治疗，但是在现实中有不少"普通病"患者也往往喜欢首选县级医院。另外，不同层级的医院其所处的自然及人文社会环境也各不相同，导致了不同成员拥有自身的独特文化，这种医共体内各级医疗单位组织文化的差异性，也在一定程度上成为阻碍现代医院管理制度框架运用于紧密型县域医共体建设的一大因素。

三、推进紧密型县域医共体的建设路径

县域医共体改革既要推动县域内医疗资源要素的"物理整合"，又要推动体制机制改革产生"化学聚合"。通过"双下沉、两提升"（"双下沉"是指医学人才下沉和优质医疗资源下沉；"两提升"是指提升基层医疗卫生机构服务能力、提升群众满意率）增强县域牵头医院的服务能力，确保县级医院"牵得住"，通过强化基层医疗机构的医疗能力，确保让患者"信得过"。

（一）提升县域医共体的健康管理和医疗服务能力

（1）提升县域医共体的健康管理能力。早在 2021 年习近平就指出，"要加大公立医疗卫生机构建设力度，推进县域医共体建设，改善基层基础设施条件，落实乡村医生待遇，提高基层防病治病和健康管理能力"[①]。党的二十大报告强调，要"把保障人民健康放在优先发展的战略位置……坚持预防为主……提高基层防病治病和健康管理能力"[②]。因此，要提升紧密型县域医共体健康管理能力，需要从以下几方面做好工作。首先是价值导向，以人民健康需求和健康中国乡村为导向，实现县域医共体由治病向以健康管理为中心的能力转变。其次是整合组织，整合政府、县乡村三级医疗机构甚至社会组织以及市场（企业和个人）的力量，克服原有碎片化管理带来的弊端。再次是制度创新，制定完善的制度，实现职责功能的科学划分和界定、有效执行、评估与反馈。例如，对于薪酬制度改革，需

---

① 习近平看望参加政协会议的医药卫生界教育界委员，https://www.gov.cn/xinwen/2021-03/06/content_5591047.htm[2021-04-17]。

② 引自 2022 年 10 月 26 日《人民日报》第 1 版的文章：《高举中国特色社会主义伟大旗帜 为全面建设社会主义现代化国家而团结奋斗》。

要彻底改变医务人员薪酬与业务收入挂钩的现状。根据国家卫健委等六部门联合印发的《深化医药卫生体制改革2023年下半年重点工作任务》①的相关精神，在深化公立医院制度改革中，严禁向科室和医务人员下达创收指标，医务人员的薪酬不得与药品、卫生材料、检查、化验等业务收入挂钩。除了探索医院主要负责人实行年薪制外，也可以考虑试点性地探索科室骨干的年薪制。最后是技术运用，要以网络信息技术为平台，深化数字化改革，提供全新的治理方式和治理工具。

（2）科学界定县—乡—村医疗卫生机构的功能定位。一般的病在县级医院解决，头疼脑热在乡镇、村里解决，这是一个基本导向问题。县级医院要聚焦重点病和专科科室的建设，可以通过积极对接省市级的知名医院，多方引进名医资源，开展合作专科，建设院士工作站、名医馆、教授工作站，让患者主动留在县域内治疗。根据常见病和小病在乡村两级能得到有效解决的目标导向，乡村两级要加强以全科医生为重点的基层医疗卫生队伍建设，无论是引进还是培训都需要给予全科医生较大的政策支持。

（3）利用互联网等新模式加强上级帮扶力度。利用目前全国各地正在建设的"互联网+医疗"的远程医疗等新型模式，牵头医院要加大对基层的帮扶力度，让县级公立医院的优质医疗资源下沉，提升基层的医疗服务能力。另外，要通过平台实现全科医生与县级公立医院专科医生的畅通交流，由家庭医生为慢性病患者实施用药保障计划。基层还可以以家庭医生服务为突破点，由家庭医生对服务辖区内的群众开展健康管理服务，积极推进医养结合模式改革，强化公共卫生与养老服务的关系，构建基本医疗服务、公共卫生服务和健康管理服务的多元服务模式。

（4）深入推进家庭医生签约服务，发挥家庭医生团队"健康守门人"作用。医共体内部要通过多种协作机制来为服务人群提供连续性服务。家庭医生签约服务是推动医患双方形成良好互动的方式，可以将过去非责任式的、间断性的医患关系，以契约的方式转化成有责任的、连续性的医患关系，形成利益共同体的协同关系。由于长久形成的优质医疗资源分布不均，基层医疗机构与县级公立医院医生的专业技术水平仍然存在较大差距，家庭医生签约服务的深入推进离不开优质医疗资源的下沉和基层医疗水平的提升。可以探索"县级医院专科医生+卫生院全科医生+乡村医生+护理"的家庭医生团队建设，使县级医院医生参与到为签约群众提供约定的基本医疗和基本公共卫生健康管理服务中去。针对老年人、孕产妇、儿童、慢性病患者等重点人群，可以尝试组建多学科合作、更具专业性的家庭医生签约团队，为患者提供高水平的治疗和健康管理服务。

①《深化医药卫生体制改革2023年下半年重点工作任务》政策解读，https://www.gov.cn/zhengce/202307/content_6894063.htm[2023-08-01]。

（二）优化现行的医疗保险制度

（1）探索并推行多元复合式医保支付方式。打破现行相对单一性质的医保支付方式，积极探索多元复合式的医保支付方式。比如，可以按照不同病种付费，也可以按照病种与就诊医院级别相互衔接的方式付费。

（2）完善县域外报销制度。通过完善医保报销制度，降低县域外就医的报销比例，扩大县级公立医院和基层医疗机构就诊的报销比例差距等手段，鼓励小病常见病患者在基层就诊，疑难重症患者优先考虑在县域内就诊。落实目录内的病种不得随意外转，区域外就医原则上不能享受医保报销优惠的政策。

（3）明确医保资金拨付医院和基层医疗机构比例。医院的医保资金支付比例一旦被控制，那么它的发展重心将转移到提升县域医共体的整体医疗服务水平上，就会积极帮助基层医疗机构提升医疗水平和公共卫生服务能力，从而可以鼓励患者在基层就诊，提升群众卫生健康素养，降低整体县域医疗费用。

（三）夯实内外部保障机制建设

（1）积极推进县域医共体管理委员会改革。县域医共体建设是一项涉及卫生、健康、医保、财政、组织、人事等多部门利益调整的系统工程，也是对我国基层医疗服务体系重塑具有开创性和历史意义的重大变革。目前几乎所有的县域医共体都建立了管理委员会并从组织机构和工作职责等方面做出了明确的规定，但仍然存在需要进一步优化的地方。例如，进一步扩大组织机构人员的来源，目前县域医共体管理委员会的人员几乎全部来自县级的相关部门，普遍缺乏乡镇及村一级的人员，可以考虑选择乡镇党政、医院、村卫生所的骨干人员加入管理委员会，有利于政策的制定和执行，更好地发挥管理委员会的作用；又如，要进一步完善制度建设，要使县域医共体管理委员会在履职过程中不走样、走到位、走得远，也走得稳，单靠现有的职责分工和部门协调机制是远远不够的，还需要建立相应的保障和监督机制。

（2）完善对医务人员等利益相关方的政策培训机制。通过培训增强他们对改革目的的认同感，激发催生变革的内生动力，再由他们主动对患者宣传分级诊疗、双向转诊等优惠的政策。医疗机构要充分利用好下乡义诊、健康体检、健康讲座的机会积极宣传相关政策，主动向患者及其家属介绍基层医疗机构的定位、服务范围、能力水平，以及在基层看病就医的优惠政策。通过长期的交流引导，使患者逐步信任基层医疗机构，愿意在基层就诊，走出传统的认知偏差，从而营造一种积极向上的改革氛围。

（3）提升患者的政策认知程度。加大政策的宣传力度，提升患者政策认知程度，是减少医共体改革推进阻力的重要途径。除了提高医疗卫生机构自身的综合服务能力，满足患者看病就医的需求，还需要长期加强就医理念的引导。政府部门需要积极指导医疗机构开展宣传工作，同时通过电视、广播、报纸、网络等多种媒体对家庭医生签约、分级诊疗制度等各项医共体配套政策向公众进行广泛宣传，加强疾病常识和健康生活方式的普及，引导公众有序就诊。医疗机构可以通过在醒目的地方制定政策宣传墙、在就诊等候区放置宣传手册、在电梯屏幕滚动播放相关政策等方式加强政策宣传。

（4）加强监督，集中整治医药领域的腐败问题。医药领域是维护人民群众健康的主阵地，关系到广大人民群众最关心、最直接、最现实的健康权益。国家卫健委等14个部门联合印发的《关于印发2023年纠正医药购销领域和医疗服务中不正之风工作要点的通知》[①]提出了"健全完善行风治理体系，重点整治医药领域突出腐败问题"的目标任务。作为我国基层医疗卫生机构集合体的县域医共体，反腐倡廉工作任重道远。在药品器械的采购、使用、报销等领域加强全方位管理的同时，特别需要针对关键岗位尤其是医共体各成员单位的党政一把手、科室主任以及采购人员加强监督。通过运用数字化手段，建立健全规章制度，注重加强长效机制建设，从而实现紧密型县域医共体腐败问题治理的系统化、规范化和常态化，为医共体的建设营造一个风清气正的内部环境。

第三节　基层政府公共卫生治理能力建设

一、基层政府公共卫生治理能力的内涵

公共卫生治理能力属于政府治理能力的一个重要方面，它是指政府在提供公共卫生产品、公共卫生服务和公共卫生环境等方面的一种综合性能力，但目前学界并没有就公共卫生治理能力这一概念做深入研究和系统分析。我们在充分借鉴现有研究成果的基础上，结合基层政府自身的特点，试着对其本质内涵进行分析和解读。我们认为，基层政府公共卫生治理能力的本质是指以县乡政府为核心的治理主体在满足区域内公民个体对公共卫生产品、服务、制度与环境等资源共性化与个性化需求方面的一种综合性能力。

---

① 申少铁. 国家卫健委等部门：纠正医药购销领域和医疗服务中不正之风[N]. 人民日报，2013-05-12（14）。

（一）基本内涵的阐释

基层政府公共卫生治理能力的本质内涵至少包含了以下四个方面的基本内容。一是公共卫生治理能力的主体。基层政府公共卫生治理能力的主体是多元的，只是在当前情况下县乡两级政府起着核心的主导作用，而其他社会组织、市场甚至个人的作用也将随着治理现代化的进一步深入而逐步得到更大的发挥，尤其是在乡村公共卫生建设行动中，村级党组织、村委会、村卫生所等都将发挥重要的作用。二是公共卫生治理能力的客体。公共卫生治理的受益者从理论上分析应该是各类参与治理的主体，但最终必须落实到基层政府所管辖区域内的具体每个公民身上，这也体现出了"人本治理"的根本要求。三是公共卫生治理能力的内容。基层政府公共卫生治理能力的内容主要体现在公共卫生产品、公共卫生服务、公共卫生制度及公共卫生环境等四个基本领域，这四个方面既有外在的独立性，更有内在的紧密联系性，它们之间相辅相成、相互促进，甚至可以相互转化。四是公共卫生治理能力的目标。基层政府公共卫生治理就是要满足各治理主体对公共卫生资源个性化和共性化的需求，通过公共卫生资源的合理配置、公共卫生治理体系的科学构建，促进县乡区域内所有人群的身体与心理健康，最终达到全面实现建成"健康乡村"和中国式现代化强国的目标。

（二）能力要素的构成

作为一种综合性的能力，从涉及的内容、目标和领域的角度来分析，基层政府公共卫生治理能力涵盖了四个最基本的要素。

（1）构建基层政府现代公共卫生治理体系的能力。治理体系和治理能力实质是对国家治理不同角度与层面的分析，治理体系是一种相对宏观、综合性的目标，而治理能力则是一种相对微观、具体性的内容，只是在当前形势下我国突出了治理能力的建设。一个现代化的公共卫生治理体系必将为其治理能力建设提供保驾护航的作用，而现代体系的构建和运转则需要依赖各种动力，尤其是一种长效持久的内部动力，这种内部动力的关键因素就是治理能力。

（2）优化内外公共卫生资源的能力。基层政府的公共卫生资源包含了区域内和区域外的两种资源，但是任何组织在有限的时空内所拥有的资源都是有限的，对于基层政府来说更是如此，因为历史和现实的原因造成了基层政府公共卫生资源的严重不足。面对健康中国的发展目标以及治理的新挑战，基层政府能否有效吸纳、整合和优化内外资源，提升其公共卫生治理水平，成为其治理能力强弱的一个重要的考量。

（3）满足治理主体对公共卫生资源共性化和个性化需求的能力。任何一个治理主体对于公共卫生资源的需求都应该包括无形的公共卫生制度和环境，同时它又包含了有形的公共卫生产品和服务。正如美国学者莱斯特·塞拉蒙所说，治理被认为是实现公共服务效益、效率和公平的基本工具，是具有超越"公"与"私"二元结构的、社会网络体系化的策略创新[①]，在实际生活中，每个个体在不同的发展阶段对公共卫生的需求是不尽相同的，需要尽量给予满足。

（4）对外公共卫生治理影响的能力。任何一种治理能力都需要具备对内和对外影响两种能力，对于基层政府公共卫生治理能力也不例外。"对外影响能力"可以从两个层面加以理解：一方面是指通过县乡政府自身公共卫生治理能力的提升来带动区域内其他治理主体的公共卫生治理能力；另一方面是指通过以县乡政府为主的治理主体的公共卫生治理能力的提升来影响区域外其他治理主体的治理能力。要提升县乡两级政府公共卫生治理能力首先必须实现内部的自我发展壮大，在此基础上直接或间接、实质或形式上来影响其他公共卫生治理主体的能力提升，它可以通过资源互补、人员互助、政策互享、信息互通等多种形式得以实现。

二、基层政府公共卫生治理能力提升的制约因素

（一）资源因素

首先从卫生资源来看，乡村公共卫生资源的数量不足，城乡卫生资源的分布不均是一个不争的事实，在公共卫生经费投入、专业技术人员、医院卫生机构、床位数等卫生资源方面城乡间都存在较大的差距。本章的第一节内容从四个方面分析了当前我国乡村公共卫生治理存在的短板。另外，从基层政府财力来看，大多县乡两级政府财政运转困难一直没有得到明显改变，甚至在一些地方还愈演愈烈。虽然，目前还没有最近几年权威部门公布的县乡两级政府具体的负债情况，但以下两组数据基本可以反映出当前基层政府财政的真实状况。一是 2022 年底全国地方政府的债务余额情况。截至 2022 年 12 月末，全国地方政府债务余额 350 618 亿元。其中，一般债务 143 896 亿元，专项债务 206 722 亿元；政府债券 348 995 亿元，非政府债券形式存量政府债务 1623 亿元。[②]二是村级债务情况。农业农村部抽样调查显示，截至 2019 年上半年，在全国 70 万个行政村中，村级债务总额已达到 9000 亿元，村级组织平均负债达 130 万元。[③]财政为庶政之母，一个财力缺乏的组织，其正常的运行都难以得到保障，更谈不上治理能力的提升。

① 孙柏瑛. 当代地方治理：面向 21 世纪的挑战[M]. 北京：中国人民大学出版社，2004：21.

② 2022 年 12 月地方政府债券发行和债务余额情况，https://www.gov.cn/xinwen/2023-01/30/content_5739128. htm[2023-03-30]。

③ "小村大债"之困，https://www.chinanews.com/sh/2023/09-05/10072437.shtml[2023-09-15]。

（二）体制因素

这里论述的体制是与公共卫生治理直接相关的两个方面，一方面是传统的公共卫生管理体制，另一方面是我国基层政府传统的管理体制。现有的公共卫生管理体制是一种以高度行政化为基本特征的治理结构，"公共卫生治理结构的另一主体——个人处于被动接受公共卫生服务的位置，其参与也表现为一个自上而下的过程"[①]。该模式难以适应多元的现代治理主体间"自下而上、上下结合、多向互动"的基本要求，尤其是"我国目前正处于社会转型时期，社会形态既不是纯粹传统的，也不是纯粹现代的，而是一种混合形态的社会"[②]，转型社会的缺陷必然会导致包括公共卫生治理在内的一些新的问题越来越突出。顶层制度设计的滞后性，往往会导致"在过河时摸不着石头"而迷失方向或滑入漩涡难以达到目标彼岸情况的发生，从而在体制上为基层政府公共卫生治理能力建设套上了"枷锁"。此外，传统的政府管理体制兼具了"科层制"的固有缺陷和"官僚化"的基本特征。在我国无论是市管县体制还是"乡政村治"的改革都很容易陷入"目标理想化，手段简单化，过程形式化"[③]的通病，从而导致改革一时难以达到预期的效果。政府治理体制的滞后无疑决定了公共卫生治理体制的僵化。

（三）层级因素

从层级的角度来分析，基层政府公共卫生治理能力的影响因素主要有三个方面。一是基层政府所处的社会环境。我国乡村社会是一个熟人半熟人社会，在这种状态下，干部之间的私人关系难以与正常的工作关系进行明确的界定，"工作关系私人化"和"人际关系工作化"[④]在一些乡村干部队伍中成为了一种常态。这种"以情代法"或"以私代公"的关系将严重制约基层政府治理能力的建设。二是政府的政策执行力。随着层级的下沉，政府对公共政策执行的力度和效果将出现逐渐递减的趋势，且越往基层，递减速度越快，执行效果越差。由于越往基层，各地的实际情况差异化也越大，基层政府在执行上级政策中注入的灵活性就越强，出现偏离上级政策初衷和本意的可能性也就越大。[⑤]三是资源的利己化。任何政府都有可能在不同程度上呈现出"经济人"的特性，上一级政府会利用自身的层级优势来摄取或部分截留对自己有用的任何资源，从而为本级政府所管理区域的

① 张丽. 新时期公共卫生治理结构的转型与重塑[J]. 中国卫生事业管理, 2010, 27（8）: 511-512, 518.

② 郑杭生, 洪大用. 中国转型期的社会安全隐患与对策[J]. 中国人民大学学报, 2004, 18（2）: 2-9.

③ 许才明, 邱俊钦. 基层政府治理能力建设: 要素、困境、契机与思路[J]. 江南大学学报（人文社会科学版）, 2015, 14（5）: 36-40.

④ 吴毅. 小镇喧嚣: 一个乡镇政治运作的演绎与阐释[M]. 北京: 生活·读书·新知三联书店, 2007: 615.

⑤ 周雪光. 基层政府间的"共谋现象": 一个政府行为的制度逻辑[J]. 社会学研究, 2008, 23（6）: 1-21, 243.

发展提供更多的资源支持。

（四）技术因素

技术是提升政府治理能力的手段保障，能力的提升与现代技术的运用和普及有着密切的联系。影响基层政府公共卫生治理能力大小的技术条件主要有两个方面：一是农村互联网技术的普及率，二是基层政府的网站建设情况。这两方面的具体数据参见本书第七章"乡村数字化建设行动"部分。乡村互联网普及率偏低和政府网站建设滞后成为基层政府公共卫生治理能力建设的技术瓶颈。

三、加强基层政府公共卫生治理能力建设

（一）构建基层政府现代公共卫生治理体系

治理能力的提升有赖于治理体系的完善，现代公共卫生治理体系的构建是一个系统工程，需要多管齐下。要构建一个能使区域内的任何人在任何地方、任何时间都能以承担得起的价格享受基本的、同质的公共卫生资源的现代公共卫生治理体系。首先，基层政府要根据自身内部发展状况、社会与民众的基本需求，把包括公共卫生治理在内的诸多公共事务管理权限理性让渡给社会组织、市场甚至公民个人，真正建立起多元的公共卫生治理主体；其次，要将群众健康、公共卫生、人类发展等基本公共职能高度整合，形成大部制的现代"大公共卫生"治理机构，并配备专门的具有现代治理理念和治理素质的工作人员；最后，要建立科学化、民主化和法治化的公共卫生决策机制与问责机制，建立公共卫生治理绩效评价制度，并将此纳入政府年度绩效考核体系。最终形成一个主体多元、人员专业、机构精干、功能完善、权责清晰、评价科学的基层政府公共卫生治理现代化体系，为其治理能力建设提供机制保障。"只有中国政府大力推进自身的改革，优化行政机制的运作模式，拓展市场机制的运作空间，引入社群机制的运作框架，推动多种多样公私合作伙伴关系的形成，公共卫生的治理变革才能走上良性循环的轨道。"[①]

（二）持续推进县—乡—村外部治理体制改革

基层政府外部治理体制主要涉及三个方面：县级政府与省市级政府、县级政府与乡级政府、乡级政府与村级组织间的关系。一是要全面推进"省直管县"体制的改革。要赋予省直管县与设区市同等的经济社会管理权限，如在财政税收上，在维持原财政体制存量不变的前提下，省财政增量要向它们倾斜，财力性转移支

---

① 顾昕. 中国公共卫生的治理变革：国家-市场-社会的再平衡[J]. 广东社会科学，2014（6）：180-190.

付都要直接到县，由县进行调度和决算。二是要理顺县乡政府间关系。在条块分割的背景下，与县级政府相比，乡级政府在人事、财权和重大事项的决策权等方面往往处于一种与其自身地方不对等的尴尬地位。作为县级政府需要让本属于乡级政府的职责权限回归到最基层的政府，从而使乡镇政府成为一级真正独立完整的政权。三是要重构"乡政村治"的有序格局。推行了多年的村民自治制度，无论是在理论研究还是实践工作中都取得了有目共睹的成效。当然，我们也不能否认，村民自治制度在执行过程中，因受到人为的干扰和客观因素的制约，一些有悖于基层民主治理的现象也时有发生，从而破坏了"乡政村治"和谐格局的建设。所以，在推进社会主义现代化强国建设的大背景下，如何创新性地按照"四民主、三自我"的基本精神来与时俱进地发展"乡政村治"新格局是当前亟待研究的一个重要课题。

（三）进一步夯实物质和技术保障基础

一是要实现城乡公共卫生资源均等化。面对广大乡村基本公共卫生资源普遍缺乏这一状况，国家需要在政策制定、资金转移、人才培育、技术交流以及基础设施建设等方面采取有力的措施，以尽快实现城乡公共卫生资源均等化。二是要壮大县域公共财政实力。对于我国绝大多数县域经济来说，第一产业比重过大，产业结构层次偏低是其基本特征。上级政府的财政转移支付或专项资金是在特定历史时期不可缺少的外部支持，但从长远来看，县域经济的发展壮大最终需要自身内部的强大动力。"大众创业、万众创新"应该成为县域内部经济发展的新出路，这需要政府在顶层设计上制定出行之有效的实施措施，从而让县域经济真正实现自强、自立。三是要做好技术保障。在"互联网+"时代，乡村互联网普及率偏低已经成为制约基层政府公共卫生治理能力的一个重要因素，尤其是制约了基层政府的电子政务建设。电子政务的建设不是单纯的静态的网站建设，而是一个所有治理主体间实现信息互通、资源共享的新型交互平台的建设。因此，各级政府需要在目标规划、人才支持、资金投入等各个方面花大力气，以在尽量短的时间内实现基层政府电子政务建设的新突破。

（四）积极营造良好的治理氛围

良好的氛围是推进基层政府公共卫生治理能力建设的重要条件，从大的方面来说，主要包括现代治理理念和基层健康的公共卫生环境两个层面。一是现代治理理念的宣传普及与内化。要在基层政府所管辖的范围内推行以现代善治为核心的价值体系，只有把该价值体系"内化于各类治理主体并体现在形塑这些治理主体的规则和程序设计之中，国家治理的目标才有望实现"[①]，基层政府公共卫生治理能力才有可能得到提升。二是基层健康的公共卫生环境的营造与共享。基层健康的公共卫生环境包括人文、社会和自然等三个方面的环境。要求每个公民在打造健康中国这一宏伟目标下，树立起重视对自己、对他人享受以"健康"为核心的公共卫生资源的强烈意识。这要求每个政府不仅要利用现有的宣传工具，为乡村公共卫生治理目标做好宣传，让这一目标深入人心；同时又要制定好各项制度，在理论和实践方面体现对公民享有平等公共卫生资源的认可和维护。

---

① 何增科. 理解国家治理及其现代化[J]. 马克思主义与现实，2014（1）：11-15.

第七章 乡村数字化建设行动

2018 年"中央一号"文件《中共中央 国务院关于实施乡村振兴战略的意见》提出，要"实施数字乡村战略，做好整体规划设计，加快农村地区宽带网络和第四代移动通信网络覆盖步伐，开发适应'三农'特点的信息技术、产品、应用和服务，推动远程医疗、远程教育等应用普及，弥合城乡数字鸿沟"[①]。2019 年发布的《数字农业农村发展规划（2019—2025 年）》提出"到 2025 年，数字农业农村建设取得重要进展，有力支撑数字乡村战略实施"[②]的建设目标，而 2021 年制定的《中华人民共和国国民经济和社会发展第十四个五年规划和 2035 年远景目标纲要》更是设定了"加快推进数字乡村建设，构建面向农业农村的综合信息服务体系，建立涉农信息普惠服务机制，推动乡村管理服务数字化"[③]的远景目标。在如何推动乡村数字建设和发展方面，国家层面出台了包括《关于加强和改进乡村治理的指导意见》《数字乡村发展战略纲要》《数字乡村发展行动计划（2022—2025年）》等重要文件，与此同时，中央网络安全和信息化委员会办公室、农业农村部联合启动了《数字乡村建设指南 2.0》的修订工作。但我们也必须清醒地看到当前乡村数字治理还存在以下几方面的主要问题：基础设施建设不均衡、城乡数字鸿沟依然存在、专业技术人才短缺、数字化发展意识薄弱、数字难以融入现有产业、联动发展效率较低、统筹协调力度不足、数据整合共享不充分、乡村数据资源匮乏而分散、公共数据共享开放不足以及持续投入不足、支持保障措施缺乏。[④]以上几个方面已成为数字乡村建设进一步推进的主要障碍，因此，我们需要采取切实有效的措施在较短时期内着力推进乡村数字化建设。

---

① 中共中央 国务院关于实施乡村振兴战略的意见，http://www.mofcom.gov.cn/article/b/g/201805/20180502738498.shtml[2022-01-02]。

② 农业农村部 中央网络安全和信息化委员会办公厅关于印发《数字农业农村发展规划（2019—2025 年）》的通知，https://www.gov.cn/zhengce/zhengceku/2020-01/20/content_5470944.htm[2021-04-09]。

③中华人民共和国国民经济和社会发展第十四个五年规划和 2035 年远景目标纲要，https://www.gov.cn/xinwen/2021-03/13/content_5592681.htm?eqid=d001748e0000099e00000003648ac144[2022-06-07]。

④ 胡仙芝. 数字乡村建设：成效、问题与对策：来自对数字乡村建设政策试点的调研和观察[J]. 国家治理，2023（11）：35-39.

第一节　乡村数字化的内涵与建设重点领域

一、乡村数字化的基本内涵

"乡村数字化"这一概念的表述类似于"数字乡村""乡村数字化治理"等。何谓"乡村数字化"？如果仅从字面上来理解，乡村代表的是被数字赋能的对象，是与经济社会发展水平较高的城镇相对应且代表着一定情感色彩的区域；数字化则更多的是代表了一种理念和技术，是通过现代理念和技术手段把数字变成"实物"，乡村与数字化叠加在一起形成了乡村建设领域的"数字孪生"现象。但关于"乡村数字化"的确切含义，学术界还未形成统一的看法，乡村社会对数字建设的认知与行动也还主要停留在外在发展性要素推动阶段，要实现内生性增长的转换还有很长的一段路要走。鉴于学术界对乡村数字治理权威内涵的理解并未形成共识，我们有必要先简要对现有的研究成果作一梳理和归纳，并在此基础上提出我们对"乡村数字化"的理解。

（一）静态性的要素论

乡村数字化的建设需要突出乡村的本质。乡村是一个集自然、人文、资源、信息汇集与转换的地方，乡村数字化也需要紧紧围绕这些要素并为这些要素实现有效的交互与转化提供相应的制度、技术和基础设施等方面的支持。正如有学者指出，中国的乡村数字治理，就是由数字化乡村治理的政务体系（组织机构和运作制度）、乡村数字技术设施与技术规制以及乡村数字经济社会民生的发展机制这三大治理结构所构成的治理新体系①，毫无疑问，这是一种典型的"静态性的要素论"代表。这一观点的核心要义就是，认为乡村数字化建设是由系列要素构建而成，这些要素之间是一种平行的关系，但在实际运行中却更多地表现为相互影响、制约和促进，缺一不可，互为一体。所有的数字化最终都需要赋能到具体的有效载体，即具体的"人""物"或"事"。所以乡村数字化归根结底就是在乡村建设中把"数字"作为一项工具，应用到乡村建设行动的相关领域，从而达到使乡村建设产生更大效益的期望和结果。

（二）动态性的过程论

顾名思义，乡村数字化就是以数据为核心生产要素，以数字技术为主要推动

---

① 刘俊祥，曾森. 中国乡村数字治理的智理属性、顶层设计与探索实践[J]. 兰州大学学报（社会科学版），2020, 48（1）：64-71.

力，以现代信息网络为重要载体，以乡村数字化发展为主要抓手，按照乡村振兴二十字总要求，全过程地应用于乡村建设行动的实际治理中。乡村数字化通过"用于保证乡村治理基本单元的精准化识别、协同化运作、精细化治理和信息共享的系统性运作过程"①，从而提升农村居民信息素养与技能，增强乡村发展的内生性动力，加速农业农村和农民的现代化发展进程，提升乡村的整体价值和居民的生活品质。当然，也有学者从科技创新的角度进行了分析，认为数字乡村建设是新一代信息技术在农业农村和农民生活中的深入应用，通过数字技术促进传统农业转型升级，提升乡村治理与公共服务水平，为农民生活创造数字化便利的重要路径。②无论学者选取哪种研究视角，他们更多的是强调"转化"的功能，即实现从一种状态向另一种状态的转化。

（三）静态与动态相结合的目标论

乡村数字化治理定位于"以人民为中心"的价值层面，实现公共服务价值最优化是其最核心的内涵。大多数学者认为，乡村数字化是过程和结果的有机结合，即通过数字这一工具或手段，使得乡村在乡村振兴战略中实现由传统乡村向数字化乡村的转变，这一转变将为乡村面貌带来颠覆性的变化。乡村数字化建设不仅是数字技术的叠加，而是通过这种有效的数字技术叠加促进农村智慧化、农业信息化和农民数字素养综合水平的提升，从而在乡村生活空间布局的重建、乡村经济社会生态文化的重塑以及乡村治理模式的重构方面实现质的飞跃。这种以目标为导向的观点就是把乡村数字化理解成通过数字的"内化"与"转化"过程，达到乡村振兴的目标和要求，是过程与结果的有机结合体。数字乡村建设是以信息化、数字化、网络化为重要载体，实现乡村产业数字化、治理数据化、服务信息化以及生活智慧化，重构乡村现代经济发展形态，打造乡村治理信息化新模式。③

根据学者的观点，结合乡村振兴战略和乡村建设行动，我们认为乡村数字化就是把数字作为治理工具，通过数字赋能乡村传统的政治、经济、社会、文化及生态要素，从而为实现乡村振兴战略提供一种全新的技术路径和高质量的发展结果。通过这一概念的界定，我们认为乡村数字化至少包含了以下几个基本内容：一是数字化是一种全新的技术手段，是对传统意义上"数字"的颠覆，是通过有效的载体让"虚拟"的数字转化成有形的产品和无形的服务；二是数字化的对象涵盖了乡村的政治、经济、社会、文化和生态等五个基本领域，每个领域数字赋能的要素、方式、程度和结果会因乡村建设行动的推进重点、力度和时序而不同；

---

① 冯献，李瑾，崔凯. 乡村治理数字化：现状、需求与对策研究[J]. 电子政务，2020（6）：73-85.
② 赵成伟，许竹青. 高质量发展视阈下数字乡村建设的机理、问题与策略[J]. 求是学刊，2021，48（5）：44-52.
③ 李道亮. 我国数字乡村建设的重点、难点及方向[J]. 国家治理，2021（20）：21-26.

三是乡村数字化既是一个过程，也是一种结果，即围绕乡村振兴战略的基本目标、任务和要求，通过现代数字化治理实现传统要素向现代要素的转化，从而实现全面建成数字化乡村的目标。

二、乡村数字化建设的重点领域

乡村振兴是全方位的振兴，乡村建设行动也是持续性的系列行动，数字化作为一种技术手段可以应用到乡村振兴的所有领域中，但根据乡村建设行动的重点内容和要求来看，以下几个方面是实现数字化赋能的关键领域。

（一）按照"产业兴旺"要求，发展乡村新业态

乡村振兴的基础是乡村的产业，但产业不是简单的传统的农业生产、农产品浅加工和农产品的流通与销售，而是通过数字化技术改造后的现代产业。当前我国农业生产还面临着不少的困难和挑战，就国内而言主要有以下几方面：极端的天气导致自然灾害频发、18亿亩耕地红线不断受到冲击、大量农田甚至不少良田因劳动力外出或生产成本不断攀升而荒芜或者耕种次数减少、农产品质量提升速度缓慢且难以满足居民的多样化消费需求。与此同时，在国际上我国农业面临着发达国家农业高科技化、农业产品标准化、农业生产规模化的巨大压力。如何化解内外压力，冲破发展的藩篱是我国广大乡村实现"产业兴旺"的当务之急，也是实现乡村稳定和持续发展的根本之道。乡村数字化战略的提出和实施，乡村信息基础设施建设以及电商、物流的兴起，为乡村振兴提供了有力的武器。数字与乡村产业的结合是多方面、全方位、多层次的，除了围绕第一产业做文章，发展智慧农业和数字化农产品，延伸农产品产业链，提高农产品附加值外，还需要大力发展智慧乡村旅游、智慧出行、智慧医疗与养老服务等产业，只有培育、发展和创新更多产业形式，才能在国内国际双循环中实现成功转型，才能实现产业的持久兴旺发达。

（二）按照"生态宜居"要求，实现生活设施便利化

乡村要吸引人，除了有城市无法比拟的优美自然生态外，还应该拥有至少能与城市接近或者对等的便利的生活设施。除了要实现衣、食、住、行、医、教和娱乐设施的可及性外，还有重要的一点就是生活设施要使用起来便捷、智能，且能适合不同人群，特别是老年人。农村人口老龄化形势比城市更加严峻，而且年轻人常常不在身边，也缺乏志愿者或其他群团组织的关照。据统计，2020年，我国农村老年人口达1.21亿，占农村总人口的23.81%，平均每4个农村人口中约

有 1 个 60 岁及以上老年人，农村老年抚养比比城市高 12.2 个百分点[①]，而且这种比例在逐年提高。因此适老化设施建设便提上议事日程，如适老化的房屋构造、适老化的智能手机、适老化的医护产品、适老化的运动休闲娱乐场所等。数字化在某种意义上来说也是智能化，智能化弥补了传统人工费时费力且效果较差的缺点和不足，为原本基础设施薄弱的乡村、为村民的日常生活带来了诸多便利，为乡村的发展吸引、留住更多的人才创造了条件。

（三）按照"乡风文明"要求，实施农民数字素养提升工程

乡村数字化建设是一个长期的过程，在新兴数字技术的不断影响和渗透下，传统乡村社会将发生重大变革，有形和无形的产品都将呈现出数字化、信息化和智能化的特征，这些变革将给农村、农业和农民带来全方位的变化，特别是农民的思想意识、生活态度、交往方式等。农民是推进乡村建设行动的主体，乡风文明，主要依赖于农民素养的提升，农民的素养是一个综合性意识和能力的集合，其中数字素养是新型职业农民必不可少的要素。但是由于长时间习惯于传统的生产和生活方式，面对突如其来的数字化浪潮，"网络安全意识明显不强、移动媒体使用能力非常有限、数字化增收能力严重不足等问题"[②]成为制约当前农村居民在数字素养培养过程中的三大短板。

农民的数字素养，起码应该包括以下几个基本要素。一是对数字媒介的了解和认知。这种认知不一定是对这一技术的了解或掌握，而是对这一新鲜事物的接触和知晓，在自身意识中有这种概念的存在。二是对数字媒介的渴望和尝试。"数字恐惧症"是很多文化水平偏低、年龄偏长群体的一种通病，囿于传统思维和习惯于使用固有工具的限制，使得他们在内心深处很长时间内都难以接受新事物对旧事物的替代。三是对数字媒介的使用和推广。数字化的一个重要表现就是通过现代工具让数字进入群众的生产生活、让数字改变群众的生产生活、让数字赋能群众的生产生活。通过数字的应用，那些具备数字素养的新型农民可以通过新媒体连接数字社会，感知数字社会关系，投入数字新场景。四是对数字媒介的创新。创新不是高知识分子或科技人员的代名词，作为乡村建设行动的主力军，广大农民群众也可以发挥自己的聪明才智创新数字媒介，如在生态农业发展中，可以通过数字的应用和创新，把农林牧渔业与农家乐、旅游观光和农产品线上线下销售建成一体化产业。所以，农民拥有数字素养不仅是自身能学会积极拥抱数字、使用数字，更重要的是能在乡村建设中贡献自己的数字智慧。

---

① 刘守英：乡村老人问题作为乡村振兴重要议题，https://m.gmw.cn/baijia/2022-12/02/36204631.html[2023-04-09]。

② 常凌翀.数字乡村战略下农民数字化素养的价值内涵与提升路径[J]. 湖南社会科学，2021（6）：114-119.

（四）按照"治理有效"要求，实现乡村治理现代化

"治理有效"首先需要有先进的技术手段作保障，通过技术手段使得各项要素实现最优组合，形成最大合力，发挥最大效用。《数字乡村发展战略纲要》明确提出"着力发挥信息化在推进乡村治理体系和治理能力现代化中的基础支撑作用，繁荣发展乡村网络文化，构建乡村数字治理新体系"[①]的要求。乡村治理现代化主要包含了治理体系现代化和治理能力现代化两个方面，乡村数字化建设无疑将在这两个方面加速乡村治理现代化的进程。

一是治理体系现代化。现代乡村治理体系是一个集自治、法治、德治、数治为一体的综合性体系，其中自治是基础，法治是保障，德治是支撑，而数治则是动力，是促成自治、法治和德治"三治融合"的助推器和润滑剂，数治为构建新型的乡村治理体系提供的不仅是技术工具，更是一种新型的治理理念。二是乡村治理能力现代化。乡村治理能力的高低主要体现在以下两个方面。一方面是对乡村现有资源的利用率。资源总是有限的，如何让有限的资源实现利用最大化，是乡村治理的一个主要任务。比如，通过构建资产数字化平台，政府可以配套应用遥感技术、物联网、边缘计算等辅助技术，集中对本区域内的人口、耕地、建筑物、宅基地、山林草地、矿产资源、企业、湖泊江河等水域、管网（污水网、自来水网、电网、光纤网）等资产进行数字化管理，做好各类自然和社会资源要素的统计、监测、分析及转化应用，从而提高政府的治理能力和对资源的利用率。另一方面就是让群众以最少的时间、精力、经费等在最短的时间突破时空限制获得最优的结果。例如，通过"最多跑一次"实现办事成本的最小化，达到办事结果的最优化，这正是数字化带来的效应。

（五）按照"生活富裕"要求，实现公共产品和服务均等化

"生活富裕"内涵深刻，我们可以选取不同的视角来认识和理解它。从内容上来看，它涵盖了物质层面和精神层面的"绝对富裕"，这是一种纵向比较的富裕，它可以用一定的指标体系来衡量；从人群的地域分布来看，它包括了城乡之间居民在物质和精神方面的"相对富裕"，这是一种横向比较的富裕，也可以用具体的数据来衡量。只有实现了这两方面的富裕，才有可能在内容上真正实现乡村振兴中的"生活富裕"这一要求和目标。自新中国成立以来的七十多年时间里，城乡之间的差距一直都比较明显，特别是在医疗卫生、教育、社会保障等方面存在较大的公共产品和公共服务鸿沟，这种二元经济的发展状况不符合高质量发展理念，

---

① 中共中央办公厅　国务院办公厅印发《数字乡村发展战略纲要》，https://www.gov.cn/zhengce/2019-05/16/content_5392269.htm[2020-01-21]。

也将进一步影响乡村振兴战略的推进。为了尽可能地填充既存的公共产品和公共服务的鸿沟，我们需要充分挖掘并利用好数字技术的功能，通过建构虚拟数字空间，突破传统物理空间的束缚，在时空上为推动城乡公共产品和服务均等化提供积极的支持。通过数字政务城乡均等化，方便农村居民足不出户完成相关业务的办理，实现公共服务在"形式上"的均等化；通过推动基层政府利用数字技术实现教育、医疗、就业、生态、文化遗产、食品药品、基础建设、交通、公共安全等重点领域和行业的数字化监管、协调、分配与使用，从而实现"实质上"的公共产品均等化。

第二节　乡村数字化建设行动面临的挑战①

一、数字化建设理念相对滞后

无论是广义还是狭义的乡村数字化都是在信息化高速发展的基础上形成和发展的，是对乡村传统管理理念、手段、模式等的变革和重塑。对于乡村建设行动的管理者和实施者来说，数字化理念的树立需要具备信息化的物质基础，需要主体对数字化进行亲身感知并体验其带来的愉悦感，这种愉悦感能促使主体发自内心地去主动尝试并实践。

（一）基层管理者习惯于传统管理模式

乡村工作环境的熟悉性、工作性质的直接性、工作对象的单一性以及工作内容的稳定性，决定了管理者对传统工作方式的依赖性。多年来传统的管理方式带来了低成本、高效率，即便遇到突发事件，行政手段的"短、平、快"特点也可以很好地发挥出来。信息化素养不高、办公信息化系统操作不熟练是不少乡村管理者的特点，当他们在面临传统与现代管理模式的抉择时，往往会把传统管理模式当作首选，因为要熟悉一门新的技术是要付出成本的，要熟练运用一门技术是要付出一定代价的，特别是对于年龄偏大的乡村干部而言更是如此。

（二）农民群众习惯于"眼见为实"的交易

作为乡村建设主体的农民，很大一部分人是在自给自足的自然经济状态下成长起来的，"眼见为实"是农民淳朴、实在品质的体现，实物交易成为一种常态，

---

① 本部分涉及的 2021 和 2022 年数据除有注明出处外均来源于《中国数字乡村发展报告（2022 年）》，参见 https://www.gov.cn/xinwen/2023-03/01/5743969/files/5807a90751b1448ba977f02e7a80b14c.pdf。

也只有实物才能让他们更加放心。虚拟的数字交易，难免使他们心存戒备，尤其是对于老年人来说更是如此，网购物品大多也是在城市生活或工作的年轻人替他们完成，他们往往只是承担网购物品收发者的角色。特别是近些年网络电信诈骗案在农民身上不时地发生，"一朝被蛇咬，十年怕井绳"，对于本身善良诚信的农民来说，这是对他们对于数字化治理的信赖的严重打击。接受过较好的信息化教育和训练或者是敢于尝试数字化改革的年轻人，基本都生活在城镇，不少农村成了数字化建设的盲区。

二、数字化基础力量较为薄弱

（一）互联网和网民的普及率偏低

中国互联网络信息中心发布的第 51 次《中国互联网络发展状况统计报告》显示，截至 2022 年 12 月，我国城镇网民规模为 7.59 亿，占网民整体的 71.1%；农村网民规模为 3.08 亿，占网民整体的 28.9%；我国城镇地区互联网普及率为83.1%，农村地区互联网普及率为 61.9%。[①]所以，无论是从人口占比的相对数还是实际占比的绝对数来看，农村的互联网和网民普及率与城镇相比都存在较大的差距。

（二）资金投入不足，科研能力较弱

与城市及其他领域相比，农业农村领域数字化研究技术、成果应用明显滞后。当前从事"三农"相关信息服务及信息产品开发的企业较少，产学研模式落地难度较大。资金投入不足是导致农业科研能力弱的重要制约。数据显示，535 个县（市、区）2020 年基本没有用于农业农村信息化建设的财政投入，占 2642 个县（市、区）的 20.2%；841 个县（市、区）2020 年基本没有用于农业农村信息化建设的社会资本投入，占 2642 个县（市、区）的 31.8%。[②]面向农业生产的 4G（fourth generation of mobile communications technology，第四代移动通信技术）和 5G 网络、遥感卫星、北斗导航等信息基础设施在研发、制造、推广应用等方面都远远落后于农业现代化发展的需求。

---

① 第 51 次《中国互联网络发展状况统计报告》，https://www.cnnic.net.cn/n4/2023/0303/c88-10757.html[2023-04-30]。

② 2021 全国县域农业农村信息化发展水平评价报告，http://www.agri.cn/V20/ztzl_1/sznync/gzdt/202112/P020211208594048509607.pdf[2022-08-07]。

三、数字化现代治理水平有待提升

我国整体上数字化治理体系还不完善，尤其是乡村的数字化治理体系尚处于初始阶段，治理能力还不强。

（一）治理体系还不健全

乡村数字化建设首先需要依托信息化的基础设施，基础设施的前期建设和后续维护，各类线上线下政务服务人员的基本报酬，都需要政府投入大量的财政经费。由于乡村经济社会自身内源性的发展驱动力尚且不足，治理主要还得依靠政府，其他社会组织和农民个体参与数字治理的渠道有限且积极性不高，治理主体单一化明显。有些地区对于采集数据信息的规范性和可行性未做出明确规定，出现了法律保障缺失、监管机制缺位、数据存储保障模糊等问题，这导致了在涉农领域的信息泄露风险和非法入侵风险。① 基层数据共享机制也尚未建立，目前大多数县（市、区）均没有成熟的基层数据获取途径，缺乏数字乡村综合服务大数据平台，基层数据很难实时准确上报、及时分享。虽然当前大多数县（市、区）农业农村局设置了承担信息化工作的行政科（股）或信息中心（信息站）等事业单位，但它们在职责权限方面并没有特别明确地划定，而且下设的乡镇级政府基本上还没有建立对应的常设机构，这样就导致了工作中的衔接困难。

（二）乡村数字化治理效能须进一步提升

据统计，2021 年县域"三务"（党务、村务、财务）网上公开行政村覆盖率为 78.3%、县域涉农政务服务（社会保险、新型农村合作医疗、劳动就业、农村土地流转、宅基地管理和涉农补贴等六类）在线办事率为 68.2%、应急广播主动发布终端行政村覆盖率达到 79.7%、公共安全视频图像应用系统行政村覆盖率达到 80.4%。与 2020 年相比，上述四项指标均有一定的增长，但只有一项指标刚刚超过 80%、一项指标接近 80%，特别是涉农政务服务在线办事率还有待进一步提高，而这项服务往往又是农民群众最为关切，也最容易出现矛盾纠纷的，更加需要给予重视。

（三）农民的数字素养整体水平较低

数字素养是指数字社会公民学习工作生活应具备的与数字有关的一系列素质的集合，如数字获取、制作、使用、评价、交互、分享、创新、安全、伦理等。中国社会科学院信息化研究中心 2021 年 3 月发布的《乡村振兴战略背景下中国乡

---

① 周欢. 新时代数字乡村建设的前提、困境及路径探究[J]. 新经济，2022（4）：46-51.

村数字素养调查分析报告》显示，数字素养城乡发展不均衡的问题已非常突出：城市居民平均得分为 56.3，农村居民平均得分为 35.1，差值高达 21.2 分，农村居民比城市居民平均得分低了 37.5%；分职业类型来看，农民群体的数字素养得分仅为 18.6 分，显著低于其他职业类型群体，比全体人群平均值（43.6 分）低 57%。[①]当农民数字素养整体水平偏低时，无论是国家乡村数字化战略的推进，还是基层政府数字化工程的具体实施都将受到极大制约，可能出现"单兵作战"和"一厢情愿"的困境，因为农民才是数字乡村战略的落实和受益的主体。

四、产业数字化渗透能力弱且发展不平衡

产业是乡村发展的根基，乡村振兴离不开产业支撑，同样产业发展也离不开数字经济的渗透；而乡村振兴和共同富裕的实现，更需要地区间产业数字化的平衡发展。

（一）产业数字化渗透能力亟待提升

数字经济已覆盖乡村居民生活中的网络购物、在线交流、手机支付、小视频娱乐等方面，而远程教育、远程医疗等公共服务项目在乡村的推广和使用还远远不够。比如，截至 2022 年 9 月，远程医疗服务平台已覆盖所有的全国地市和 90%以上的区县，但大多数乡镇和村级医疗机构的远程医疗服务平台建设还处于空白状态。由于受自身弱质性、技术供给不足等因素影响，农村产业数字化还停留在基础的单一技术的应用阶段，缺乏高精尖技术，集成度也不高，解放和发展生产力、挖掘和释放农业数字经济潜力的作用尚不明显，如 2021 年农产品网络销售额占农产品销售总额的 14.8%，其中西部地区仅为 10.6%。乡村地区作为第一产业的聚集区、第三产业的潜力区，产业数字化渗透能力亟待提升。产业数字化渗透能力不足容易导致产业基础建设不牢固，老百姓难以从中获得数字红利，从而缺乏支持乡村数字化建设的原生性动力。

（二）区域不平衡、发展不充分问题突出

农村数字化发展区域不平衡、发展不充分是一个较为突出的现象。例如，2021年全国数字乡村发展水平达到 39.1%，其中东部地区为 42.9%，中部地区为 42.5%，西部地区为 33.6%，西部与东部相差近 10 个百分点；又如，2021 年全国农业生产信息化率为 25.4%，但分区域看，东、中、西部地区的农业生产信息化率分别为29.2%、33.4%、19.1%，东部地区比西部地区高出 10.1 个百分点。这些数据客观地

---

① 李晨赫. 社科院最新报告：乡村振兴亟待弥补"数字素养鸿沟"[N]. 中国青年报，2021-03-16（5）.

反映了我国东中西部地区乡村数字化水平的真实情况及差距，农村数字化发展区域不平衡、发展不充分是接下来在推进乡村数字化建设行动中必须面对且亟待解决的问题。

<h1 style="text-align:center">第三节　推进乡村数字化建设的路径</h1>

一、坚持政府主导，做好顶层设计

乡村数字化建设是一项系统的复杂工程，不仅需要投入大量的财力和物力，而且还需要依靠足够的人才和技术来支撑。

（一）建立专门机构，把乡村数字化建设列入政府的年度专项工作

设立乡村数字化建设领导小组，小组常设机构可以设立在县级政府的乡村振兴局下，由分管农业建设的副县长担任组长，乡村振兴局局长任副组长，同时需要联合信息产业、文教、民政等综合协调机构，明确职能，配足人员。根据国家统一部署和政策目标，地方政府尤其是县乡两级政府需要把乡村数字化目标任务细化到年度建设任务中，在政策上给予倾斜，财政上给予专项支持。省市级政府要把县级政府、县级政府要把乡级政府年度乡村数字化建设成效作为年终考核的一项重要任务，作为基层政府主要领导和分管领导年终考核的重要指标之一。

（二）高度重视城乡一体化设计，逐步实现城乡良性互补的发展格局

乡村振兴战略提出的一个重要出发点就是要改变城乡二元结构带来的发展失衡问题，促进整个社会更加有序协同发展，"乡村数字化治理并不限于乡村地区，更多时候是实现包容开放的空间化治理"①。乡村振兴战略一方面要改变以往那种一味只顾城市发展，忽略乡村发展的状况；另一方面也要避免只立足乡村，忽视甚至排斥城镇带动和辐射作用的倾向。在建设进程中要把城市的信息、人才、设备、理念等数字化资源积极引导到乡村建设上面来，重塑新型城乡、工农关系，积极探索数字乡村和智慧城市的高效协同，从而实现城乡资源共享、功能互补的良性发展。

---

① 崔元培，魏子鲲，薛庆林. "十四五"时期乡村数字化治理创新逻辑与取向[J]. 宁夏社会科学，2022（1）：103-110.

（三）尊重乡村实际，科学制订好乡村数字化建设行动方案

乡村与城市相比，虽然缺少了密集的人口、林立的高楼、繁华的街道、发达的娱乐场所以及便利的交通等要素，但却具备人文特质，这种特质散发着自然的、原生态的魅力，会让人进入一种返璞归真的境界。由于乡村间也存在较大的差异，乡村数字化建设难以做到统一行动，在制订规划时务必要充分考量到本地的资源禀赋、人口结构、产业基础、历史文化、生态环境甚至未来的发展布局等综合因素，特别是要注意保持乡村本色，留得住乡愁，记得住乡音，制订出能够最大化发挥乡村优势的数字化发展规划和实施方案。

二、重视人才队伍，提供智力支持

人始终都是推动乡村建设行动的主体，只有人的智慧才能使得数字变成资源。面对当前乡村数字化建设行动中人才不足的现状，我们需要在以下几个方面采取有效措施，为乡村数字化建设吸引留得住、能用好的人才。

（一）摸清家底，盘活存量，使用好现有人才

虽然乡村人才特别是高层次人才数量缺乏是不争的事实，但俗话说得好，"高手在民间"，乡村也是一个藏龙卧虎之地，总有各路"高手"分散在乡村。在推进乡村数字化建设行动中，首先要对本区域的人才数量、人才分布、人才特长进行一次全方位的摸排，寻找出适合数字化建设的人才并科学匹配到合适的岗位。对于本地人才的使用，需要制定好的政策作为导向，通过创新人才考评体系、改革职称或职务晋升序列等措施引导本地人才合理流向乡村数字化建设事业。

（二）多管齐下吸引人才，提高增量

乡村是一片大有可为的天地，但是囿于各种主客观因素，乡村人才的流出与流入多年来形成了巨大的逆差，导致乡村建设人才缺乏，尤其是愿意长期扎根于乡村一线的科技人员更是缺乏。乡村人才的引进，需要立足于乡村的实际，要在数量、层次、专业等方面综合考虑，不仅要引进适合乡村建设的人才，而且还要引进适合本地、能坚守"三农"事业的人才。一是在招聘渠道上，县乡两级政府可以与高校联合实施专项培养计划，或通过校园招聘、政府网站甚至猎头公司等多渠道、多形式招聘优秀的人才；二是在引进方式上，可以灵活多样，如长期岗聘制、柔性引进特岗制等，为他们能充分发挥专长创造条件；三是在引进对象上，作为引进部门需要综合考虑引进对象的成长经历、目标志向、专业背景，特别是对于乡村建设的热情度与忠诚度。人才的引进仅仅是第一步，更重要的是要在人

际关系、制度建设、工作激励、生活保障以及个人成长空间等方面为人才的使用和留用创造良好的条件。

（三）以农民为主体，扩大乡村数字化建设的人才储备

乡村数字化建设在人才方面需要有领航者，但更需要有大批的参与者和实践者。只有扩大人才范围，积极把作为乡村建设主体的农民群众纳入人才队伍建设当中，才能为乡村数字化建设提供强有力的人才保障。但农民的数字素养和技能还有很大的提升空间，据统计，截至 2022 年 12 月，40.7%的网民初步掌握数字化初级技能，47.0%的网民熟练掌握数字化初级技能，27.1%的网民初步掌握数字化中级技能，31.2%的网民熟练掌握数字化中级技能。[①]因此，需要通过建设培训基地，充分利用现有网络教育资源，采取线上线下相结合的方式，加大对农民的数字化培训，提升数字素养，特别是要加强面向地方特色主导产业的人才培养。例如，电商是目前农村销售农产品的一种新型渠道，政府可以组织本地农民接受电商基本理论知识的系统性培训，组织农民去电商企业实地考察，帮助他们掌握经营管理等方面的技能，培育一批掌握数字化农业技术的高素质农民。

三、加大资金持续投入，夯实基础设施建设

2021 年，中央网络安全和信息化委员会办公室联合农业农村部、工业和信息化部等多部门发布的《数字乡村建设指南 1.0》指出："信息基础设施是数字乡村建设的数字底座，建设内容包括网络基础设施、信息服务基础设施以及水利、气象、电力、交通、农业生产和物流等传统基础设施数字化升级"[②]，农村信息基础设施是数字乡村战略实施的物质载体，数字的收集、处理、储存、传递等功能都需要依托相应的平台，它是更好发展数字经济的重要支撑。

（一）设立"数字乡村"专项引导基金

乡村数字化建设是一项耗资大、工期长、投资风险高、收益无法确保的工程，无论是政府、企业还是个人都难以承担整个乡村数字化建设的费用，因此需要建立相应的专项引导基金。"数字乡村"专项引导基金是一种政府统筹、多方集资的形式，即政府每年在制定年度预算时，需要专门列出一部分作为专项基金，实行专款专用。同时，由于大多数基层政府财政都比较吃紧，单靠政府拨款是无法完全覆盖建设费用的，这就要求充分发挥政府的引领功能，通过制定有效的政策来

① 第 51 次《中国互联网发展状况统计报告》，https://www.cnnic.net.cn/n4/2023/0303/c88-10757.html[2023-04-07]。

② 数字乡村建设指南 1.0，http://www.cac.gov.cn/2021-09/03/c_1632256398120331.htm[2022-03-04]。

引导市场组织、个人等社会资本进入专项引导基金，为乡村数字化建设提供财源保障。

（二）创新数字化基础设施建设投资模式

乡村数字化基础设施建设目前主要是依靠当地政府规划投资来完成，也就是说乡村数字化建设水平与当地经济社会发展水平，尤其是财政实力有着直接的联系。依据我国基层政府现有的财力，绝大多数乡村难以获得足够的资金支持来进行数字化建设，因此需要基层政府采取更加灵活的融资筹资渠道，创新投资模式。

比如，呼吁国家层面放宽农业数字化建设的贷款政策，鼓励银行出台专项贷款支持方案，采取股份制的收益分配方式引导企业或民间资本参与基础设施建设，并约定企业退出年限。总之，需要通过引入社会资金，形成以政府统筹为主、多元资本参与的数字化基础设施建设模式，从而解决数字化建设政府资金投入不足的问题。

（三）持续推进以信息为核心的基础设施建设

乡村振兴归根到底是要站在人的角度，为人的生存和发展创造更有利的条件，提供更多更好的服务和产品，满足农民群众对美好生活的向往。乡村信息基础设施的建设内容包括网络基础设施、信息服务基础设施，以及传统基础设施数字化升级等。当然，在加强乡村信息基础设施建设的同时，还需要优化其运用功能，特别是要为乡村群众在教育、医疗、就业、养老等方面提供更多优质高效的服务，提升村民的生活品质和幸福感。

四、推广数字化知识科普，提升建设主体的数字素养

"数字化通用素养、数字化社交素养、数字化创意素养和数字化安全素养"[1]是评估农民数字素养高低的四个主要指标，农民是乡村建设的主体，广大农民群众的数字素养为乡村数字化建设行动提供着永不枯竭的动力支持。

（一）大力发展乡村数字科普

乡村数字科普主要是通过音频、视频等形式以及三维及四维成像等虚拟现实技术，将乡村的历史、现实以及未来以更加生动、形象的方式传递给群众。基层政府或社会组织需要利用数字化能突破时空限制的优势，建立乡村数字科普网站，让村民自由浏览、学习、查询、使用乡村数字科普知识，积极参与网上的科普活

---

① 苏岚岚，彭艳玲. 农民数字素养、乡村精英身份与乡村数字治理参与[J]. 农业技术经济，2022（1）: 34-50.

动；也可以通过手机订阅、发送短信等方式普及、推广相关知识。有条件的地方还可以建立实体的乡村数字科普馆，利用虚拟成像和实物相结合的方式，让村民免费进馆参观，对村民进行科学知识的宣传教育。

（二）拓展建设主体数字素养提升渠道

积极创造有利条件让建设主体在数字化建设行动中得到更多实惠，让其切身感受到数字化的魅力。例如，电子商务能让村民从农产品的现代销中获得更多利润；智慧农业的开展延伸了农产品的产业链，提高了农产品的附加值，让村民获得了更多的收入。数字化在乡村建设中取得了一定的成效，但还未能全面铺开，深度也还不够。通过拓宽建设主体参与数字化建设的领域和渠道，在意识和行动上激发他们对数字乡村的热爱与向往，才能在实践中为提升他们的数字素养提供内生动力。

（三）营造农民生活数字化的良好氛围

营造良好的数字治理环境是打造美好数字生活的重要保障。让数字走进农民的日常生活，营造农民生活的数字化氛围，达到一种"润物细无声"的效果，是提升农民数字素养最实惠的路径。我们以看病就医为例，舍近求远、不惜代价奔赴大城市找寻心目中最理想的医院和专家的现象大有人在，分级诊疗在很多地方形同虚设，究其原因，最重要的一点就是乡村医疗卫生资源缺乏，特别是缺少高水平的权威专家、高质量的诊断设备。生老病死与每个村民息息相关，他们对专家不远千里的追求也有其现实的考量。针对这种现象，政府要考虑及时推进"数字化远程医疗"向乡村延伸，统筹推进省、市、县、乡、村数字医疗平台建设，加强省市级医院对县乡级医院、乡村卫生室的数字医疗的对口支持。依托数字优势，推进各类医疗资源互联互通互享，使各领域医疗专家为农村基层提供远程坐诊服务，从而消除农民对于"缺名医少良药"的担忧。当然，与农民群众生活密切相关的内容还有很多，在防诈骗、健康生活、安全出行等领域都可以专门开发农民易学易懂的数字生活应用。

五、延伸乡村数字化建设内容，积极探索建设新模式

数字可以带来无限可能。在推进乡村建设行动中，我们需要结合乡村实际，围绕乡村振兴战略，在内容、形式、路径等方面大胆进行数字化建设的创新。

（一）延伸数字化建设内容

改变当前乡村数字化建设中以经济领域为中心的现状，逐步实现"互联网+

政治建设""互联网+文化建设""互联网+社会建设""互联网+生态建设"等系列数字化治理模式。比如，在"互联网+政治建设"中，需要进一步探索并完善"互联网+村务""互联网+政务""互联网+党建"等数字化建设的具体形式，促进乡村数字化治理提质增效。

（二）积极引导企业加入乡村数字化建设

企业特别是那些在数字化建设领域领先的企业，它们有资本、有人才、有技术、有管理经验，往往也热衷于公益事业，愿意为我国乡村振兴贡献力量。腾讯、阿里巴巴、中国联通等企业推出了一些有较大影响力的建设模式，如"腾讯为村"探索"移动互联网+乡村"的赋能模式；阿里巴巴的"乡村钉"探索建立"互联网+"数字乡村治理模式；中国联通打造数字乡村综合信息服务平台来推进乡村治理现代化，搭建"智慧金农"平台助力实现农业产融结合。作为政府，除了需要继续引导这些企业投身于乡村数字化建设事业之外，还需要通过它们去影响、指导和帮助更多的企业投入乡村数字化建设事业中。

（三）大力开展数字乡、村示范点建设

榜样的力量是无穷的。在我国农村发展史上，我国农村建设和发展的不同阶段都受益于示范村的积极引领作用，示范村的典型代表有被誉为"中华第一村"的大寨村、被誉为"天下第一村"的华西村等。乡村数字化建设也同样需要有典型的示范村，"浙江、江苏、山东、江西、安徽、辽宁、四川、广西等 20 个地区同步开展省级试点示范工作，探索具有区域特色的数字乡村建设新模式、新路径"[①]，打造出了"透明农场""数字花卉""电商+网红"等乡村产业数字化发展的典型应用场景，开展了数字乡村"一张图"等一批可复制、可推广的智治新模式实践探索。从县乡级层面来说，可以在基本标准的框架下，细分指标，每个县、乡可以分别打造 1—2 个数字化示范乡和示范村。在建设过程中需要提前制定标准，从信息化平台出发，按照"产业兴旺、生态宜居、乡风文明、治理有效、生活富裕"的总要求推动示范乡和示范村全面均衡发展。

---

① 中国数字乡村发展报告（2022 年），https://www.gov.cn/xinwen/2023-03/01/5743969/files/5807a90751b1448ba977f02e7a80b14c.pdf[2023-05-18]。

第八章 乡镇服务区域中心建设行动

《中共中央 国务院关于全面推进乡村振兴加快农业农村现代化的意见》提出，要"强化县城综合服务能力，把乡镇建设成为服务农民的区域中心，实现县乡村功能衔接互补"。乡镇政权作为我国乡村最基本的一级政权组织单位，它在服务农民方面具有其他任何组织无法比拟的优势和作用。党和政府提出要把乡镇建成服务农民的区域中心，至少表达了四层含义：一是我国大多数乡镇还没有成为服务农民的中心区域，乡镇还无法满足农民的基本需求，农民需求的满足更多的是从乡镇区域外或更高一级行政区域中获取；二是要实现乡村振兴，要实现农业农村现代化，乡镇必须承担起服务区域中心的职责和使命，这是党和国家的一个政策方向和目标要求，基层政府和乡村社会需要认真执行；三是乡镇建成服务农民的区域中心，需要多方发力，协作推进，即县级组织的拉动、乡镇组织的主动作为和村级组织的推动；四是无论从历史还是现实，从理论还是实践的角度来看，把乡镇建成服务区域中心都是一种必然，虽然前面还有很长的路要走，但是已经具备了可行性条件。

第一节 新中国成立以来乡镇区域服务体系的变迁

一、乡、村政权并存的区域服务体系（1949—1953年）

在新中国成立初期，我国农村基层行政区域单位主要有两种类型：一是华北、东北地区以抗日战争时期形成的行政村为基层行政区域；二是华东、中南、西南、西北地区以原有的乡为基层行政区域。1950年12月政务院颁布的《乡（行政村）人民代表会议组织通则》和《乡（行政村）人民政府组织通则》规定，乡为县领导下的基层行政区域，设乡人民代表大会和乡政府。从这两则通则可以看出，乡与行政村并存且同为农村基层的行政区划，其由一个和数个自然村组成，户数在100—500户之间，人口在500—3000人不等。这就是乡制建设过程中的"小乡制"

阶段。[1]由于人口和地域规模悬殊太大，乡和行政村都比较难以适应当时发展的需要，因此，1951 年 4 月 24 日政务院发布《关于人民民主政权建设工作的指示》第五条规定："已完成土地改革的地区，应酌量调整区、乡（行政村）行政区划，缩小区、乡行政范围，以便利人民管理政权，密切政府与人民群众的联系，充分发挥人民政权的基层组织的作用，并提高行政效率。"[2]"土地改革以一种经济改革的方式实现了新中国国家政权对乡村社会的政治整合，使国家政权下沉到了乡村社会。同时，国家政权也获得了广大农民的高度认可。"[3]到 1952 年底，全国共建立了 28 万个乡（行政村）人民政府组织。

二、"议行合一"的区域服务体系（1954—1957 年）

新中国成立前中国共产党在农村建立的基层政权组织"乡苏维埃"，其所实行的是"议行合一"制，这也为新中国成立后乡镇区域服务的"议行合一"的体系奠定了基础。1954 年初，内务部（当时的国家民政部门）为适应农业合作化和集体化的需要，发布了《关于健全乡政权组织的指示》，对调整、加强乡政权作了新的规定，即乡人民政府一般应按生产合作、文教卫生、治安保卫、人民武装、民政、财粮、调解等方面的工作，分设各种经常的委员会。[4]1954 年 9 月，我国第一部宪法第五十三条规定："中华人民共和国的行政区域划分如下……县、自治县分为乡、民族乡、镇。"[5]截至 1957 年底，除中国台湾和西藏昌都地区外，全国建立了 120 753 个乡镇（其中乡 117 081 个，镇 3672 个）。[6]

三、"政社合一"的区域服务体系（1958—1982 年）

由于受到多种内外因素的影响，我国在基层政权建设方面一直在不断探索和前进，其中也经历了一些曲折的道路。1958 年 8 月通过的《关于在农村建立人民公社问题的决议》规定：要实行政社合一，乡党委就是社党委，乡人民委员会就是社务委员会。人民公社开始只是由高级农业生产合作社合并组成的集体所有制的经济组织，后逐渐发展形成政社合一的基层行政区域单位。同年 12 月，中共八

---

① 金太军，张劲松. 乡村改革与发展[M]. 广州：广东人民出版社，2008：15.

② 政务院发布《关于人民民主政权建设工作的指示》和《关于十万人口以上的城市召开区各界人民代表会议的指示》，http://hprc.cssn.cn/gsgl/dsnb/gsbn/1951/4y_2/24r/200905/t20090531_3945494.html[2022-01-02].

③ 李华胤. 我国乡村治理的变迁与经验探析[J]. 毛泽东邓小平理论研究，2019（5）：58-66.

④ 中国乡村的治理结构：历史与现实，http://chinaps.cssn.cn/xszy/zzxlwsjk/zzzd/cmzz/201506/t20150626_2307829.shtml[2022-01-02].

⑤ 中华人民共和国宪法（1954 年），https://news.12371.cn/2015/03/18/ARTI1426665514681575.shtml[2021-11-18].

⑥ 詹成付. 关于深化乡镇体制改革的研究报告[J]. 开放时代，2004（2）：5-15.

届六中全会通过的《关于人民公社若干问题的决议》规定："人民公社应当实现统一领导、分级管理的制度。公社的管理机构，一般可以分为公社管理委员会、管理区（或生产大队）、生产队三级。管理区（或生产大队）一般分片管理工农商学兵、自行经济核算的单位，盈亏由公社统一负责。生产队是组织劳动的基本单位。"①从 1958 年夏季开始，全国实行农村公社化，乡建制被人民公社所取代，由此我国基层行政建制开启了人民公社时代，仅在 1958 年底，全国 12 万多个乡镇和 74 万多个农业生产合作社一下子被改组成了 26 593 个人民公社，人民公社充分体现出了"政社合一"和"三级所有、队为基础"的基本特征。同时，全国广大农村地区还建立起了 265 万多个公共食堂，475 万多个托儿所，10 万多个幸福院，1052 个民兵师，24 525 个民兵团，普遍实现了组织军事化、行动战斗化和生活集体化。②直到 1982 年底，全国人民公社的数量仍保持在 54 352 个，生产大队为 719 438 个，生产队为 597.7 万个。③

这一时期"公社对农民进行以基层政权为中心、为主导的重新组织，将几乎所有的生产、经营、居住及迁徙活动都掌握在基层政权手里，主要的农业资源及其分配也由基层政权支配"④，"政治权力渗透到农民家庭中，家庭的内部关系、生育、子女教育、婚姻、老人赡养、生产乃至消费等，都受到公社规范的制约"⑤。应该说，在特定的历史条件下，人民公社体制在一定程度上为广大农民的衣、食、住、行、医、教等提供了实实在在的保障，但它只能在特殊时期发挥相对短暂且有限的积极作用。

四、"乡政村治"的区域服务体系（1983—2012 年）

党的十一届三中全会召开后，中国农村开始实行以家庭联产承包责任制为主要形式的农业生产责任制，农村的生产经营方式和分配方式发生了根本性的变化，"政社合一"的人民公社制已无法适应农村政治经济社会发展的要求，改革已是迫在眉睫。1982 年 12 月修订的《中华人民共和国宪法》⑥第九十五条规定"省、直辖市、县、市、市辖区、乡、民族乡、镇设立人民代表大会和人民政府"，第

① 新中国成立以来乡级政权建设的沿革与发展，http://www.npc.gov.cn/zgrdw/npc/xinwen/rdlt/rdjs/2011-10/12/content_1674664.htm[2017-08-20]。

② 罗平汉. 农村人民公社史[M]. 福州：福建人民出版社，2003：51.

③ 国家统计局. 中国统计年鉴 1997[M]. 北京：中国统计出版社，1997：366.

④ 张静. 基层政权：乡村制度诸questions[M]. 杭州：浙江人民出版社，2000：35.

⑤ 张乐天. 告别理想：人民公社制度研究[M]. 上海：东方出版中心，1998：377.

⑥ 中华人民共和国宪法（1982 年 12 月 4 日），http://www.npc.gov.cn/zgrdw/npc/zt/qt/gjxfz/2014-12/03/content_1888093.htm[2019-10-01]。

一百零七条规定"乡、民族乡、镇的人民政府执行本级人民代表大会的决议和上级国家行政机关的决定和命令，管理本行政区域内的行政工作"，第一百一十一条规定"城市和农村按居民居住地区设立的居民委员会或者村民委员会是基层群众性自治组织"。1983 年 10 月中共中央、国务院联合发出《关于实行政社分开建立乡政府的通知》，该通知的第二条规定："乡的规模一般以原有公社的管辖范围为基础，如原有公社范围过大的也可以适当划小。在建乡中，要重视集镇的建设，对具有一定条件的集镇，可以成立镇政府，以促进农村经济、文化事业的发展。"①1983 年 10 月中共中央、国务院联合发出《关于实行政社分开建立乡政府的通知》，规定建乡的规模"一般以原有公社的管理范围为基础，如原有公社范围过大的，也可适当化小"。1987 年通过的《中华人民共和国村民委员会组织法（试行）》第三条规定："乡、民族乡、镇的人民政府对村民委员会的工作给予指导、支持和帮助。村民委员会协助乡、民族乡、镇的人民政府开展工作。"从此确立了"乡政村治"二元体制模式。从 1983 年到 1985 年，全国共建立起了 79 306 个乡，3144 个民族乡，9140 个镇和 948 628 个村民委员会、588 多万个村民小组②。但是，随着时间的推移，"乡政村治"二元体制模式的弊端也逐渐暴露出来，为了解决这一体制带来的问题，乡镇合并便成为这一时期的一个新的发展趋势。从 1986 年开始直到 1996 年，全国共减少乡镇数量 19 617 个，行政村数量也减少了接近 10 万个。尤其是 1998 年以来，全国平均每天撤并乡镇 4 个。截至 2012 年底，全国乡级行政区划单位减少至 40 446 个（其中区公所 2 个、镇 19 881 个、乡 12 066 个、苏木 151 个、民族乡 1063 个、民族苏木 1 个、街道 7282 个）。③

五、"多元治理"的区域服务体系（2013 年至今）

新中国成立以来的乡村治理，从某种意义上来看，是一个以党政组织为核心，农民组织、社会组织等多元主体共同参与的过程。党的十八大报告提出了"要围绕构建中国特色社会主义社会管理体系，加快形成党委领导、政府负责、社会协同、公众参与、法治保障的社会管理体制"④的目标要求。党的二十大报告提出了"转变政府职能，优化政府职责体系和组织结构，推进机构、职能、权限、程

---

① 中共中央、国务院关于实行政社分开建立乡政府的通知[J]. 中华人民共和国国务院公报. 1983，（23）：1045-1047.

② 罗平汉. 农村人民公社史[M]. 福州：福建人民出版社，2003：366.

③ 2012 年社会服务发展统计公报，https://www.mca.gov.cn/n156/n189/c93366/content.html[2022-01-02].

④ 胡锦涛在中国共产党第十八次全国代表大会上的报告，https://www.gov.cn/ldhd/2012-11/17/content_2268826_5.htm[2022-01-02].

序、责任法定化，提高行政效率和公信力"①的行政体制改革目标和要求。

乡镇对上连接县级组织，对下联系村级组织，扮演着"被领导"和"指导"的双重角色，面对乡村振兴战略提出的新的目标要求，需要构建一个以自治为目标、法治为保障和德治为基础的"三治融合"的新型乡镇治理体系。无论是自治、法治还是德治都应体现治理主体的多元化、治理手段的现代化及治理结果的成效化。

第二节　乡镇政权服务农民的特点与地位

一、乡镇政权服务农民的基本特点

（一）服务手段的执行性

在服务农民的过程中，乡镇执行任务较多，决策任务较少。乡镇政权是我国最基层的政权机关，它既要执行县级党委，也要执行县级政府和人民代表大会等组织的决议、决定及命令。党的路线、方针、政策和国家的法律、法令以及上级行政机关的命令都要通过乡镇政权机关来执行，并具体落实到广大人民群众中去。

（二）服务功能的综合性

乡镇行政区域是我国最基本的独立行政单元，"麻雀虽小，五脏俱全"。根据《中华人民共和国地方各级人民代表大会和地方各级人民政府组织法》第七十六条第（二）款的规定，乡、民族乡、镇的人民政府行使"执行本行政区域内的经济和社会发展计划、预算，管理本行政区域内的经济、教育、科学、文化、卫生、体育等事业和生态环境保护、财政、民政、社会保障、公安、司法行政、人口与计划生育等行政工作"②的职权。由此可见，乡镇政权在推进乡村振兴战略中，其实是承担起了综合性的服务职能。

（三）服务方式的直接性

在"乡政村治"的发展格局下，乡镇政权成为与农民直接打交道的国家政权组织，虽然它们下面有群众自治性质的村民委员会、村级党委会等组织，但乡镇

---

① 引自 2022 年 10 月 26 日《人民日报》第 1 版的文章：《高举中国特色社会主义伟大旗帜　为全面建设社会主义现代化国家而团结奋斗》。

② 中华人民共和国地方各级人民代表大会和地方各级人民政府组织法，https://www.gov.cn/xinwen/2022-03/12/content_5678642.htm[2022-07-02]。

的多数工作经常要直接深入村组，它们通过驻村干部与村级干部一起为广大农民群众提供直接的甚至是一对一的服务，充分体现了乡镇政权服务农民的直接性特征。

（四）服务机构的非完整性

乡镇政权组织不像中央、省、市（地）、县那样功能完备、机构齐全，它具有明显的非完整性特点。虽然设立了许多上级机构的对应机构，但许多机构往往只有一名工作人员，一机构多功能，一干部身兼数职的现象十分普遍。由于受到人事编制、机构数量和职务设置方面的限制，在日常工作中出现了党政不分、政企不分的现象，这种现象有其不合理性，但也在一定程度上适应了乡村的发展实际和乡村建设的需要。

（五）服务对象的"三农"性

我国是世界上最大的农业国，截至 2022 年末，全国人口 141 175 万人，其中农村人口 49 104 万人，占全国总人口的 34.8%。[①]截至 2021 年底，全国共有乡级行政区划单位 38 558 个，其中除 8925 个为街道外，镇、乡、民族乡、苏木、民族苏木和区公所共有 29 633 个，占总数的 76.85%。[②]以上数据说明我国绝大多数的乡级政权都必须面对广大农村、农业和农民，即"三农"问题。因此，必须强化服务职能的"三农"性，特别是乡村振兴战略提出后，服务"三农"更成为"十四五"甚至更长一段时期我国大多数乡镇政权的主要职责和任务。

（六）服务环境的中间性

乡镇处于城市和乡村之间，是"城市之尾，农村之首"，其政治、经济、社会、文化、生态兼有城市和乡村两个方面的特点，但它既不同于传统意义上的农村，又不同于现代意义上的城市，这就使得乡镇在某种程度上呈现出非城非乡又亦城亦乡的特点。这种具有中间性的服务环境，不仅影响着乡镇政权服务农民的其他特点的形成和变化，也促使我们在推进乡村建设行动中必须切实考虑乡镇服务环境的真实场景。

---

① 中华人民共和国 2022 年国民经济和社会发展统计公报，http://www.stats.gov.cn/sj/zxfb/202302/t20230228_1919011.html[2023-03-04]。

② 2021 年民政事业发展统计公报，https://www.mca.gov.cn/images3/www2017/file/202208/2021mzsyfztjgb.pdf[2023-04-28]。

二、乡镇政权服务农民的重要地位

在中国现行的治理结构下，乡镇政权作为农村地区治理的基本单位，在整个国家政权治理体系中占有极其重要的地位，是一个不可或缺的组成部分。依据宪法、法律及有关法规的规定，乡镇政权将对管辖范围内的国家和社会事务进行有效管理。

（一）乡镇政权是整个国家政权组织的基础和"末梢神经"

国家政权组织纵向上可以分为中央、省、市（地）、县、乡（镇）五个层次，其中乡（镇）是最基层的一级。我们党制定的关于农村地区工作的路线、方针、政策，国家的宪法、法律和有关行政法规、命令、指示，最终几乎都要通过乡镇这一层级，特别是要通过乡镇的行政管理活动，即通过乡镇人民政府的规划、组织、指挥、协调和监督来贯彻实施。乡镇政权就像人体的"末梢神经"一样，数量多、分布广、作用大，因为有了它中枢神经系统才能真正发号施令，有了广大乡镇政权的存在中央及其他层级政权才能进一步发挥作用。

（二）乡镇政权是沟通国家意志和农民意志的纽带与桥梁

乡镇政权是我国农村地区基层政权的重要形式，由于距离农民最近，因而能够最先感应到广大农民的需要，能够最经常、最广泛、最直接地反映群众的意见和要求，所以它最便于沟通国家意志和人民意志，是沟通这两方面意志最直接的桥梁和纽带。国家通过乡镇这级政权，既可以直接检验各项施政措施所体现的国家意志在农村发展的影响，又可以更好地吸收农民群众的正确意见以便改进国家治理，从而使国家的政策和各项措施更符合群众的利益与诉求，使国家的治理更好地体现国家意志和人民意志的统一，更好地体现"以人民为中心的发展思想"。

（三）乡镇政权是解决"三农"问题的直接力量

改革开放 40 多年来，"中央一号"文件已经成为中共中央高度重视"三农"问题的专有名词，中共中央在 1982—1986 年、2004—2023 年连续发布以农业、农村和农民为主题的"中央一号"文件，强调了"三农"问题在中国社会主义现代化建设时期"重中之重"的历史和现实地位。在推进"三农"建设中，党和政府特别重视乡镇的作用，如 2014 年"中央一号"文件《关于全面深化农村改革加快推进农业现代化的若干意见》①提出要"深化乡镇行政体制改革，完善乡镇政

---

① 关于全面深化农村改革加快推进农业现代化的若干意见，https://www.gov.cn/zhengce/2014-01/19/content_2640103.htm[2015-11-10]。

府功能"，2022 年"中央一号"文件同样提出要"深化乡镇管理体制改革，健全乡镇党委统一指挥和统筹协调机制"。乡镇政权成为解决好"三农"问题的关键因素之一，也是推进乡村建设，实施乡村振兴战略的最直接的力量。

（四）乡镇政权是推进乡村治理现代化的重要基石

《中共中央　国务院关于加强基层治理体系和治理能力现代化建设的意见》[①]指出，基层治理是国家治理的基石，统筹推进乡镇（街道）和城乡社区治理，是实现国家治理体系和治理能力现代化的基础工程。党的十八届三中全会通过的《中共中央关于全面深化改革若干重大问题的决定》[②]提出全面深化改革的总目标是：完善和发展中国特色社会主义制度，推进国家治理体系和治理能力现代化。党的十九届四中全会提出，坚持和完善中国特色社会主义制度、推进国家治理体系和治理能力现代化的总体目标是：到我们党成立一百年时，在各方面制度更加成熟更加定型上取得明显成效；到二〇三五年，各方面制度更加完善，基本实现国家治理体系和治理能力现代化；到新中国成立一百年时，全面实现国家治理体系和治理能力现代化，使中国特色社会主义制度更加巩固、优越性充分展现。[③]乡村治理是国家治理的重要组成部分，没有乡村治理现代化就没有整个国家治理的现代化，但在推进治理现代化的进程中必须要有主导和核心力量，而对于广大乡村来说，乡镇政权组织就是实现乡村治理现代化的主导和核心力量。

第三节　乡镇服务区域中心的内涵与功能定位

一、乡镇服务区域中心的基本内涵

在全面推进农业农村的现代化进程中，国家与社会、城市与乡村、工业与农业的结合点主要在乡镇，把乡镇建成服务全乡域农民群众的中心无论是在理论上还是在实践中都成为一种必要和必然。根据乡村振兴战略的发展规划，结合党的十八大、十九大和二十大关于乡村发展、基层治理等方面的重要精神与指示，对于乡镇服务区域中心的内涵可以从以下几个方面加以分析。

[①] 中共中央　国务院关于加强基层治理体系和治理能力现代化建设的意见，https://www.gov.cn/zhengce/2021-07/11/content_5624201.htm[2022-07-13]。

[②] 中共中央关于全面深化改革若干重大问题的决定，http://www.npc.gov.cn/zgrdw/npc/xinzhuanti/xxgcsbjszqhjs/2013-11/27/content_1814720.htm[2013-12-20]。

[③] 中共中央关于坚持和完善中国特色社会主义制度　推进国家治理体系和治理能力现代化若干重大问题的决定，https://www.gov.cn/zhengce/2019-11/05/content_5449023.htm?ivk_sa=1024320u[2022-04-07]。

（一）服务主体

服务主体即乡镇服务区域中心"谁来建"的问题，即谁才是乡镇服务区域中心的建设主体力量的问题。对于乡镇服务区域中心的建设，县级组织无疑起着一个统领的作用，但乡镇党委和政府需要从规划、建设、运营和维护等环节承担起最为重要的主体作用，无论是资金的筹集、人才的储备、信息的收集还是基础设施的完善等都离不开乡镇党政机关。治理主体多元化也是现代基层治理的必然趋势，市场、社会组织甚至个人应该加入服务区域中心的建设事业中，在某些方面承担起治理主体的角色和责任。

（二）服务对象

服务对象即乡镇服务区域中心"为谁建"的问题，这是一个价值导向和目标指向的问题。在"以人民为中心的发展思想"的指导下，发展和改革的成果最终应该由人民来共享，乡镇服务区域中心的服务对象也应该是当地的人民群众。说得具体一些，我们可以从群众居住区域的视角来分析：一是乡镇辖区内的居民，这是服务对象的主体，所有的服务都必须惠及所在乡镇区域内的群众；二是乡镇辖区外的居民，这是乡镇服务区域中心的辐射外围，更多的是体现了乡镇服务区域中心的对外影响力。

（三）服务内容

服务内容其实也是回答"建什么"的问题，这与乡村振兴战略、与农村共同富裕、与中国式现代化等都有着极其紧密的联系。在完成全面建成小康社会和巩固脱贫攻坚成果的基础上，我国正迈向建成社会主义现代化强国的新征程。社会主义现代化强国的建设需要实现农业农村的现代化，按照党的十九大提出的"五位一体"发展格局要求以及乡村振兴战略提出的"二十字"建设目标，乡镇服务区域中心需要为居民提供包括政治、经济、社会、文化和生态文明在内的公共产品与公共服务。

（四）服务方式

服务方式从某种意义上来说就是"如何建"的问题。鉴于乡村群众居住的分散性、农业生产的季节性、人群流动规模的周期性和人员活动的随意性等特征，乡镇服务区域中心在为居民提供服务时需要采取因地、因人、因事制宜的有效方式，将集中与分散、传统与现代、有形与无形、定期与不定期、共性与个性等多种方式有机结合。比如，针对农业生产的季节性和周期性等特点，可以组织科技人员到农田、林地进行现场指导，也可以利用相对农闲的时间，组织群众进行学习培训，把种养殖业的先进技术送到户、送到人。

（五）服务目标

服务目标是要解决"为何建"的问题。把乡镇建设成为服务农民的区域中心，就是要充分发挥乡镇自身的功能和优势，在聚集资源并使得资源发挥最大效应的基础上，为居民提供更好的公共服务和产品，从而推进乡村振兴战略的实现。在目标的实现进程中，需要根据农民的实际需要，有层次分步骤地加以推进，针对不同发展类型、发展水平的乡镇，在目标的制定和实现时序上也要有所区别。随着时代的发展，农民的需求也在发生相应的变化，乡镇服务区域中心为他们提供的产品和服务在种类、数量上也需要及时做出调整。

（六）服务载体

服务载体也是要解决"如何建"的问题，但是与前面分析的服务方式有所不同，服务方式突出的是无形的手段，服务载体则更多的是侧重于有形的站点。乡镇服务区域中心不完全等同于现有的"市民中心"这类组织，而是应该呈现出以下特点。一是载体的形式可以是固定的场所，主要取决于服务的内容以及居民的实际需求，同时也可以是临时的不固定的场所。比如，利用赶集的日子在街头小巷临时搭建"舞台"进行政策、科普知识等的宣讲。二是载体的地域设置，一般是以乡镇党政机关所在地为中心，但也要根据乡镇发展实际进行调整。比如，可以把服务点布局到村委会甚至可以依托农业合作社等农民自己的协会和组织。再如，为了更好地传承乡村文化，可以选取本乡镇一个典型的村级大礼堂作为宣传载体。总之，乡镇服务区域中心可以以乡镇行政区域为范围来灵活布局服务站点。

根据以上分析，我们可以对乡镇服务区域中心作如下的界定：它是以乡镇行政区域为载体，在充分发挥乡镇党政组织的引领和主导功能，社会组织和居民的共同参与下，围绕乡村振兴战略和社会主义现代化强国的建设目标，通过资源的挖掘、整合、使用与转化，为乡镇区域内外居民提供共性和个性的公共产品与服务的综合体。

二、乡镇服务区域中心的功能定位

当前，人民日益增长的美好生活需要和不平衡不充分的发展之间的矛盾已经上升为我国社会的主要矛盾，中国特色社会主义进入新时代，人民美好生活需要日益广泛，人们不仅对物质和文化生活提出了更高要求，而且对民主、法治、公平、正义、安全、环境等方面的要求也不断提高。这为我们更准确地定位乡镇服务区域中心的功能指明了方向。

（一）政治服务中心

"治理有效"体现了乡村发展的民主政治诉求，乡村要振兴，不能没有基层民主政治，不能没有公共政策的科学化、民主化和法治化。根据党的二十大报告关于基层民主政治的重要论述，乡镇服务区域中心在政治上至少需要体现以下几方面的基本功能：一是建成全面贯彻、宣传和执行党的路线、方针与政策的中心；二是建成引领全乡镇区域党建工作，加强基层组织建设，制订全区域年度及中长期发展规划的中心；三是建成健全基层群众自治机制，增强群众自我管理、自我服务、自我教育、自我监督的实效，推进乡村基层治理现代化建设的中心；四是建成拓宽乡村各类群体及个人有序参与基层治理渠道，保障人民依法管理基层公共事务和公益事业的中心。

（二）经济服务中心

"产业兴旺"体现了乡村发展的经济诉求，乡村要振兴，经济是基础。在城镇化发展的历史过程中，由空间演化和历史演进而形成的乡镇具有重要的空间经济属性，它具有道路交通、信息交汇、人员交往、人才聚集及物资交易的天然优势，承担着乡村经济发展的重要职能。乡镇服务区域中心在经济上至少应该具备以下几方面的功能：一是制订本行政区域内的经济发展的中长期规划并组织实施；二是协调好本行政区域内各村、各经济组织间的关系，发挥它们之间的协同和叠加效应；三是维护好市场秩序，保障各类市场主体合法经营；四是有效推广农业科技成果，培养农村实用技术能人，提高广大农民群众发展乡村经济的意识和能力。

（三）文化服务中心

"乡风文明"体现了乡村发展的文化诉求，是先进文化的一种重要体现。乡村文化成为影响甚至决定乡风文明能否实现的一个根本性因素。党的二十大报告指出："中华优秀传统文化源远流长、博大精深，是中华文明的智慧结晶，其中蕴含的天下为公、民为邦本、为政以德、革故鼎新、任人唯贤、天人合一、自强不息、厚德载物、讲信修睦、亲仁善邻等，是中国人民在长期生产生活中积累的宇宙观、天下观、社会观、道德观的重要体现，同科学社会主义价值观主张具有高度契合性。"①中华优秀传统文化是人民群众在长期生产生活中积累的具体体现，而乡村传统优秀文化构成了中华优秀传统文化的重要内容，甚至在过往以农耕为主体的大部分历史时期，乡村文化成为我国传统文化的主流。因此，乡镇服务区域中心在文化上应具备的主要功能有以下几点：一是成为传播社会主义先进文化和社会主义核心价值观的主阵地；二是成为整理、发掘、宣传乡村优秀传统文化的组织者；三是成为为乡镇居民提供优秀文化产品和服务的主渠道；四是成为鼓励各类组织和个人对乡村传统文化进行守正创新的指导者与激励者。

（四）社会服务中心

"生活富裕"更多地体现的不是简单的经济发展，而是围绕着农民群众对美好生活的追求和向往，如农村教育、住房保障、医疗卫生健康、食品安全、社会治安、社会保险、劳动就业、体育健身、水电网络等基础设施方面的基本公共服务需求，通过创新产品和服务的方式，增强人民群众的获得感和幸福感。因此，乡镇服务区域中心在社会层面需要发挥以下功能：一是在政策规划上要聚焦民生，把民生工程当作党政年度和中长期规划工作的重中之重；二是营造一种互帮互助、同舟共济的良好氛围，形成良好的社会新风尚；三是成为资源的有效"管家"，在积极争取上级资源的同时，还需要使用好、分配好资源，提高社会服务水平，有效促进社会公平。

（五）生态文明服务中心

"生态宜居"更多地体现了乡村发展的生态文明诉求，这里的生态不是单纯指优美的自然环境，还包括更高层次的生态文明制度和社会生态文明。从2005年8月"绿水青山就是金山银山"科学论断的提出，历经数年发展，"两山"理论已经形成了一个完整的理论体系。"'两山'论是对发生在当代的经济社会发展与环境保护之间矛盾的反映，在本质上是一种发展思想或关于人类社会如何向前发展的思想。"②党的二十大报告提出，"坚持绿水青山就是金山银山的理念，坚持山水林田湖草沙一体化保护和系统治理"，要使"我们的祖国天更蓝、山更绿、水更清"。③因此，乡镇服务区域中心在生态文明层面必须具备以下功能：一是成为区域内优美自然生态环境的建设者、维护者和经营者；二是成为生态文明

---

① 引自2022年10月26日《人民日报》第1版的文章：《高举中国特色社会主义伟大旗帜 为全面建设社会主义现代化国家而团结奋斗》。

② 徐祥民. "两山"理论探源[J]. 中州学刊，2019（5）：93-99.

③ 引自2022年10月26日《人民日报》第1版的文章：《高举中国特色社会主义伟大旗帜 为全面建设社会主义现代化国家而团结奋斗》。

制度的制定者、执行者和评价者；三是成为社会生态文明产品和服务的生产者与提供者。

第四节　乡镇服务区域中心的建设路径

一、积极推进县域城乡高质量融合发展

城乡融合发展是指在改革开放以来四十多年的快速发展过程中，城市和农村之间始终呈现出复杂的交融发展的关系，农业、农村、农民构成了工业化和城镇化的基础和主力，城市和工业又表现出对乡村的反哺和依赖的特征。①党的十八大以来，我国开始加速推进城乡发展一体化，城乡关系进入了新的发展时期。党的十八届三中全会提出构建新型工农城乡关系②，标志着我国开始进入构建城乡融合发展体制机制的新阶段。党的二十大报告指出，"我们要坚持以推动高质量发展为主题……着力推进城乡融合和区域协调发展……坚持农业农村优先发展，坚持城乡融合发展，畅通城乡要素流动"③。"城乡高质量融合要求城乡之间劳动力、土地、资本、技术、数据等生产要素高效、充分流动，在融合中共同创造财富，最终实现人的物质和精神层面的全面发展。"④当然，要推进城乡高质量融合发展，也面临着一系列现实的问题和困境，有学者将其概括为"四缺五弱"，即科学规划缺、制度体系缺、长效机制缺、创业人才缺，以及建设主体弱、资源支撑弱、产业基础弱、科技创新弱、公共服务弱。⑤但是，县域作为国家治理的基本单位，在城乡发展和乡村稳定方面有着不可取代的作用，在政权组织、法律地位、资源规模等方面它都已经具备了推进以工促农、以城带乡的基础和条件。

（一）围绕乡镇服务区域中心建设，合理规划城乡发展布局

把乡镇建成服务区域中心是实现乡村振兴的一项重要举措和目标任务，是否每个乡镇都必须建设成服务区域中心，这是每个县域都面临的现实问题和选择。因此，科学规划、合理布局是摆在县域组织面前的首要问题。

---

① 中国式现代化与城乡融合发展，https://www.cssn.cn/skgz/bwyc/202302/t20230221_5589708.shtml[2023-04-27]。

② 中国共产党第十八届中央委员会第三次全体会议公报，https://news.12371.cn/2013/11/12/ARTI138425699942 16543.shtml[2022-01-02]。

③ 引自2022年10月26日《人民日报》第1版的文章：《高举中国特色社会主义伟大旗帜 为全面建设社会主义现代化国家而团结奋斗》。

④ 马骏. 共同富裕视角下城乡高质量融合发展论析[J]. 求索，2023（2）：119-129.

⑤ 刘彦随. 中国新时代城乡融合与乡村振兴[J]. 地理学报，2018，73（4）：637-650.

（1）要摸清家底，科学设计乡镇服务区域中心的建设数量和地理分布。首先是要清楚本县域内有多少个乡镇目前基本具备建成服务区域中心的条件，哪些具有建成的潜力，有多少个乡镇在未来很长一段时间都难以达到基本条件。其次是要分步骤、分时序加以推进。对于条件相对成熟的可以先行一步，对于具有发展潜力的，可以积极培育，对于难以达成的，需要采取就近原则的方式与邻近乡镇一起建成共同的服务区域中心。

（2）要注重内容和特色的呈现。乡镇服务区域中心主要包括两方面的要求，一方面乡镇服务区域中心要为当地居民提供最基本的公共服务，另一方面不同乡镇服务区域中心也可以呈现自身的特色，即除了最基本的公共服务外，也可以根据乡镇传统和实际为本区域或附近区域的群众提供个性化的服务与产品。在科学规划时需要全局考虑，坚持实事求是的原则，统筹协调推进。

（二）创新经济新业态，壮大县域经济

县级财政实力的强弱在很大程度上决定着乡镇服务区域中心的建设成效，而县域经济的发展状况则直接影响着县级财政收入。当前对于我国大多数以农牧业为主体产业的县域来说，财政困难的局面一直存在甚至有愈演愈烈的趋势，不仅严重影响了县级机构的有效运转，也导致乡村建设行动的实施面临着根本性的物质障碍。党的二十大报告指出，必须"统筹产业结构调整、污染治理、生态保护、应对气候变化……推进生态优先、节约集约、绿色低碳发展"[①]。对于县域经济的未来发展，必须走乡村新产业新业态的路子。

（1）要充分利用乡村的山水林田湖草发展生态旅游产业，利用乡村丰富的农耕游牧文化发展文化体验产业，提供丰富多彩的乡村生态产品。乡村的发展需要注重"就地取材"，要充分挖掘、发挥资源优势，并加入现代的技术元素实现形式和内容上的创新。

（2）要大力支持并壮大民营经济。按照《中共中央　国务院关于促进民营经济发展壮大的意见》[②]的总体要求，从持续优化民营经济发展环境、加大对民营经济政策支持力度、强化民营经济发展法治保障、促进民营经济人士健康成长、持续营造关心促进民营经济发展壮大社会氛围等层面着力推动县域民营经济实现高质量发展，从而为壮大县域经济提供重要力量。

（3）要创新经济增长方式，大力实施"农业+"的多产业协同发展项目，把

---

① 引自 2022 年 10 月 26 日《人民日报》第 1 版的文章：《高举中国特色社会主义伟大旗帜　为全面建设社会主义现代化国家而团结奋斗》。

② 中共中央　国务院关于促进民营经济发展壮大的意见，https://www.gov.cn/zhengce/202307/content_6893055.htm[2023-07-31]。

乡村旅游、民宿经济、土特产营销、乡村文化体验、健康养老融合在一起，从而促进县域新业态经济的快速成长。

（三）加大乡村投入，促进城乡基本公共服务均等化

县域城乡融合发展是兼顾县域要素流动、产业发展、公共品供给、收入消费等各个方面的动态过程，也是县域城乡政治、经济、文化、社会、生态等多方面协同推进的过程。①城乡之间的差距不仅表现在人口、基础设施等显性方面，更多的是凸显在政策、福利待遇和资源等隐性的方面。对于县级层面来说，要减少甚至消除城乡基本公共服务不均衡的事实，需要做好以下几个方面的工作。

（1）要制定并实施好城乡统一的"国民待遇"政策，甚至为乡村制定"超国民待遇"的公共政策。比如，老百姓关注的社会保障、医疗保险、教育资源、就业创业平台等方面，目前在不少城乡之间还存在较大的差异，这些差异是影响城乡资源特别是人力资源有序流动的最为关键的要素。

（2）要推进乡村基础设施的建设。制约乡村振兴的一个硬性条件就是基础设施的不健全，交通、通信、医院、学校、水利、邮电、物流、天然气、自来水等设施与城镇相比差距较为明显。一方面需要采取有效措施实现部分城镇基础设施在功能上的转移，如通过紧密型县域医共体的建设，为乡村提供优质的医疗产品、服务和技术，另一方面要加大农村基础设施的新建力度。例如，在通信设备方面，农村 5G 基站的数量偏少，布局也不够合理，需要重新规划，从而在数量和质量上确保农村通信的畅通。

（3）要构建科学的城乡融合机制。城乡融合是一种双向的、良性互动过程，不是一味地要求城镇资源单向地流入乡村，也要促进乡村资源向城镇的有序流出。比如，乡村的农产品主要是靠城镇居民消费，在物流方面就需要拓宽农产品进城的绿色通道。要加快对口帮扶，实现城乡消费生活互补共进。围绕产业转型升级和居民消费升级需求，重点培育乡村特色品牌，打造县域示范基地。

（四）推进县级政府现代治理体系和能力建设

县级政府的现代治理体系和治理能力是推进县域城乡高质量融合发展的基本保障。

（1）要构建县级政府的现代治理体系。县级政府的现代治理体系必须包含以下基本元素和特征，即治理主体多元、目标明确、队伍专业、部门健全、职责清晰、功能完善、运转有序、评价体系科学。对于县级政府来说，现代治理体系的

---

① 高强，崔文超. 县域城乡融合视角下的乡村建设：历程、堵点及实施路径[J]. 南京林业大学学报（人文社会科学版），2023，23（1）：1-12.

构建需要正确处理好三个方面的关系。第一，处理好县级政府与党组织、政府机关与事业单位、政府与人大和政协以及政府内部各职能部门间的关系，准确定位自身职能，优化人员结构。第二，处理好县乡两级政府间的关系，作为县级政府需要让本属于乡级政府的职责权限回归到最基层的政府。第三，处理好县级政府与省市级政府间的关系。要加快"强县扩权"的改革步伐，将原本属于省和地级市的经济社会管理权限下放到县级政府，使县委、县政府自主决策和全面驾驭经济社会发展的能力得到加强；但同时又要处理好县级政府与市级政府间的关系，市级政府要给予县级政府更多的业务方面的指导和支持。

（2）要推进县级政府现代治理能力建设。县级政府现代治理能力建设涵盖了现代治理体系的构建力、内外有限资源的整合力、治理环境的调适力、高效优质的公共服务与公共产品的供给力、公共政策的制定与灵活执行力等基本内容和要素。县级政府现代治理能力的建设一方面依赖于现代治理体系的构建，另一方面也深受物质、信息、技术等外部资源的约束。

二、全面增强乡镇政权建设服务区域中心的能力

乡镇政权是承担建设服务区域中心的主角，乡镇政权自身能力的强弱直接影响着服务区域中心建设的速度和成效。增强乡镇政权建设服务区域中心的能力，需要从乡镇管理体制、乡镇政权基层治理能力以及乡镇政权与村级组织间的关系三个方面入手。

（一）构建新型的乡镇管理体制

《中共中央　国务院关于加强基层治理体系和治理能力现代化建设的意见》提出，要"构建党委领导、党政统筹、简约高效的乡镇（街道）管理体制。深化基层机构改革，统筹党政机构设置、职能配置和编制资源，设置综合性内设机构"①。根据这一要求，需要做好以下三个方面的工作。

（1）强化并创新党建引领工作机制。以政治功能和组织力为重点，把党建的触角延伸到基层的每一个角落。第一，通过构建"大党建"统领的新工作机制，充分发挥党委领导作用，加强乡镇党委对人大、政府、群团组织、经济组织、社会组织的全面领导。第二，通过"党建+"打造基层服务新格局，通过构建"党建+网格化""党建+服务""党建+平台"等载体，形成资源共享、规范高效、常态运行的基层服务新格局，不断提高为民办事效率，提升老百姓的获得感和满

---

① 中共中央　国务院关于加强基层治理体系和治理能力现代化建设的意见，https://www.gov.cn/zhengce/2021-07/11/content_5624201.htm[2022-07-09]。

意度。

（2）优化乡镇政权组织构架。根据乡村振兴的需要，以职能为依据，因地制宜设置机构，增强乡镇政权的内生动力和执行力。第一，要科学界定职能。不同历史时期，乡镇政权的功能和职责定位有所不同。根据乡镇服务区域中心建设的需要，其职能定位也要做出相应的变化。比如，卫生部门需要更多地关注农民群众的健康问题，要实现由"以治病为中心"向"以健康管理为中心"的职能转变。第二，要优化机构设置。按照"大部制"的改革要求，对乡镇现有行政和事业机构进行调整优化，包括机构的增加、减少、合并或功能的适度替换等几种主要形式。比如，目前在不少发达地区的乡镇设置的4办（党政综合办、党建工作办、应急管理办、自然资源和生态环境办）、1队（综合行政执法队）、2中心（行政综合服务中心、农业综合服务中心）和1站（退役军人服务站）的基本构架，较好地体现并适应了乡村建设和农村发展的需要。

（3）积极推进乡镇政权组织的人力资源改革。工作环境的艰苦性、工作内容的琐碎性甚至还有工作手段的复杂性往往给乡镇政权组织的人力资源管理带来很大的挑战，优秀的人才难以吸引，更难以久留，但是乡村要振兴，必须要有一大批能扎根基层的优秀人才，特别是能起到带头引领作用的优秀公务员。第一，要严把"进口"关，合理配置适合解决"三农"问题的人才。在招录过程中，除了要严格遵循公平、公正、择优的原则外，最为关键的是要根据乡村的实际科学配置具有不同专业知识背景（如管理、教育、农林牧渔业、科技、卫生、乡村规划等方面）的人才，真正做到适才适用。第二，要搞好人力资源管理，优化公务员"成长"和"出口"机制。在改善物质待遇和办公条件等硬环境的同时，特别要注重引入良性竞争机制，建立人才能上能下、能进能出的畅通渠道，形成尊重人才的良好风气。第三，要构建一套科学合理的选拔、考核、奖惩、监督机制。只有完善的配套机制，才有可能让乡镇政权组织的人力资源管理得到优化，公务员的才华才能得到更加充分的展现。

（二）增强乡镇政权基层治理能力

（1）增强党建统领能力。党是领导各项社会主义事业的核心，在服务区域中心建设中也同样需要增强党建的统领能力。增强党建统领能力，一方面需要加强乡镇党组织的自身建设，推进党的自我革命。党的二十大报告指出："经过不懈努力，党找到了自我革命这一跳出治乱兴衰历史周期率的第二个答案，自我净化、自我完善、自我革新、自我提高能力显著增强。"①党的自我革命"不是在维护现

---

① 引自 2022 年 10 月 26 日《人民日报》第 1 版的文章：《高举中国特色社会主义伟大旗帜　为全面建设社会主义现代化国家而团结奋斗》。

状基础上的自我调适，更不是和风细雨式的说服教育，而是具有彻底性和坚决性的斗争"①。另一方面要正确处理乡镇党组织与政府及其他组织间的关系，在确保党领导地位的前提下，要做到职责分工明确，同时在工作中又相互协作。

（2）增强诱致性制度变迁的推动力与制度执行能力。科斯等认为，诱致性制度变迁指的是现行制度安排的变更或替代，或者是新制度安排的创造，它由个人或一群人，在响应获利机会时自发倡导、组织和实行。②乡镇政权组织作为我国最基层的政权组织，兼具基层性、乡村性、城镇性、执行性等几大特点，乡村振兴战略既是对原有乡村建设、新农村建设相关制度的传承，更是一种新制度的安排和创造。"一般来说，层级越高的地方政府，推动强制性制度安排的作用越大；而层级越低的地方政府，推动诱致性制度安排的作用越大。"③显然，乡镇政权理所应当承担起推动乡村振兴、建成服务区域中心的责任和使命，任何一项制度都需要一股或多股力量来发起、制定、推动、执行、评价和完善或终止，而乡镇政权组织自然成为我国服务乡村农民的最主要力量。

（3）增强社会组织动员能力。乡镇服务区域中心，不是为乡镇居民提供的服务内容和服务组织的简单组合，也不是服务形式和服务手段的简单叠加，而是要形成一种综合服务体系，产生综合效应。乡村社会组织动员能力，是指基层政权组织为了实现社会运转更加有序，社会关系更加和谐，社会效益更加显著的目标，在制度安排、资源整合、社会动员等方面所具有的系列能力的集合。我国相当部分的乡镇区域内自然资源和社会资源相对匮乏是一个不争的事实，经济总量、内生增长能力、经济外向度等都还存在明显的不足。汉密尔顿曾说："一个只得到一半供给的、经常贫穷的政府，……这样的政府怎么能够拥有能力或保持稳定，享有尊严或信用，得到国内信任或国外的尊敬呢？"④提升乡镇政权组织的社会组织动员能力，一方面要大力培育市场主体，提升村民的素质。通过引进"外资"和"外智"，带动并促进当地经济发展，优化产业结构，提升经济的外向度，通过加强对适龄劳动力的培训，提升他们的就业创业技能。另一方面要建立健全相关制度。要以制度来引导、保障和制约政府、非政府组织、企业及个人的行为，从而确保社会资源有序整合、合理分配，实现协调可持续发展。

（4）增强有效公共产品和服务的供给能力。把乡镇建成服务农民的区域中心，本意就是通过打造区域中心，提升乡镇为当地群众提供优质公共服务和产品

---

① 代玉启. 中国共产党自我革命的生成逻辑与当代审思[J]. 浙江学刊, 2022（6）: 17-24.

② 科斯 R、阿尔钦 A、诺思 D, 等. 财产权利与制度变迁: 产权学派与新制度学派译文集[M]. 上海: 上海人民出版社, 1994: 384.

③ 郭小聪. 中国地方政府制度创新的理论: 作用与地位[J]. 政治学研究, 2000（1）: 67-73.

④ 汉密尔顿, 杰伊, 麦迪逊. 联邦党人文集[M]. 程逢如, 等译. 北京: 商务印书馆, 1980: 1481.

的效率及效能。根据中共中央办公厅、国务院办公厅印发的《关于加强乡镇政府服务能力建设的意见》①提出的要求，结合乡村振兴战略的目标任务，乡镇政权的公共服务能力特别需要注重以下几个方面的提升。第一，优化基本公共服务资源配置能力。在推进全面乡村振兴的背景和要求下，加快推进城乡公共服务一体化发展进程、积极推进基本公共服务均等化，促进乡镇区域内的基础设施建设、公共服务项目和社会事业发展。第二，提升"挣钱"和"花钱"能力。一些乡镇财源渠道较窄，融资能力不强，这就要求乡镇及其领导班子充分挖掘本乡镇的资源，发挥其优势，拓宽乡镇财源渠道，并提升自身的财政管理水平，提高财政资源的使用效率。第三，提升公共服务信息化水平。利用数字化改革构建面向公众的一体化在线公共服务体系，健全公共服务需求表达和反馈机制，强化群众对公共服务供给决策及运营的知情权、参与权和监督权，"创新一整套让社会力量有序参与的体制机制，让民众在参与中表达，在参与中提升自我效能感和参事议事水平，形成'有序参与—有效治理'的良性循环"②。

（5）增强突发公共事件应急管理能力。政府应急管理能力一般包括应急管理体系的构建与完善、应急管理的现场处置、应急处置的事后总结与提升等方面的能力。增强突发公共事件应急管理能力，要特别注重培养相关人员的应急管理能力。相关人员一般包括应急事件的受害对象（主要是受灾人民群众）、从事专业应急工作的人员（如专业救援队伍），以及负责实施管理的各级领导干部和应急管理部门的内部员工。对于乡镇来说，面对各种突发公共事件，无论是物质资源、基础设施、思想观念还是知识储备方面，都明显缺乏足够的应对能力，这也是未来很长一段时间亟待解决的问题。

（三）理顺"乡政村治"格局下的乡—村关系

（1）提升乡村干部对乡村新型关系的认知水平。从国家和社会分权的趋势看，"乡政村治"格局有其必然性和合理性。它既有利于实现国家对广大乡村社会的有效管理，又不至于压抑社会和劳动群众的自主性、创造性和活力。所以，"乡政村治"的格局作为得到法律支撑的制度框架应该长期坚持，不宜随便动摇。③一方面要正确理解乡镇政府对村级组织的指导、支持和帮助的关系。乡镇政府不能把村民自治机构行政化、基层化，只能通过指导、支持和帮助，推动村民自治机构在自治过程中发挥主导作用。尤其是乡镇政府必须充分尊重村民自治机构的自

---

① 中共中央办公厅 国务院办公厅印发《关于加强乡镇政府服务能力建设的意见》，https://www.gov.cn/zhengce/2017-02/20/content_5169482.htm[2017-06-13]。

② 郁建兴. 深化"三治融合" 提升基层治理水平[N]. 浙江日报，2018-11-13（5）.

③ 徐勇. 论乡政管理与村民自治的有机衔接[J]. 华中师范大学学报（人文社会科学版），1997，36（1）：22-28.

治权，不能指派、任命、撤销村民委员会成员；同时不得干预依法属于村民自治范围内的事项，凡是村社范围内的公益性事务，村民能依法管理的，乡镇政府不能插手，只能指导和支持、帮助。另一方面要恰当定位村民自治机构对乡镇政府的协助关系。村干部和村民要强化责任意识，在享受权利的同时，必须履行好自己的义务，并严格遵循法规。村民自治机构应当协助乡镇政府开展工作，但这种协助又不是代办，更不是包办。因此，必须改变实践中有些村民自治机构包办一切乡镇政府事务的做法。

（2）制定村民自治章程和村规民约，增强法律法规的适应性和可操作性。从用语结构上看"自治"，它一方面表达了治理主体是"自我"，而不是来自他人的外部督促或管理；另一方面也表达了村庄治理的形态是主动治理、积极治理和共同治理，而不是在村民自治的内部存在被动的或等级式的差别性治理。[①]与其他法律法规一样，《中华人民共和国村民委员会组织法》里边的条款也主要是原则性的、一般的行为准则，在实际执行中往往还需要有具体的细则。无论是村民自治章程还是村规民约都是村民会议根据法律、法规和政策，结合本村的实际情况，制定并通过的一种行为规范。虽然它们的侧重点有所不同，但都是对法律法规的一种有益补充，其目的都是规范村社秩序，保持村社的生产生活正常进行。

（3）加强党的领导和相关制度建设。《中华人民共和国村民委员会组织法》第四条明确规定"中国共产党在农村的基层组织，按照中国共产党章程进行工作，发挥领导核心作用，领导和支持村民委员会行使职权"，《中国共产党农村基层组织工作条例》[②]第二条也规定，"乡镇党的委员会（以下简称乡镇党委）和村党组织（村指行政村）是党在农村的基层组织，是党在农村全部工作和战斗力的基础，全面领导乡镇、村的各类组织和各项工作。必须坚持党的农村基层组织领导地位不动摇"。根据目前我国农村的现实状况，首先要进一步提升村级党组织的"桥梁"作用，使它成为沟通乡镇党组织、政府与村民的主要渠道。其次要加强乡镇人民代表大会制度建设。乡镇人民代表大会作为最基层的地方国家权力机关，是沟通上下的重要纽带。乡镇政府既要对上负责，接受上级的领导，又要对本级人大负责，并接受其监督。应重视发挥人大代表的作用，通过人大代表及时了解农民生活状况和政策的执行情况，根据农村的实际需要，制定相应的公共政策。一般情况下，只要是村组织和村民积极参与制定出来的政策，在执行中就会更加顺畅，执行梗阻就会大大减少甚至消除。

（4）充分发挥土生土长的乡村干部的作用。乡镇干部基本上是本县域选拔出

---

① 王勇. 村民自治的规范与法理：兼论村民自治规范体系的完善[J]. 法制与社会发展, 2022, 28（4）: 72-87.

② 中共中央印发《中国共产党农村基层组织工作条例》, https://www.gov.cn/zhengce/2019-01/10/content_5356764.htm[2020-02-20]。

来的，来自本乡镇或邻近乡镇的干部在数量上往往占有一定的优势，他们与当地群众有一种天然的乡土情结。乡镇机关不仅是国家权力系统在乡村社会的代表，更是乡村群众利益的代表。同样，村干部都是由村民经过投票选举出来的，他们本来就是本地群众权益的真实代表，所有工作都站在群众利益的角度考虑。从这个角度来看村民委员会与乡镇政府是一致的，他们应该可以很好地做到"权为民所用，情为民所系，利为民所谋"，乡村干部的最大职责就是为人民群众谋幸福。

三、加强村级治理效能建设

（一）进一步优化"两委""一肩挑"机制

乡镇服务区域中心的建设需要得到村级各类组织的大力支持，村级治理效能的提升将在很大程度上推进乡镇服务区域中心的建设。2022年8月中共中央办公厅、国务院办公厅印发的《关于规范村级组织工作事务、机制牌子和证明事项的意见》[①]明确了村级组织包括村党组织、村民自治组织、村集体经济组织、村务监督组织和其他村级经济社会组织。在这些组织中，最为核心和关键的是村党组织和村民自治组织，它们也是在提升村级治理效能中最需要优化的一对关系。农村"两委""一肩挑"是指村党支部书记和村民委员会主任两个职务由同一个人担任。在以往的治理实践中，"两委"的矛盾和冲突较为常见，严重影响了乡村的有效治理，也损害了党和政府在老百姓心中的良好形象，为了解决这一难题，这一制度设计就应运而生。作为一项新的制度，在实践中还需要做好以下几方面的工作。

（1）要因地、因时推进这一制度。《中共中央 国务院关于建立健全城乡融合发展体制机制和政策体系的意见》[②]提出了"全面推行村党组织书记通过法定程序担任村委会主任"的目标要求。但实践证明，目前农村"两委""一肩挑"制度不具有普适性，强行推进很可能会适得其反，应根据乡村不同情况探索多种路径。[③]

（2）理顺"两委"的职责分工。界定"两委"之间的关系和职责，明确决策权力，强化责任担当，尤其在村"两委"公章的使用权和档案的建立及保管等方

---

① 中共中央办公厅 国务院办公厅印发《关于规范村级组织工作事务、机制牌子和证明事项的意见》，https://www.gov.cn/zhengce/2022-08/22/content_5706403.htm[2022-12-13]。

② 中共中央 国务院关于建立健全城乡融合发展体制机制和政策体系的意见，https://www.gov.cn/zhengce/2019-05/05/content_5388880.htm[2019-06-09]。

③ 崔理博. 乡村治理视角下农村"两委""一肩挑"面临的现实困境与完善路径[J]. 领导科学，2021（10）：38-41.

面，要严格按规章制度进行，真正做到权责一致。

（3）要进一步规范权力运行，健全监督机制。"一肩挑"意味着权力的叠加，也可能意味着原有监督机制的失灵。因此，要特别加强上级、下级和同级的监督体系建设。首先是加强村"两委"组织内部的权力制约、监督和自我约束机制；其次是通过建立党务、村务、财务等清单，公开村级事务，增强村级治理的透明度，拓宽村民参与村级事务日常监督的渠道；最后是加强上级党委、监委、政府和司法机关对村级"两委"的监督。

（二）推进村级内部组织的微自治

在多年行政占主导地位的管理情景下，乡村治理面临着部分行政村自治悬浮低效的问题，这与实现乡村振兴战略、基层治理现代化的要求还有较大的差距。因此，需要在进一步完善现有村民自治制度的基础上，深化"简政放权"，让更多的自治权从行政村级层面下放到自然村甚至更小的"单位"，从而推进村级内部组织的微自治。中国基层民主"微自治"的主要范式有"村民小组"自治、"院楼-门栋"自治和"小事物"自治等三种主要范式[①]。在推进微自治过程中，需要特别注意以下几点。

（1）正确认知微自治与村民自治间的逻辑关系。微自治的主体已经决定了它具有自主、自治等特点，但它毕竟是乡村基层社会的一个"细胞"，要获得内生发展动力，毫无疑问必须把自己置身于村级"两委"的系统之中，需要村级党委和村民委员会的领导和支持。村干部和村组织"要尊重村民群众在乡村协商治理中的主体地位与话语权，建构一种平等的、有利于村民表达自身利益的公共话语空间，使多方共同服膺一套共识性的协商规则与程序"[②]。

（2）要有相应的制度指导、规范和约束。不少微自治的主体本身就是未经民政部门登记备案的"非正式组织"，但是它们在助推乡村振兴，在服务乡民的实践中很好地弥补了正式组织的缺陷和不足，也得到了广大村民的支持和认可。微自治组织具有分散性、临时性甚至有时还具有一定的"功利性"特点，往往会出现"因利而存"，又"因害而亡"的现象。因此，要真正让这些微自治组织能持久地存在并发挥积极效应，必须制定相应的规则制度。

（三）发展壮大村级集体经济组织

村级集体经济是社会主义公有制经济在农村的主要实现形式，发展壮大村级

---

① 赵秀玲. "微自治"与中国基层民主治理[J]. 政治学研究，2014（5）：51-60.

② 张新文，张龙. 村支两委"一肩挑"与乡村治理：基于复合科层式治理的阐释[J]. 西北农林科技大学学报（社会科学版），2022，22（5）：20-30.

集体经济在推进农业农村现代化、实现乡村振兴、促进农民农村共同富裕以及建成乡镇服务区域中心方面有着无法替代的作用。村级集体经济组织是实现小农户与现代农业有效衔接的组织载体，也是实现城乡资源融合、城市反哺农村、工业反哺农业的重要平台。要使村级集体经济组织在构建乡镇服务区域中心发挥更大的作用，需要做好以下几个方面的工作。

（1）要健全相关制度。首先是集体经济组织成员的确认需要有更加明确的规定，是以土地产权、人口、户籍为基础，还是以资金、资产为基础？其次是要制定并完善集体经济组织的章程，现有的章程大多较为笼统，难以有效引导集体经济组织的健康发展。最后是要从财务、监督等方面提供更多的制度保障，可以考虑从县级甚至市级层面出台关于农村集体经济组织的治理架构、运行、财务、管理、监督以及法律责任等的制度性文件。

（2）要为村级集体经济组织的发展提供保障性物质资源。村级集体经济组织的发展除了需要资金、技术、人才、信息等基础性资源外，还需要一定的土地资源。上级政府在进行国土规划时，要为集体经济组织发展留足空间，合理配置住宅用地、产业用地（包括建设用地、设施农业用地、基本农田、其他耕地）、公共服务用地等。

（3）完善村级集体经济管理体系。在乡村振兴背景下，村级集体经济想要可持续发展，就要建立完善的村级集体经济管理机制。例如，建立全新的村级集体经济发展机制，不断扩大村级集体经济产业的市场份额，为村民提供经济收入保障；建立村级集体经济风险评估机制，减少集体经济运营风险。

（4）积极探索多形态的村级集体经济合作模式。充分依托村级集体拥有的自然资源、经济基础、人文优势等，积极开发、培育特色产业，发展"村级+农户""村级+基地""村级+合作社""村级+企业"等多种合作模式，深入挖掘村级集体资产的综合价值，为村级集体经济的可持续发展指明方向。

后　记

　　实施乡村建设行动是一项宏大的系统性工程，它涵盖了农业农村农民发展的方方面面，远不止本书所分析的七大重点建设领域。比如，县域城镇和村庄统筹规划行动，促进城乡生产空间集约高效、生活空间宜居适度、生态空间山清水秀；传统村落保护行动，促进田园风光、地域风貌和民族风情与现代文明有机结合；村容村貌提升行动，加大农村面源污染防治力度，持续推进农村垃圾污水治理；基础设施夯实行动，完善乡村的水、电、路、气、通信、卫生医疗、教育、物流等服务于农村生产生活的各类基础设施；等等。实施乡村建设行动也是一项长期而艰巨的任务，不能一蹴而就，需要着眼长远，谋定而后动。面对百年未有之大变局，在实现第二个百年奋斗目标、在以中国式现代化全面推进中华民族伟大复兴的新征程中，乡村建设行动需要有更多新的路径和方法，需要立足各地乡村实际，全面准确把握乡村发展规律，充分发挥亿万劳动群众的主动性和积极性。要"坚持以人民为中心的发展思想"，尊重农民的切实利益、农民的主体地位和农民的首创精神，找重点、解难点、分阶段、按计划、有步骤，一件事情接着一件事情办，一年接着一年干，久久为功，善作善成。

　　全书的编写思路、体系设计、最后审定由许才明负责，内容撰写、修改和校对由许才明和许日祥共同完成。自作者向出版社提出申报到最后定稿，本书的书名和内容经历了一定的变化和调整。最初的书名为"实施乡村建设行动：理论、领域与治理路径"，拟分为"理论与实践"、"重点领域"和"治理路径"三篇共十二章内容。根据专著必须把问题研究深研究透的原则，在认真听取专家的论证意见并与魏如萍编辑深入商议后，最终确定"实施乡村建设行动的重点领域研究"为本书书名，且一共分为了八个章节，除了第一章作为理论铺垫之外，其余七章都是当下及今后一段时期乡村建设行动的重点领域。

　　本书能顺利出版，得益于科学出版社各位编辑和工作人员的精心指导与辛勤付出，特别是魏如萍编辑和邵笈编辑，她们不仅逐字逐句地认真校对、一章一节一段地精心修改，更是对本书的整体框架和布局提出了许多很有见地的建议。本书得到了浙江中医药大学、浙大城市学院相关部门、领导和同事的关心和支持。

　　诚然，本书的很多工作都是利用节假日来完成的，幸亏有家人的支持和理解，他们的无私奉献将激励我们继续遵循"孜孜以求，一脉相承"的初心，勇毅前行，更加奋发有为。

　　本书借鉴、参阅了国内外诸多学者的观点和研究成果，但由于作者的认知和研究能力所限，本书可能仍存在不足之处，祈望广大专家学者和读者不吝赐教，批评指正。

　　在此，对以上提供帮助的所有个人和组织一并表示最诚挚的谢意。

许才明　许日祥

2023 年 8 月于钱塘江畔